职业教育新形态
财会精品系列教材

出纳实务

微课版

张首楠 曹荣楼 ◆ 主编

黄春燕 覃鋆鋆 ◆ 副主编

Cashier Practice

人民邮电出版社

北京

图书在版编目（ＣＩＰ）数据

出纳实务：微课版 / 张首楠，曹荣楼主编. — 北
京：人民邮电出版社，2022.6
职业教育新形态财会精品系列教材
ISBN 978-7-115-59201-9

Ⅰ．①出… Ⅱ．①张… ②曹… Ⅲ．①出纳—会计实
务—高等职业教育—教材 Ⅳ．①F233

中国版本图书馆CIP数据核字(2022)第069148号

内 容 提 要

本书根据出纳工作实践编写而成，不仅涵盖了出纳人员应具备的基础理论知识，还为打算做出纳或刚开始做出纳的新手介绍了出纳实操业务的处理方法。本书的主要内容包括认识出纳、掌握出纳实操的基本技能、管理现金、管理银行存款、办理票据结算、办理非票据结算、管理外汇、费用报销和办理涉税业务等。

本书以出纳工作流程为导向，按照实际工作需要开展项目式教学，每个项目划分为若干任务，并且每个项目都由知识目标、能力目标、思政目标、任务引入、相关知识、任务实施、拓展阅读、巩固练习等部分组成。书中提供的案例分析、实务点拨等栏目，均来自出纳实务工作，对学生具有较大的参考价值。

本书可作为高等职业院校、中等职业学校财会类专业学生的教材，也可供相关技术人员、财会人员参考、学习和培训使用。

◆ 主　　编　张首楠　曹荣楼
　　副 主 编　黄春燕　覃鋆鋆
　　责任编辑　刘 尉
　　责任印制　王 郁　彭志环
◆ 人民邮电出版社出版发行　　北京市丰台区成寿寺路 11 号
　　邮编　100164　　电子邮件　315@ptpress.com.cn
　　网址　https://www.ptpress.com.cn
　　固安县铭成印刷有限公司印刷
◆ 开本：787×1092　1/16
　　印张：13.25　　　　　　　　　2022 年 6 月第 1 版
　　字数：337 千字　　　　　　2025 年 6 月河北第 5 次印刷

定价：39.80 元

读者服务热线：(010)81055256　印装质量热线：(010)81055316
反盗版热线：(010)81055315

FOREWORD

前　言

出纳工作是会计工作中的重要环节，也是财会专业学生进入会计行业的工作起点，出纳岗位涉及单位的现金收付、银行结算、货币资金和有价证券保管等工作，而这些工作直接关系到单位甚至国家的经济利益，一旦出纳工作出现差错，就会给国家和单位造成不可挽回的损失。

对于财会专业的学生来说，他们并未真正接触到出纳工作，可能会认为出纳是一个基础性的岗位，从事的工作也缺乏技术含量。其实，出纳工作虽然烦琐，但是条理性、实践性却很强，需要出纳人员具备一定的专业知识与业务技能，而经常更新的相关政策也对出纳人员的学习能力提出了考验。此外，由于出纳人员掌握着单位的资金，直接关系到单位的资产安全和财务管理工作质量，所以，各单位对出纳人员的专业能力与职业道德也越来越重视。

在这样的背景下，我们结合近几年会计工作的最新发展及中、高等职业教育的教学要求，编写了本书，本书主要讲解出纳业务的基本技能和专业实践技能，希望通过本书的学习，学生能熟练掌握办理现金、银行、外汇和涉税等业务处理方法，具备出纳人员应有的职业素养。

※ 本书内容

本书将党的二十大精神与出纳的实际工作结合起来，从出纳的基础知识出发，循序渐进地介绍出纳工作的具体内容以及相关业务的处理方法。在内容组织上，全书共分为以下4个部分。

第一部分——出纳入门，包括项目一和项目二，主要介绍了出纳的工作内容、出纳人员的任职要求、出纳必备实操技能，引导学生初步了解出纳工作，掌握出纳实操基本技能。

第二部分——现金及银行存款管理，包括项目三和项目四，主要介绍了现金收付和清查、银行结算账户、现金及银行存款日记账、开通并使用网上银行等内容，通过大量实训练习，帮助学生掌握现金及银行存款的管理。

第三部分——国内外结算业务，包括项目五至项目七3个项目，主要介绍了支票结算、汇票结算、委托收款结算、托收承付结算等国内结算方式，以及外汇结算的相关知识，通过模拟大量结算业务以及票据，帮助学生切实掌握结算业务的流程和票据的填写方法。

第四部分——其他出纳业务，包括项目八和项目九，主要介绍了费用报销和涉税业务的办理，帮助学生掌握鉴别发票真伪、审核费用报销凭证、填报增值税纳税申报表的方法，以提升学生的实操能力。

※ 本书特色

本书具有以下 5 点特色。

（1）内容全面翔实。本书以最新的会计准则和税收法律法规为基础进行编写，涉及出纳工作的各个方面，并融入大量出纳人员的实际工作经验，不仅内容全面，而且对出纳实际工作具有一定的指导意义。

（2）结构新颖。本书采用项目式教学，以项目任务为导向，首先以任务引入的形式提出问题，引导学生带着问题去学习，然后讲解相关知识，最后通过任务实训的方式将理论知识与实践相结合，帮助学生更直观地掌握相关知识，并提升实践能力。

（3）栏目多样化。本书设有实务点拨、案例分析等栏目，其中，"实务点拨"栏目是对正文讲解的拓展，帮助学生更加全面地掌握相关知识；"案例分析"栏目通过分析与出纳工作相关的典型案例，一方面增强了教材的趣味性，吸引学生阅读，另一方面可以让学生深入实际的工作情境之中，了解出纳工作中容易出现的问题，并吸收相关的经验。

（4）真实模拟。本书模拟了大量真实的经济业务以及经济业务中常见的各种票据和单据，真实再现了出纳工作中的各种票证账表和业务章，有助于提升学生的职业素养。

（5）配套微课。本书为重点、难点内容提供了微课视频，读者可扫码观看。

※ 教学资源

本书提供了出纳常用表格与账簿模板、常见银行票据和发票样票、课后习题答案，以及 PPT、教学大纲、题库练习软件等教辅资源，有需要的教师可自行通过人邮教育社区网站（http://www.ryjiaoyu.com）下载。

本书由广西工商职业技术学院张首楠、贵州工商职业学院曹荣楼任主编，广西工商职业技术学院黄春燕、覃銎銎任副主编。在本书编写过程中，编者参考了国内多位专家、学者的著作或译著，也参考了许多同行的相关教材和案例资料，在此对他们表示崇高的敬意和衷心的感谢！同时，由于时间仓促和作者水平有限，书中难免存在不足之处，欢迎广大学生、专家给予批评指正。

编　者

2023 年 4 月

CONTENTS

目 录

项目一

认识出纳

知识目标 ↓

- 了解出纳的含义、职能与权力，以及出纳与会计的区别。
- 掌握出纳的工作内容、工作流程和工作交接。
- 熟悉出纳人员的任职要求。

能力目标 ↓

- 能够区分出纳与会计的不同。
- 能够梳理出纳的工作内容和流程。

素质目标 ↓

- 熟悉出纳职业道德规范，并结合案例分析，加深对出纳职业道德的理解。
- 熟悉出纳人员的工作要求，逐步提升自我综合素养。

任务一　　了解出纳工作岗位

一、任务引入

深圳星辉传媒有限公司（以下简称"星辉公司"）是一家于 2021 年成立的新公司，该公司的财务制度中提到了财务人员的工作职责，主要包括以下几个方面。

（1）根据发票和费用报销单办理费用报销。

（2）审核公司本部和各下属单位上报的会计报表和集团公司会计报表，并进行财务分析。

（3）保管各种空白支票、票据、印鉴。

（4）负责接收各项银行存款进账凭证。

（5）按规定每日登记库存现金日记账和银行存款日记账。

（6）负责现金收款并开具收据。

（7）负责填写转账支票。

（8）负责编制银行存款余额调节表。

（9）负责编制记账凭证，并登记总账。

（10）负责编制资产负债表、利润表和现金流量表。

请问，上述职责中，哪些属于出纳的工作职责？

01

二、相关知识

从字面意思来看，"出"即支出，"纳"即收入，而"出纳"就是对收入与支出进行管理的一项工作。由于单位所有的经济业务最终都要反映在收入与支出业务上，因此，出纳在企业中具有十分重要的地位。

（一）出纳的含义

所谓会者不难，难者不会，很多"门外人"对出纳的认识还存在一定的局限性，下面就从不同的角度来介绍一下出纳。

1. 出纳工作

如果单纯从工作角度来看，出纳工作是指严格按照国家有关规定和制度，办理本单位的现金收付、银行结算及有关账务，保管库存现金、有价证券、财务印章及有关票据等工作的总称。因此，广义的出纳工作是指涉及票据、货币资金和有价证券的收付、保管、核算等工作；狭义的出纳工作是指各单位会计部门或财务部门专门设立的出纳岗位或任命的出纳人员所负责的工作。

2. 出纳岗位

出纳岗位一般设置在会计部门内部，用于管理货币资金、票据、有价证券的进出等事务。例如，各企事业单位在财会科、财会处内部设置的专门处理出纳业务的出纳组、出纳室等部门就有专属的出纳岗位。由于所在单位的业务特点不同，出纳岗位可进一步分为以下 3 种类型。

（1）全能型出纳。全能型出纳一般常见于小微型企业、社区中心等单位或组织，他们承担着所在单位资金收付存管理的全部工作，其工作内容涉及业务处理的全过程及各个方面。

（2）专业型出纳。专业型出纳一般常见于现金或银行业务收支发生频率较高的单位，如单体的零售和餐饮机构。这类出纳在单位中有明确的工作职责，单独从事部分专项工作，如只负责现金业务的现金出纳、只负责银行存款业务的银行出纳等。

（3）层级型出纳。层级型出纳一般常见于资金收支业务经办点、资金收支业务发生频率较高的单位，如酒店、医院、连锁型零售企业和餐饮机构等。这类单位一般就出纳岗位会设置多个资金收支岗位，其中既包括专业型的出纳岗位，又包括对出纳岗位的业务进行汇总、记账、检查等的上级岗位。

3. 出纳人员

出纳人员其实是从出纳岗位延展出来的，从出纳人员的角度认识出纳，是比较常见的一种思维方式。通俗地讲，出纳人员就是从事出纳工作的人员，他们是单位现金、银行存款、票据的主要经手人。狭义的出纳人员仅指财务部的出纳人员，而广义的出纳人员还包括业务部门的各类收银员。

实务点拨

各类收银员（收款员）的主要工作是办理货币资金和各种票据的收付业务，但他们的工作

01

一般都是在经济活动的第一线，即便他们需要保证经手的货币资金和票据的安全与完整，但他们收到的票据和货币资金通常要转交给专职的出纳人员管理并登记账簿，所以，收银员（收款员）并不是狭义的出纳人员。

《中华人民共和国会计法》（以下简称《会计法》）规定："各单位应当根据会计业务的需要，设置会计机构，或者在有关机构中设置会计人员并指定会计主管人员；不具备设置条件的，应当委托经批准设立从事会计代理记账业务的中介机构代理记账。"由此可见，《会计法》并未对各单位出纳人员的设置提出明确要求，各单位可根据自身情况设置。不同单位，由于规模、特点以及业务需要不同，其在配备出纳人员时的考虑也有所不同。一般来讲，出纳人员的配备方式主要有3种，具体内容如表 1-1 所示。

表 1-1 　　　　　　　　　　　　　出纳人员的配备方式

单位规模	配备方式	
中	一人一岗	专设一名出纳人员
小	一人多岗	设置一名兼职出纳人员
大	一岗多人	分设管理收付和管账的出纳人员，或分设管理现金和银行结算的出纳人员

需要注意的是，为了建立岗位之间的制约监督制度，确保单位财产的安全，《会计法》第 37 条规定："会计机构内部应当建立稽核制度。出纳人员不得兼任稽核、会计档案保管和收入、支出、费用、债权债务账目的登记工作。"

同时，《会计基础工作规范》规定："国家机关、国有企业、事业单位任用会计人员应当实行回避制度。单位领导人的直系亲属不得担任本单位的会计机构负责人、会计主管人员。会计机构负责人、会计主管人员的直系亲属不得在本单位会计机构中担任出纳工作。需要回避的直系亲属为：夫妻关系、直系血亲关系、三代以内旁系血亲以及配偶亲关系。"

🌱 **实务点拨**

根据会计准则的规定，每发生一笔现金或银行存款收付业务都要登记收入、费用或债权、债务等有关账簿，如果出纳人员在负责现金或银行存款收付的同时，兼任收入、支出、费用和债权债务账目的登记工作，就会形成单位内部控制的漏洞，使得出纳人员有机会通过操纵手中的账簿，达到营私舞弊的目的。同理，如果稽核、会计档案保管工作也由出纳人员负责，这将难以防止其通过抽换单据、涂改记录等手段进行舞弊的行为。

（二）出纳与会计的区别

很多人把出纳等同于会计，认为二者只是级别不同。其实不然，出纳和会计是两个不同的概念，不能说出纳是会计的附属，也不能说出纳服从于会计。下面将对出纳与会计的区别进行详细介绍。

1. 分工不同

出纳与会计都属于同一个会计系统，但它们的岗位分工不同。为了方便理解，可以通俗地将会计和出纳的关系比作医生和护士的关系，会计和出纳都属于会计系统，而医生和护士也都属于医务系统；会计和出纳虽然都是会计岗位，但侧重点有所不同，出纳侧重于对钱财收支的处理，而会计侧重于对账务的处理，就好比医生负责为患者治病，而护士则负责对患者进行护理。

2. 管理内容不同

财务中有一个原则叫"钱账分离"，通俗来讲就是"管钱不管账，管账不管钱"，这说明了会计与出纳在管理内容上的区别。"管钱不管账"说的是出纳，出纳的主要职责是管好单位的每一笔资金进出；"管账不管钱"说的是会计，会计的主要职责是对单位的每一笔业务做好账务处理，而不直接经手单位的钱财。

在实际工作中，出纳的一项重要工作就是登记现金和银行存款日记账，也许会有人提出疑问，不是说出纳"管钱不管账"吗，怎么又要管账了呢？这其实与上述内容并不矛盾，出纳登记日记账的目的是使出纳对自己经手的钱财做到收支有数，并按照一定的要求向单位领导进行汇报。另外，对于现金和银行存款的收支情况，会计还会编制总账和明细账，通过会计账与出纳账的核对，监督出纳账是否正确，所以，出纳登记日记账不会造成监督上的漏洞。

3. 经济活动参与程度不同

出纳会直接参与到经济活动中，而会计在通常情况下是不会直接参与经济活动的。出纳开具现金支票从银行提取现金、为相关人员办理费用报销等工作，都是其直接参与经济活动的体现。会计更多是通过票据参与单位的经济活动，即将各类经济活动产生的票据进行账务处理，对单位的经济活动进行确认、计量和报告。

实务点拨

在实际工作中，出纳与会计之间会频繁传递会计凭证，二者会互相利用对方的资料进行核算，共同完成会计任务，因此，二者主要通过会计凭证这一媒介进行联系。

案例分析

会计和出纳串通，贪污挪用公款 4 850 万元

季某是扬州市江都区滨江新城某单位的出纳人员。一天，季某丈夫的朋友祝某得知季某的工作，便试探季某："单位里很多钱都归你们管，这些钱闲着也是闲着，不如借给我做生意。"季某深知这种行为涉嫌犯罪，所以很犹豫。但祝某再三劝说："月初借出月底归还。神不知鬼不觉，谁也不会发现。"同时许诺给季某很高的利息，季某经不住诱惑，就答应了。

季某知道，单位有内部控制制度，自己一个人挪用公款容易被发现，还必须有会计人员的配合。单位的会计人员叫陈某，是一位刚毕业的大学生，与季某一同进入单位，两人关系不错。为了让陈某成为自己的同伙，季某经常约陈某一起吃饭逛街，并大方地请客，还送了陈某许多小礼物，涉世不深的陈某很快就把季某当成自己的好朋友。

不久，在祝某的催促下，季某向陈某提出串通舞弊、挪用公款的要求。为了让陈某打消顾虑，季某表示："家里出了急事需要用钱，我暂时借一下单位的钱，等我把房子卖出去了就立马还上，绝对不会有人发现。好姐妹，帮我一次，我给你很高的利息。"陈某一开始不想答应，但"吃人嘴软、拿人手短"，她最终还是没能拒绝季某的合谋请求。

01

很快，季某、陈某就将第一次挪用的公款借给了祝某，并通过伪造、变造会计账簿等方式逃避检查。后来，3人之间的合作越来越多，金额也越来越大。慢慢地，祝某开始以资金周转不开为借口，不按约足额还款，很快单位的账上就出现了巨额缺口。季某、陈某心急如焚，为了逃过单位的年终清查，她们找到了祝某的熟人——某银行的会计梁某，请他帮忙伪造银行对账单，以应付检查。后来，为了做平账目，季某、陈某又伪造了数十份虚假协议，并让梁某配合帮忙伪造银行对账单，竟然勉强实现了账目收支平衡，使每项收支都有了依据。

然而，他们的财务舞弊很快就被发现了。在一次介入调查中，审计机构发现该单位账目非常混乱，相关凭证残缺不全，而且有伪造的痕迹。审计机构马上进行了专项检查，季某等人的财务舞弊问题终于暴露出来。几个月后，法院就季某、陈某贪污、挪用公款案做出判决，认定季某、陈某共同贪污4 850万元，判处二人挪用公款罪。

案例分析： 季某作为出纳人员，经不住金钱的诱惑，没有严格遵守职业道德，而陈某的职业意识也不强，轻易地就被私人感情和蝇头小利所"打动"，放弃了自己的职业操守。相关法律法规从内部控制的角度出发，规定各单位的会计与出纳不得由同一人担任，两个岗位应相互监督，相互制约，而季某和陈某却串通一气，通过伪造、变造会计资料的方式合伙舞弊，并通过伪造账目的方式实现了收支平衡的假象。她们的行为虽然能在短时间内掩人耳目，但终究还是漏洞百出，逃不过法律的制裁。因此，无论是出纳人员还是会计人员，都不应该抱有任何侥幸心理，更不可通过串通舞弊的方式挪用、贪污公款。

（三）出纳的职能

会计的工作职能是对单位的经济活动或事项进行核算和监督；而出纳作为会计系统的一个重要组成部分，其工作职能可从会计的工作职能中进行提炼和细化。出纳的职能可概括为收付、反映、监督和管理4项。

1. 收付职能

收付职能是出纳工作的基本职能，其主要体现在对单位经营活动中货物价款的收付，往来业务中有关现金、票据、金融证券等的收付和办理，以及与银行存款相关的收付业务的办理等。

2. 反映职能

反映职能是出纳工作对各项收付业务的财务反映，这也是出纳工作的本质表现。出纳工作的反映职能主要体现在为各单位的经济管理活动和投资决策活动提供完整的、系统的财务信息。为了达到这一目的，出纳需要利用货币这个统一的计量单位，对本单位的资金和有价证券进行详细记录与核算，从而编制库存现金日记账和银行存款日记账，以提供各类有价证券的明细核算资料。

3. 监督职能

监督职能既是出纳工作专业性的体现，也是出纳工作对单位制度执行情况的一种监管，具体表现在以下两个方面。

（1）出纳根据国家颁布的法律法规和单位制定的各项规章制度，对单位的资金和有价证券进行详细记录与核算，为单位进行经济管理活动和投资决策活动提供所需的完整的、系统的财务信息。

（2）出纳对单位的各项经济业务，尤其是对与资金收付相关的经济业务的合法性、合理性、有效性等进行全过程的监督。

4．管理职能

很多人认为出纳工作比较基础、琐碎，但其实出纳工作也具有管理职能。出纳工作的管理职能主要体现在出纳人员对其所管理资金的来源、使用、周转等情况进行全面了解后，提出合理的使用建议，及时提供资金的使用和周转信息，保证单位资金的安全和正常周转。所以，管理职能需要出纳主动参与会计工作的整体运作，为单位发展做出贡献。

（四）出纳的权力

总体来说，出纳需要被赋予的权力包括维护并执行财经法律法规的权力、参与资金管理的权力，以及管理并合理使用资金的权力。

1．维护并执行财经法律法规的权力

赋予出纳维护并执行财经法律法规的权力能使出纳更好地实现其工作职能。出纳必须依照《会计法》等财经法律法规进行业务核算和监督；必须按照国家统一的会计制度规定对原始凭证进行审核；对违反《会计法》等财经法律法规的行为进行检举等。出纳对于在执行工作过程中发现的相关问题，应当按照正确的方法进行汇报或处理。

（1）如果发现原始凭证记录不真实或不合法，出纳有权不予接受，并向单位负责人报告；对于记载不准确、不完整的原始凭证，出纳应予以退回，并要求出具原始凭证人员按照国家统一的会计制度对该凭证进行更正、补充。

（2）如果发现账簿记录与实物、款项及有关资料不相符的，应当按照国家统一的会计制度规定进行处理。出纳有权处理的，应当及时处理；出纳无权处理的，应立即向单位负责人报告，请求查明原因，并进行处理。

（3）如果发现有违反国家统一的会计制度规定的行为，出纳有权检举。收到检举的部门有权处理的，应当依法按照职责分工及时处理；如果收到检举的部门无权处理，则应当及时移送有权处理的部门处理。

2．参与资金管理的权力

出纳工作最核心、最重要的内容是对资金进行管理，因此，出纳需要被赋予参与资金管理的权力。出纳在行使这类权力时，应当遵守现金管理制度和银行结算制度，不能越权进行不符合规定的操作。

3．管理并合理使用资金的权力

由于单位的一切货币资金往来都与出纳工作密切相关，因此，出纳应当具备一定的管理意识，主动参与到单位的管理中，为单位的经营管理及投资决策等提供可靠的意见和建议，并及时提供资金的使用和周转信息。出纳所做的管理工作虽然不如单位管理层具有宏观性，但是通过出纳工作过程可以看出单位对管理的要求：首先，出纳需要将与资金收付相关的人和物组织起来，计划单位资金的收、付、存；其次，还应协调与资金收付有关的部门和人员，并处理好在这期间遇到的各种问题；最后，还需要按照法律、行政法规和单位的规章制度，合理控制资金的收、付、存。

（五）出纳的工作内容

出纳工作涉及单位的现金收付、银行结算等活动，直接关系到个人、单位甚至国家的经济利益，一旦出纳工作出现差错，就会造成不可挽回的损失，因此，出纳工作十分重要。根据我国《会计法》《会计基础工作规范》等法律法规的规定，出纳工作的具体内容包括以下5个方面。

1. 办理货币资金收付业务

货币资金就是以货币形式存在的资金，包括现金、银行存款和其他货币资金等。在出纳工作中，货币资金就是指存放在保险柜中的现金、单位银行账户的存款（银行存款）、外埠存款、银行汇票存款、银行本票存款、信用卡存款和存储投资款等。出纳在办理各种货币资金收入业务时，要按照我国相关制度的规定，填制相关凭证，如收据、发票以及支票等，做到"收款有凭据"；在办理货币资金支出业务时，要严格审核相关原始凭证，确保"付款有授权"。

2. 登记现金及银行存款日记账

对于每一笔现金以及与银行存款相关的业务，出纳都应该按顺序逐笔登记，结出余额，并在每日下班前核对账面余额与库存现金余额，若核对结果不一致，应及时查明原因并予以解决。同时，出纳应与银行进行本单位所有账户资金往来和余额的对账工作，至少每月一次，并于每月月末编制银行存款余额调节表，以保证账面余额与对账单余额相符。

> **实务点拨**
>
> 由于出纳既负责登记银行存款日记账，又负责与银行对账，所以，出纳进行银行对账工作需要接受会计人员的监督。

3. 保管货币资金

出纳必须保管好货币资金，并确保现金和银行汇票、银行本票等票据的安全与完整，不得泄露单位保险柜密码、银行账户取款密码等，也不得将单位保险柜钥匙、银行卡、网银 Ukey 等随意转交他人。对于超出限额的现金，出纳应及时送存银行；对于现金的盈余或短缺，出纳应及时查明原因并处理；对于由自身原因造成的现金短缺，出纳要进行赔偿。

4. 保管空白票据和印章

出纳要严格遵循相关规定保管单位各种重要的空白票据，包括空白支票、汇票、发票，以及各种空白收据等，对于各种空白票据应严格办理领用和注销手续。此外，单位的部分印章（如财务专用章和财务负责人名章等）也应由出纳统一保管。

> **实务点拨**
>
> 出纳工作会涉及大量的会计资料，例如收付款凭证、银行对账单、库存现金盘点表等。通常来说，这些资料需要作为原始凭证及时交给会计人员编制记账凭证，或交给专门的会计档案保管人员进行保管。

5. 办理外汇出纳业务

随着国际贸易的深入发展，越来越多的国内企业开始涉足外贸领域，外汇收支也越来越频繁。对于涉及外汇业务单位的出纳人员而言，一项十分重要的工作就是办理本单位的外汇出纳业务。目前，国家对于外汇的管理和结算已有严格、细致以及明确的规定，因此，出纳人员应加深对国家外汇管理制度的熟悉程度，秉承严谨、负责任的态度，严格按照国家相关政策的规定办理外汇结算业务，避免对国家外汇造成损失，以维护国家利益。

（六）出纳的工作流程

出纳与会计一样，其工作具有较强的时效性，即对于完成时间有明确的要求。若要让出纳工作按时、高质量地完成，出纳人员可以按照以下工作流程来安排自己的工作。

（1）每天上班的第一项任务是检查、清点保险柜里存放的物品是否完整、完好，如现金是否与昨日余额相符、印章是否齐全、票据是否完好无损等。

（2）向财务负责人请示当天的资金支付计划，判断现金是否充足，若不充足，则应先到银行提取现金。

（3）按顺序逐笔办理各项收、付款业务。

（4）将所有的收付款凭证交给会计人员编制记账凭证，并根据审核无误的记账凭证登记现金及银行存款日记账。

（5）若当天收到银行对账单，则应及时核对银行存款日记账账面余额与银行对账单金额是否相符，若存在未达账项，应编制银行余额调节表。

（6）当天下班前，查询银行账户的余额，并与银行存款日记账进行核对；清点库存现金的实有数，并与库存现金日记账进行核对。在核对过程中，如果发现账款的实有数与记录数不一致，则要严格遵守"日清月结"的规定，立即查明原因，并使用正确的方法进行调整。

（7）当天对账工作完成后，出纳人员应本着谨慎的原则，将当天所有的凭证、账表以及重要资料放入安全位置；将保险柜中的重要物品进行归档；检查所有应加锁保存的物件是否已经被锁好；整理办公桌面，为次日工作做好准备。

（8）每月月末进行现金及银行存款日记账的结账工作。

（七）出纳的工作交接

当出纳人员由于工作调动、离职等原因需要离开工作岗位时，应将相关工作资料移交给继任的出纳人员，即进行出纳工作交接。

1. 出纳需进行工作交接的情形

出纳人员需办理工作交接的情形主要有以下6种。

（1）出纳人员因辞职、调动或离开单位的。

（2）因单位内部工作变动而不再担任出纳职务，如出纳岗位轮岗调换到其他会计岗位。

（3）出纳岗位内部增加或减少工作人员进行重新分工的。

（4）出纳人员临时离职或者因病不能工作且需要接替或者代理的。

（5）因特殊情况如停职审查等按规定不宜继续从事出纳工作的。

（6）单位因其他情况按规定应办理出纳交接工作的，如单位解散、破产、兼并、合并、分立等情况发生时，出纳人员应向接收单位或清算组办理移交。

2. 出纳工作交接的内容

出纳工作交接的内容应根据各单位具体情况确定。总体来说，出纳工作交接的内容可分为凭证、账本、票据类，现金和有价证券类，银行资料类，税务资料类，印章、设备和用具类，电算化资料类，工作事项类共7项内容。

（1）凭证、账本、票据类。出纳办理工作交接时应交接的凭证、账本和票据主要包括转账支票、银行对账单、现金日记账、现金支票、发票、银行存款日记账、电汇凭证、发票领购簿、相关报表、支票领用登记簿、其他业务凭证或单据等。

（2）现金和有价证券类。出纳办理工作交接时应交接的现金和有价证券主要包括库存纸币、硬币、银行卡及密码、存折、存单及密码、有价证券、借据、押金凭证等。

（3）银行资料类。出纳办理工作交接时应交接的银行资料主要包括银行预留印鉴卡，银行支付密码器及说明书，支票购买证，电子回单柜 IC 卡，网上银行密码、Ukey 等。

（4）税务资料类。出纳办理工作交接时应交接的税务资料主要包括税收缴款书，税控 IC 卡，读卡器，税控开票 U 盘、开票系统安装盘及说明书、操作密码。

（5）印章、设备和用具类。出纳办理工作交接时应交接的印章、设备和用具主要包括财务专用章，发票专用章，现金收、付讫章，印台、印油，点钞机，计算器，支票打印机，保险柜钥匙、密码、操作方法及说明书等。

（6）电算化资料类。出纳办理工作交接时应交接的电算化资料主要包括会计电算化软件、软件操作方法与程序、操作密码等。

（7）工作事项类。出纳办理工作交接时应交接的工作事项主要包括原出纳人员的工作职责和工作范围介绍，尚未办结事项的说明，重要事项的说明（如办理程序、办理地点、联系方式等），以及其他需要说明的工作事项等。

3. 出纳工作交接的流程

出纳办理工作交接手续时，一般会经历 3 个环节，即交接准备、正式交接、交接结束。

（1）交接准备。为了确保出纳工作交接顺利进行，避免遗漏，移交人员在办理交接手续前，应该做好以下 5 项准备工作。

① 尽量将已经受理的出纳业务处理完毕。

② 将现金日记账和银行存款日记账登记完毕后，在最后一笔余额后加盖本人的个人名章，并确保账账相符、账实相符、账证相符。

③ 在现金日记账和银行存款日记账的账簿启用表上填写交接日期，并加盖个人名章。

④ 整理应交接的资料，对未了事项做出书面说明。

⑤ 编制移交清册，填写交接的账簿、凭证、现金、有价证券、支票簿、文件资料、印鉴、会计电算化软件及密码、会计软件数据磁盘（磁带等）及其他物品的具体名称和数量。

（2）正式交接。移交人员必须在规定的期限内，在监交人（一般为单位财务负责人、会计主管人员）的监督下，与接交人员办理交接，具体包括以下 4 项工作。

① 根据现金日记账和备查账簿的余额逐一清点现金、有价证券、贵重物品等。接交人员发现存在账实不一致的情况时，移交人员必须在规定期限内负责查清原因并进行处理。

② 核对银行存款日记账余额与银行对账单余额。若发现二者不一致，应编制银行存款余额调节表进行调节；若调节后仍不一致，则应由移交人员查明原因并进行处理，然后在移交清册中注明详细情况。

③ 检查出纳负责的现金日记账、银行存款日记账和其他会计资料是否完整。接交人员若发现存在资料短缺的情况时，移交人员应查明原因并负责处理，然后在移交清册中注明详细情况。

④ 接交人员按移交清册点收印章（主要包括财务专用章、发票专用章和法定代表人个人名章）、保险柜密码、钥匙、办公桌和办公室钥匙等实物。接交人员在交接完毕后，应及时更改保险柜密码，更换有关锁具。

（3）交接结束。交接工作完成后，交接双方和监交人要填写移交清册，具体内容包括单位名称、交接日期、交接双方和监交人的职务及姓名，以及移交清册页数、份数和其他需要说明的问题与意见等。

01

实务点拨

移交清册一般一式三份，其中交接双方各执一份，另一份作为会计档案存档。

4. 出纳工作交接过程中的责任承担

出纳办理工作交接时需要由专人负责监交，所以在交接过程中主要涉及3方责任人，即移交人员、接交人员和监交人员，这3方责任人都应对其负责的交接工作承担法律责任。

（1）移交人员的法律责任。移交人员应当保证移交资料的完整、完好和准确，并使移交的资料能够延续正常使用。对于接交人员延续出纳工作时需要使用的证、卡、设备、用具等物件的使用方法，移交人员应进行实际操作辅导。离岗后，移交人员应对其在经办工作期间发生的会计凭证、会计账簿、财务会计报告和其他相关资料的真实性、完整性负责；对于有证据显示属于移交人员在任期间或者交接时发生的疏漏、差错，移交人员应当做出说明，并承担相关责任。同时，移交人员还应对原单位需要协助的事项履行协助义务。交接完成后，移交人员应在移交清册上签名。

（2）接交人员的法律责任。接交人员应对所接收资料的完整、完好、准确以及能否延续正常使用负责。接交人员应掌握所接收证、卡、设备、用具等物件的使用和调整方法，并能够正确操作。对于在接收过程中由于自身疏忽或遗漏造成的差错，接交人员应当做出说明，并承担相关责任。交接完成后，接交人员应在移交清册上签名。

（3）监交人员的法律责任。负责监交的人员应当始终与移交人员和接交人员同在交接现场，根据出纳工作交接书上的内容逐项进行核验，监督交接的资料和全过程。监交人员在交接工作完成后，应当向委派人员报告交接的情况和交接结果，并在移交清册上签名，然后将所持有的移交清册按照规定归档。

三、任务实训——判断是否属于出纳的工作职责

星辉公司规定的财务人员工作职责中，有些属于出纳的工作职责，有些则不属于，具体分析如下。

（1）办理费用报销属于货币资金支付业务，因此，该业务属于出纳的工作职责。

（2）审核会计报表并进行财务分析属于财务管理类工作，与货币资金收付无关，因此，该业务不属于出纳的工作职责。

（3）空白支票、票据、印鉴等是出纳日常工作中经常要用到的重要资料，因此，该业务属于出纳的工作职责。

（4）各项银行存款进账凭证与货币资金收款相关，出纳需要经常前往银行办理业务，接收银行各种凭证，因此，该业务属于出纳的工作职责。

（5）登记日记账是出纳的工作重点，因此，该业务属于出纳的工作职责。

（6）现金收款并开具收据与货币资金收付直接相关，因此，该业务属于出纳的工作职责。

（7）填写转账支票属于货币资金支付业务，因此，该业务属于出纳的工作职责。

（8）编制银行存款余额调节表是银行存款日记账对账工作中的一个环节，因此，该业务属于

出纳的工作职责。

（9）编制记账凭证并登记总账是会计核算工作，是会计的职责，因此，该业务不属于出纳的工作职责。

（10）编制财务报表是会计的职责，因此，该业务不属于出纳的工作职责。

01

任务二 了解出纳人员的任职要求

一、任务引入

星辉公司拟招聘一名出纳人员，有 3 位应聘者进入最终面试。面试时，面试官提出一个问题："如果作为出纳人员的你正在为业务人员张某办理费用报销业务，却突然接到一个陌生电话，自称是采购部主管，询问单位账上有多少资金，又要求你马上向一个陌生账号支付货款 10 万元，并强调如果耽误了，将会影响采购业务的正常开展，你应该如何处理？"

应聘者陈双答道："事情紧急，我会告诉他单位账上的资金是足够的，同时也没法再理张某了，然后赶紧去确定这个电话是不是采购部主管的号码，如果是，就立即付款。"

应聘者王大鑫答道："这种电话肯定是诈骗，不用搭理，我只管依据正规的付款单据办理付款业务。"

应聘者王敏答道："虽然事情紧急，但出纳人员还是应该有条不紊地按照相关的法律法规处理。首先，单位有多少资金属于单位机密，不能随便告诉他人。其次，我接完电话后，应暂停办理费用报销业务，简单向张某解释后，打电话向财务负责人汇报情况，核实该笔支付需求是否真实，该账号是否为单位供应商的账号，若情况属实，则应先办理付款业务，然后再提醒采购部补交付款凭证。"

面试官听取了 3 位应聘者的回答后，再综合他们其他方面的表现，认为王敏较为满足出纳人员的岗位要求，所以决定录用王敏。

请问，就问题的回答来看，面试官为什么会认为王敏较为满足出纳人员的任职要求？

二、相关知识

在没有从事出纳工作前，很多人把出纳工作想得过于简单。相较于会计工作而言，大多数会计新手愿意从出纳工作开始做起，将出纳工作当作职业生涯的一个跳板，认为"会计做得了出纳，但出纳做不了会计"。但在做了一段时间的出纳工作后，他们就有点儿吃不消了，原以为出纳工作就是"点点钞票""跑跑银行"，却不想还要面对开收据、填现金支票、登记日记账等工作，所以，出纳工作并不是很多人想得那样"没有技术含量"。一名合格、出色的出纳人员，要具备扎实的专业技能、全面的职业意识、较强的沟通能力和良好的职业道德。

（一）扎实的专业技能

作为一名优秀的出纳人员，应具备的首要特质就是业务知识要过硬，业务知识是从事出纳工作时应掌握的基本技能。

出纳人员管理单位资金的收付存，所以应掌握的业务知识也应围绕管理活动进行展开。优秀的出纳人员不仅要懂业务知识，还要将业务知识运用在实际当中；要学会处理某项业务，还能熟练使用掌握的各项技能。

（二）全面的职业意识

01

一名合格的出纳人员，除了具备扎实的专业技能，还要具备全面的职业意识。总体来说，出纳人员应具备的职业意识包括法律意识、安全意识、凭据意识和数据准确意识。

1. 法律意识

正所谓"没有规矩，不成方圆"，法律、规章就是规范人们行为的有效依据和手段。出纳工作是单位内控管理的重要环节，如果出纳人员不了解、不遵守法律法规，就可能出现随意处置票据、按照关系亲疏报销费用、不按规则登记账目、日记账登记混乱等现象。

（1）法律法规。国家为了规范出纳人员的执业行为，颁发了一系列法律法规，出纳人员只有在了解这些法律法规的基础上，才能做好自己的本职工作，为单位把好关，减少甚至避免单位因违法而造成的损失。具体而言，出纳人员应该重点关注的法律法规如表 1-2 所示。

表 1-2 出纳人员应该重点关注的法律法规

法律名称	内容说明
《中华人民共和国会计法》	简称《会计法》，是为保证会计行为和会计资料的真实性与完整性，为加强经济管理和财务管理，提高经济效益，维护经济秩序做出的规范
《中华人民共和国票据法》	简称《票据法》，是为规范票据（汇票、本票、支票等）行为、保护票据关系当事人合法利益、维护社会经济秩序、促进经济发展做出的规范
《中华人民共和国现金管理暂行条例》	简称《现金管理暂行条例》，是为改善现金管理、促进商品生产和流通、加强对社会经济活动的监督做出的规范
《支付结算办法》	是针对单位、个人在社会经济活动中使用票据、信用卡和汇兑、托收承付、委托收款等结算方式进行货币给付及资金清算行为做出的规范
《企业会计制度》	是为保证企业会计核算的真实性、完整性，保证企业会计核算提供信息的质量做出的规范
《会计基础工作规范》	是为加强会计基础工作、建立会计工作秩序、提高会计工作水平做出的规范
《会计档案管理办法》	是为加强会计档案管理、统一会计档案管理制度做出的规范
《中华人民共和国税收征收管理法》	简称《税收征收管理法》，是为加强税收征收管理、规范税收征收和缴纳行为、保障国家税收收入、保护纳税人的合法权益、促进经济和社会发展而做出的规范

（2）单位的规章制度。出纳人员是所在单位中的一员，单位作为一个组织集体，对各项工作的运作都有一些流程、限制或操作上的规定，而这些规定通常会以文件的形式呈现，以规章制度的形式传达给各个员工。出纳人员开展业务工作不能仅凭自己的专业知识随意发挥，而是应以单位的各项规章制度为依据。不同单位的规章制度侧重点会有所不同，但一般而言，各单位都会为财务工作者制定财务管理制度，即出纳人员从事业务工作的基本规范。其中，会计核算制度、财务管理制度和财务收支审批报告制度是出纳人员常用的 3 项制度。

① 会计核算制度。单位的会计核算制度提出了对会计工作者的基本要求，为会计、出纳等工作人员指明和提供了方向与制度支持。出纳是会计系统中不可分割的一部分，虽然涉及的会计核算工作较少，但在进行登记日记账等工作时，也应按照会计核算制度中的相关规定，正确贯彻会计政策、选择恰当的会计科目、采用正确的格式进行登记。

② 财务管理制度。财务管理制度是规范财务人员工作的综合性管理制度，出纳人员应全面学习和熟练掌握货币资金管理、往来结算管理、固定资产管理、销售收入管理等内容。例如，若单

位的货币资金管理制度规定，报销金额在 5 000 元及以上的需要总经理签字审批，那么出纳人员在办理相关人员的报销业务时，就应重点关注"5 000 元"这个临界点以及"总经理审批"这个程序；又如，按照单位内部财务管理制度规定，对于现金日记账和银行存款日记账，应每 3 日以书面形式向总经理报告，那么出纳人员就应该在规定的时间范围内，将现金及银行存款日记账登记完成，然后按时向总经理提交准确、完整的日记账。

③ 财务收支审批报告制度。一般而言，单位为了加强财务收支管理，除了建立综合性的财务管理制度，还会专门制定财务收支审批报告制度，以对资金收支的审批权限、办理方法以及业务流程做特别规定。例如，某单位的费用报销项目较多，为了优化过程控制，该单位财务收支审批报告制度规定，各业务人员将需要报销的费用统一在部门处汇总，由部门经理审批后统一在出纳人员处报销。此时，出纳人员就应该严格按照制度规定，只对部门经理的汇总票据进行报销，而对于业务人员个人的报销不予受理。

2. 安全意识

出纳人员管理单位的重要财产，而财务信息是单位的重要机密，因此，出纳人员作为单位资金收付和保管的重要责任人，应具备足够的安全意识，需要做好以下 3 点。

（1）严守公司数据秘密。出纳人员因为工作内容的原因，能够详细了解本单位的资金信息，如果将这些信息透露给他人，小则自己工作不保，大则可能会造成公司破产。所以，出纳人员应该做好保密工作，严守公司的数据秘密，谨记"谁问都不说"的原则，即除了业务接口的财务人员（如接口会计）、直接上级、本单位最高领导和主管财务工作的领导，以及按规定有权了解相关信息的人员，任何人询问本单位的资金秘密的都不能透露。

🌱 实务点拨

当上级领导或关系不错的同事、朋友或亲戚询问公司财务上的事情时，有些出纳人员可能会碍于情面不好意思拒绝，但如果你和这些人的关系不错，那么就更应该跟对方讲清事关公司机密，不好透露，希望对方能够理解。如果有人追问不休，则应在说明理由后拒绝回答。

（2）保障资金安全。出纳人员最重要的工作就是保证资金的安全。出纳人员对于资金的管理应做好"3 项保证"，即保证点清、保证存放、保证带好。保证点清是指出纳人员交出或者收到款项时应仔细清点，保证清点的数目准确无误；保证存放是指出纳人员应当养成随时锁存的习惯，即将收到的款项及时存入保险柜或银行，临时离开办公座位时，要谨记随手上锁、存放未归档文件；保证带好是指出纳人员在携带大额现金、支票等往返于银行和工作单位之间时，应防范可能出现的危险，即外出取送款之前，要将现金装入结实、不透明、便携的大包中，尽量保证现金不外露，并始终保证现金等贵重物品不离开自己的视线，尽量放在自己的身前。

> **思考与讨论：**
> 出纳人员每天和金钱打交道，稍微大意就可能造成经济损失，你认为出纳人员应形成怎样的工作作风？

（3）做好自我保护。出纳人员肩负保管单位钱财的重任，需对单位现金、财物的安全负责，同时也要特别注意自身的安全问题。

① 保证生命安全。由于岗位的特殊性，出纳人员常常会携带大量现金，因此，他们很可能会成为不法分子的作案目标。虽然这种情况出现的概率较小，但应该做好充分的心理准备，对可能

出现的情况加以考虑。当遇到威胁自身生命安全的事件时，出纳人员应该首先保证自己的生命安全，不要一味地与不法分子搏斗，应当在保障自身安全的情况下，再想办法减少单位的财物损失。

② 保证办公环境的安全。出纳岗位一般隶属于财务部门或会计部门，出纳人员的办公室可以是独立的，也可以是与其他会计人员共用的。出纳人员随时都会处理单位的资金或重要文件，所以，出纳人员的办公区域是一个比较特殊的地方，若要保证出纳人员办公环境的安全，则需要注意以下4点。

- 同事前来办理业务，出纳人员要在其完成后及时引导或提醒其离开。
- 尽量不要在自己的办公桌附近为外单位人员办理业务，可以选择将对方安排在接待室或会议室等公共区域办理相关业务。
- 不要与非办理业务的同事在办公区域有过多交谈。
- 已离职的同事应视同外单位人员，不要因为寒暄而忽略了彼此身份的变化。

③ 保证外出取送款的安全。出纳人员外出取送款时具有较大的风险。在取送款途中，若要确保自身和资金的安全，则需要注意以下4点。

- 在取送款前，要事先安排好路线；在出发前、行走途中以及抵达前，要留意周边是否有对自己异常关注的人员。
- 在银行办理取款业务时，要留意周围是否有异常人员，应将所取款项安全放置好后再离开。离开前，应在银行内仔细观望，确认没有可疑人员停留后再出发。
- 到银行取送大额现金时，可以向公司申请使用专车，并由一名同事陪同。必要时，可以向所在地公安部门或者安保机构提出护送请求。
- 如果遭遇抢劫，不要慌乱，应懂得随机应变，可向周围人员发出求救信号，尽量记住劫匪的体貌特征、车辆特征以及所在位置等信息，尽快报警求救。

3. 凭据意识

虽然出纳人员掌管单位的资金，但也不能随意支配、使用。出纳人员应该明确自身的职责，不要因为资金在自己手中就擅作主张动用，而是要严格遵守规章制度，履行收支审批程序，始终保持凭据意识。无论办理哪种资金收付或资金变动业务，出纳人员都要按照财务制度和收付审批程序的书面凭据来执行。

实务点拨

在工作过程中，出纳人员要注意避免好心做坏事情况的发生。例如，业务人员若要预支费用，可能会因为时间紧急而不能及时办理审批手续，此时又急需资金，为了不耽误工作，出纳人员可能就会预先支付款项，然后由业务人员事后补足凭证。但这会存在很大的安全隐患，若相关业务人员不可靠，或无故离职，那么这笔预支款项就只能由出纳人员承担。

虽然出纳人员要严格按照凭证办理相关业务，但这并不表示出纳人员只是办理资金收付业务的"机器"，只按照凭证的内容收款或付款。出纳人员应具有凭据审核的意识，即在办理支出或收入业务时，需要根据凭证内容，审核、确认支出或收入项目是否符合财务制度和收入审批程序的规定，这样才能有效避免差错的产生，并不断提高自身的执业能力。具体来说，出纳人员在办理支出或收入业务时，可以针对凭证内容多提疑问，这将有助于审核相关收支是否合理。

实务点拨

在实际工作中，出纳人员常常会遇到上级口头通知的情况，这时出纳人员需要及时办理书面手续，防止事后纠纷的产生。

出纳人员办理收支业务时需要注意的问题如表 1-3 所示。

表 1-3　　　　　　　　　　出纳人员办理收支业务时需要注意的问题

支出业务	收入业务
① 支出的理由合法吗？满足公司业务的需要吗？	
② 这笔支出款项是给谁的？	① 这笔款项是谁支付的？
③ 支出的金额是多少？	② 这笔款项是怎么获得的，是销售收款、预收货款、借入款项还是收取的押金？
④ 关于支出理由的陈述正确吗？	
⑤ 谁对这笔支出具有审批权限？	③ 凭证上填明的收款项目合法吗？
⑥ 审批签字人是否具有审批权限？	④ 收到的这笔款项有相关凭证（如购销合同、订货单、借款协议等）吗？
⑦ 审批的程序符合公司制度的规定吗？	
⑧ 实际支出时，能收到相关凭证（如发票、收据、欠条等）吗？	⑤ 谁负责这笔款项的收取？
⑨ 收到或者将要收到的凭证是否真实？该凭证符合公司管理制度的规定吗	⑥ 这笔款项的获取有相关责任人的审批吗？
	⑦ 这笔款项办理的手续齐全吗

4. 数据准确意识

财务工作是一项非常严谨的工作，财务数据是否准确会直接影响相关资产数据是否可信，是否可以提供给信息使用者使用，也关系到财务人员工作的质量与效率。所以，确保财务数据准确是出纳人员应具备的基本职业素养。同时，出纳工作难免会出现错误，因此，出纳人员需要随时提醒自己要有数据准确意识，在填写每个数据、登记每笔业务、计算每项数据时，都应放慢速度，确保每个数据的准确性，还要养成复查的习惯，避免产生很多不必要的错误。此外，还可以从日常接触的数据开始，有意识地记忆、默念每个数据，有意识地培养自己对数据的敏感性，提升自己发现数据错误的能力。

实务点拨

部分出纳人员的工作量较大，为了尽快完成工作任务，往往会形成"眼疾手快"的工作风格。这虽然有助于提高工作效率，但也加大了出错的概率。其实，在填写、计算数据时放慢速度就可以从源头避免错误，从而保证了输入数据的正确性。从整体来看，也会减少检查错误、修改错误的时间，从而提高整体工作效率。

（三）较强的沟通能力

由于工作的特殊性，出纳人员经常要与上级、同事及其他部门的人员接触。出纳人员应该摆正心态，明确自己的工作性质和内容，培养自己的沟通和协调能力，使自己能够积极地与上级、同事交流，培养较强的协调用款冲突的意识。

1. 与上级的沟通

出纳人员掌管单位的资金，随时会与上级进行交流，交流的内容主要与单位的资金问题有关。出纳人员在与上级沟通时要主动，多为上级提供有用的信息。以回答上级"账上还有多少资金"这个问题为例，出纳人员在回答时不能简单应付，只回答一个数据，而是要衡量单位的整体资金状况，考虑单位可能归还的贷款、已经发生但还未支付的费用，用简明扼要的语言从两个方面进行回答：第一是账面实际余额，即现金实有额和银行存款实有余额的合计数；第二是实际可支配余额，即减去已经知道或预计会支付某些款项后，单位实际可动用的金额。

2. 与同事的沟通

除了要常常与上级沟通，出纳人员还要负责单位现金的收付，在此过程中时常会与很多同事打交道。由于出纳人员要坚守各项原则，在为同事办理预支、报销、转账等业务时，往往需要"铁面无私"，不合规的付款凭证坚决退回，不合理的要求坚决拒绝。而同事不了解单位的财务制度，很可能会认为出纳人员是在刁难自己，因而与出纳人员产生矛盾。因此，出纳人员需要具备较强的沟通能力，并以耐心、亲和的态度与同事进行沟通，让同事了解公司的制度规定或程序安排，一方面使其理解自己的做法，另一方面减少因办理顺序而引起的误会，让同事明白自己对谁都一视同仁。

3. 用款冲突的协调

很多人认为，出纳工作就是办理各种收付手续，只要照章办事就可以确保万无一失，但事实并非如此。在实际工作中，出纳人员往往会遇到来自不同部门、不同人员的付款需求，这些需求汇聚到出纳人员处，就可能引起冲突。所以，要成为一名优秀的出纳人员，不但要善于处理数据、账目关系，还要培养较强的协调用款冲突的意识，按轻重缓急的顺序安排资金的收付。而要分清轻重缓急，出纳人员需要主动与各部门相关人员进行沟通、协调，了解用款的具体情况，适时地向上级请示处理资金需求的决策重点，合理组织各项工作，从而减少矛盾冲突。

此外，当遇到付款金额较大的情况时，出纳人员应当结合单位当前的资金状况，做出合理的付款安排，并及时、主动与相关人员进行沟通、协调。如果发现付款过程违反了财务制度和审批程序，出纳人员应该立即停止有关收付行为，及时向上级报告，并向相关人员解释清楚，既要避免发生误会，又要维护单位的资金安全。

（四）良好的职业道德

职业道德是指在一定社会经济条件下，对职业行为及职业活动做出的具体要求和明文规定。一般而言，出纳人员应具备的职业道德主要体现在以下 8 个方面。

1. 爱岗敬业

爱岗敬业指忠于职守的职业精神，这是出纳职业道德的基础。爱岗是指出纳人员应该热爱自己的本职工作，安于本职岗位，恪尽职守。敬业是指出纳人员应该充分认识到本职工作在社会经济活动中的地位和作用，意识到本职工作的社会意义和道德价值，具有出纳职业的荣誉感和自豪感，在职业活动中能够保持高度的劳动热情和创造性，以强烈的事业心、责任感从事出纳工作。如果出纳人员对所从事的职业缺乏正确的认识，认为出纳不过是简单的琐碎工作，就必然会不自觉地把这些意识反映到工作行动之中，就会表现出"懒""惰""拖"等不良行为，给出纳职业及其声誉造成不良影响。

2. 诚实守信

诚实是指言行思想一致，不弄虚作假，不欺上瞒下，做老实人，说老实话，办老实事。出纳人员应言行一致，实事求是，不为个人和小集团利益弄虚作假，损害国家和社会公众的利益。

守信就是要遵守自己所做出的承诺，讲信用、重信用、信守诺言、保守秘密。出纳人员因其职业特点，经常会接触到客户、单位甚至国家的一些秘密，如单位的财务状况、经营情况、成本资料及重要单据和经济合同等。在市场经济中，这些秘密可以带来经济利益，而出纳人员应树立保密观念，做到保守商业秘密，对机密资料不外传、不外泄。

出纳人员要做到保密守信，就要注意不在工作岗位之外的场所谈论、评价本单位的经营状况和财务数据。此外，在日常生活中，出纳人员也应保持必要的警惕，防止无意泄密。俗话说"说者无意，听者有心"，人们在日常交流中经常会对熟知的事情脱口而出，却没有想到后果。为了防止这种情况的发生，出纳人员要了解自己所知的信息中，哪些是商业秘密，哪些是无关紧要的事项，防止发生无意泄密的情况。

3. 廉洁自律

廉洁就是不贪污钱财，不收受贿赂，保持清白。自律是指自律主体按照一定的标准，自己约束自己、自己控制自己言行和思想的过程。廉洁自律是会计职业道德的前提，也是会计职业道德的内在要求。

在出纳职业道德要求中，"廉洁"要求出纳人员公私分明、不贪不占、遵纪守法，不贪污挪用，不监守自盗。保持廉洁主要靠出纳人员的觉悟、良知和道德水准，而不是受制于外在的力量。"自律"是指出纳人员将一定的具体标准作为其具体行为或言行的参照物，进行自我约束、自我控制，最终达到至善至美的过程。出纳人员只有先做到自身廉洁，严格约束自己，才能要求他人廉洁，才能理直气壮地阻止或防止他人侵占集体利益，保证各项经济活动正常进行。所以，作为整天与钱财打交道的出纳人员，必须做到"两袖清风，不取不义之财，面对金钱不眼红"。

出纳人员应树立科学的人生观和价值观，自觉抵制享乐主义、个人主义、拜金主义等错误思想，这是出纳人员在出纳工作中做到廉洁自律的思想基础。同时，出纳人员应做到遵纪守法，一身正气，增强抵制行业不正之风的能力，这是出纳人员廉洁自律的一个基本要求。

4. 客观公正

客观是指按事物的本来面目来反映，不掺杂个人的主观意愿，也不为他人意见所左右。公正是指平等、公平、正直，没有偏失。客观公正是出纳职业道德所追求的理想目标。

出纳人员在进行职业判断时，会涉及多方的利益，在处理这些复杂的利益关系时，绝不能采取折中的态度和方法，应始终站在第三者的独立立场上，不偏不倚地对待有关利益各方，不以牺牲一方利益为条件而使另一方受益，超然、独立地进行客观公正的评价，并做出恰当的判断。只有这样，才能保证国家、社会、单位和个人的利益不受侵犯。

5. 坚持准则

坚持准则是指出纳人员在办理业务过程中，要严格按照相关法律法规和规章制度办事，不为主观或他人意志所左右。坚持准则要求出纳人员熟悉与会计、出纳工作相关的法律制度，坚持按照相关法律法规和规章制度的要求完成自己的工作。在遇到道德冲突时，首先要对发生的事件做出"是""非"判断，以维护国家和社会公众的利益。

此外，坚持准则还要求出纳人员应依法行使监督职能。发生冲突时，应对法律负责，对国家和社会公众负责，敢于同违反会计法律法规和财务制度的行为做斗争，不做"老好人"，不怕受到单位负责人和其他方面的阻挠、刁难甚至打击报复。

📋 案例分析

泄露单位商业机密的后果

王某是某电子器械零件制造单位的一名出纳人员，其丈夫李某在一家电子器械单位任总经理。由于李某和王某的所在单位分别处于同一行业供应链的上下游，因此，王某单位的研发、生产信息对于李某单位来说十分重要。近期，李某的单位陷入经营危机，濒临倒闭，为了加以挽救，李某请求王某利用工作之便帮自己窃取王某单位的相关资料。面对丈夫的请求，王某陷入强烈的内心冲突，一方面是自己的道德感和法律意识，另一方面是面临失业的丈夫，最终王某选择倒向个人情感的一边，因此，王某抱着侥幸心理偷偷复印了公司新产品的研发费用支出计划等相关资料，并将其交给丈夫。李某拿到资料后，从中得知了王某单位的商业机密，并采取了一定的对策，很快就帮助单位扭转了颓势。王某的单位觉察到此事，经彻查后将王某告上法庭，王某只好接受法律的制裁。

案例分析： 王某将单位的内部资料复印给丈夫，属于泄露商业机密的行为，违反了诚实守信的职业道德。同时，王某在处理私人情感和岗位职责的冲突时，为自己的主观意志所左右，没有按照相关法律法规办事，牺牲了单位的利益，违反了坚持准则的职业道德。很多触犯法律的出纳人员其实并不是出于"贪心"，而是被个人情感所拖累。一个合格的出纳人员，应将自己的职业道德放在第一位，不能将私人情感、事务带到工作当中，同时还要严格遵循"公私分离"的原则。

---

6. 提高职业技能

职业技能也称为职业能力，是人们进行职业活动、承担职业责任的能力和手段。就出纳职业而言，职业技能包括理论水平、实务操作能力、职业判断能力、自动更新知识能力、沟通交流能力以及职业经验等。提高职业技能是指出纳人员通过学习、培训和实践等途径，持续提高出纳职业技能，以达到和维持足够的专业胜任能力的目的。

出纳人员是出纳工作的主体，出纳工作质量的好坏会受到出纳人员职业技能水平的影响。可以说，出纳人员的职业技能水平是出纳人员职业道德水平的保证，也是出纳人员在职业活动中做到客观公正、坚持准则的基础。因此，出纳人员必须具有不断提高会计专业技能的意识和想法，以及勤学苦练的精神和科学的学习方法，从而来不断提高自身的职业技能。

7. 参与管理

参与管理是指出纳人员间接参加管理活动，为管理者当参谋，为管理活动做好服务。出纳人员在做好自己本职工作的同时，还要积极主动地向单位领导反映本单位的资金状况及存在的问题，主动提出合理化建议，为领导的经营管理和决策活动当好助手与参谋。

参与管理要求出纳人员努力钻研业务，熟悉财经法规和相关制度，提高自身业务技能，为参

01

与管理打下坚实的基础。同时，出纳人员还要熟悉单位的经营活动和业务流程，使管理活动更具针对性和有效性。

8. 强化服务

强化服务要求出纳人员具有文明的服务态度、强烈的服务意识和优良的服务质量。社会中的各种行业都处于服务他人和接受他人服务的地位，出纳工作也如此。由于其工作涉及面广，通常需要服务对象和其他部门的协作与配合，而出纳工作的政策性又导致出纳人员在工作交流和处理业务过程中，很容易同其他部门及服务对象发生利益冲突或意见分歧，此时，出纳人员的服务态度就直接关系到工作能否顺利开展和工作成效的高低。所以，出纳人员在服务过程中不仅要有热情、耐心、诚恳的工作态度，还要做到待人平等礼貌，遇到问题时要以商量的口吻与人交流，充分尊重服务对象和其他部门的意见。出纳人员要做到大事讲原则，小事讲风格，沟通讲策略，用语讲准确，建议看场合。

案例分析

名校毕业生不一定能做好出纳工作

于某毕业于某知名大学的会计专业，毕业后他来到一家生产制造单位财务部工作。单位领导认为于某缺乏工作经验，便安排他从出纳岗位做起，待熟悉了单位的财务流程、积累了一定经验后再担任会计工作。于某自视为名校毕业生，认为自己担任出纳是"大材小用"，由于目前找不到更好的工作，因此只能勉强接受。

由于于某从心里就轻视自己的工作，因此他上班时无精打采，同事来报销费用时也处理得慢条斯理，当同事对报销制度有异议时，也不耐心解释，只是态度冷淡地让同事自己去看公司制度，从而引起了一些同事的不满，甚至在银行转账时弄错了金额，险些给单位造成较大的经济损失。单位领导看出了于某的工作状态不佳，但仍看中他的潜力，所以安排他参加业务培训，但于某并不认真对待，对于培训课程中的实操练习只是应付了事，因此培训结束时收获并不大。同时，面对单位大力推进的"内控管理优化"进程，财务部其他同事都积极提出了各种合理化建议，而他则认为自己只是一名小小的出纳，属于基础岗位，管理是领导们的事情，与自己无关。

一段时间后，于某的表现让单位领导彻底失望了，在一次绩效考核中，于某得到了很低的分数，因他不能接受这样的结果，冲动之下就辞职了。

案例分析：在本案例中，于某认为自己是名校毕业生，看不起较为基础的出纳岗位，但他忽略了财务类工作不仅需要理论知识，还需要实践技能、职业意识、沟通能力等，这些都需要在实际工作中慢慢积累，于某看不起出纳工作的行为属于自视甚高。同时，于某对出纳工作的轻视违反了爱岗敬业的职业道德，只要成为一名出纳人员，就应该热爱这份工作，敬重出纳职业，树立"干一行爱一行"的思想，慢慢发现出纳工作的价值。出纳工作需要与很多同事打交道，但于某未拥有良好的服务精神，为同事办理报销业务时态度冷淡，违反了强化服务的职业道德。而且于某不认真对待业务培训，也没有提升专业技能的意识和想法，也违反了提高技能的职业道德。此外，于某不积极参与单位的"内控管理优化"进程，还认为出纳工作十分基础，与管理无关，忽略了出纳的管理职能，从而违反了参与管理的职业道德。

实务点拨

一个人的道德品质并不是与生俱来的，它可以通过后天的修养和教育而成。因此，出纳人员可以通过各种方法来提升自身职业道德水平，具体包括参加财政部和单位组织的职业道德教育、不断反思自己的言行并进行自我批评、自我警醒、自我激励等。

三、任务实训——分析是否满足出纳的任职要求

面试官的问题：假如作为出纳人员的你在为同事办理费用报销业务时，突然接到陌生电话，询问单位账户余额，并要求立马付款，你应该如何处理。

应聘者陈双认为，应该先答复账户上的资金数目，然后确认对方是否是采购部主管，如果是，就听取其指令，立即付款。就陈双的回答来看，她知道需要先确认对方的身份，说明她有一定的防诈骗意识，但她轻易就将单位的机密透露给对方，并仅凭口头要求就办理付款业务，这说明她的安全意识和凭据意识还不够强，对正规的财务流程和单位财务制度缺乏明确的概念。同时，她还忽略了与当前接待的张某所进行的沟通，说明了她在沟通方面还存在不足。

应聘者王大鑫则不假思索地认为这种电话都是诈骗，自己只依据付款单据办理业务。这说明王大鑫有一定的凭据意识，懂得出纳人员应按章办事，但过于死板，面临特殊情况时缺少变通，沟通意识不强，并且不主动核实情况就武断地判定此付款需求是诈骗，有可能会耽误单位业务的正常开展，体现出他的责任心不强。

而应聘者王敏的回答就显得较为全面得体。首先，她提到应该按照法律法规处理，说明具有一定的法律意识。其次，她没有泄露单位账户的资金数目，同时还向上级核实了此付款需求是否属实，说明她的安全意识较强，懂得守口如瓶。此外，她还明白需要向张某解释，并及时向上级汇报情况，说明她懂得沟通对于出纳工作的重要性。最后，她认为付款后应该提醒采购部补交书面付款凭证，说明她的凭据意识很强，知道口头请求不能作为财务凭证。

综合来看，王敏具备较强的法律意识、安全意识、凭据意识，并且表述清晰、有条理，有一定沟通能力，因此，王敏更满足该公司出纳岗位的任职要求。

拓展阅读——培养出纳职业意识

有经验的出纳人员通常具有较强的职业意识，在处理一项业务时可能还会顺带考虑与之相关的其他业务情况，办事细心、周到、得体，这也是每一个新手出纳都期望达到的境界。这种职业意识需要在工作中慢慢培养，一方面可以通过实践经验进行累积，另一方面可以进行有意识的培养。培养出纳职业意识可以从以下 3 个方面入手。

1. 常做笔记

俗话说"好记性不如烂笔头"，在实际工作中，出纳人员应当时常将重要的、对自己有帮助的方法、经验记录下来，长此以往，职业意识就可以慢慢形成了。

2. 多反思多总结

出纳工作有较为固定的流程，每日工作的内容都大同小异，如果不多加以反思总结，久而久

之，出纳人员可能就会安于现状，最后只能从事一些机械性的工作。其实，即便工作再简单，只要多加思考，就可以从中找到更好的处理方法，或者发现以前没有发现的问题。只有常常思考怎样提高业务处理效率，才能在遇到新的问题时更好地将其解决。

3．与同行交流

个人的能力是有限的，多数情况下的自我提升需要思想的碰撞，出纳人员常常与同行进行沟通、交流，可以了解对方对工作的处理方法和看法，从中获取宝贵的经验，从而有助于提升自身的职业意识。

巩固练习

一、单选题

1．（　　　　）是严格按照国家有关规定和制度，办理本单位的现金收付、银行结算及有关账务，保管库存现金、有价证券、财务印章及有关票据等工作的总称。

    A．会计　　　　　　B．出纳　　　　　　C．稽核　　　　　　D．统计

2．出纳人员应该保守本单位的商业秘密，这是（　　　　）职业道德的要求。

    A．诚实守信　　　B．爱岗敬业　　　　C．服务群众　　　　D．奉献社会

3．某公司由于资金紧张，需向银行贷款600万元，但由于公司目前偿债能力较差，取得贷款的概率不大，于是，公司财务科科长要求出纳人员小李配合会计人员参与"财务造假"，提供虚假信贷资料。小李很清楚这种事情是很危险的，但迫于上级的压力，最终还是答应了伪造银行流水清单，虚增了单位的现金流。下列对于小李行为的认定，正确的是（　　　　）。

    A．小李违反了爱岗敬业、客观公正的出纳职业道德的要求

    B．小李违反了参与管理、坚持准则的出纳职业道德的要求

    C．小李违反了客观公正、坚持准则的出纳职业道德的要求

    D．小李违反了提高技能、客观公正的出纳职业道德的要求

4．下列不属于爱岗敬业职业道德的是（　　　　）。

    A．正确认识出纳岗位，树立爱岗敬业的精神

    B．保守秘密，不为利益所诱惑

    C．认识本职工作的社会意义和道德价值

    D．恪尽职守地做好本职工作

5．出纳人员卫某因哥哥急需资金，趁会计人员姚某离开办公室时，填写了5万元的现金支票一张，并私自将姚某遗放在办公桌上的印鉴加盖在现金支票上，然后从银行提取了5万元的现金。6天后，卫某的哥哥资金周转正常，将5万元现金归还卫某，卫某又填写了现金缴款单，将资金存入单位银行账户。卫某的行为违背了出纳人员的（　　　　）职业道德。

    A．廉洁自律　　　B．提高技能　　　　C．爱岗敬业　　　　D．参与管理

6．下列说法中，符合会计法规定的是（　　　　）。

    A．出纳可以兼管债权债务的登记

    B．出纳可以兼记固定资产明细账，但不得兼管稽核

    C．出纳既不能兼记固定资产明细账，又不能兼管稽核

    D．出纳既能兼记固定资产明细账，又能兼管稽核

7. 出纳人员赵某在利用现代信息技术手段加强经营管理方面颇有研究,面对电商行业的冲击,他向公司建议开辟网上业务洽谈,并实行优惠的折扣政策。公司采纳了赵某的建议,使得公司业绩实现了快速增长。赵某的行为所体现出的出纳职业道德是（　　　）。

    A. 爱岗敬业　　　　B. 坚持准则　　　　C. 参与管理　　　　D. 强化服务

二、多选题

1. 出纳应妥善保管本单位的（　　　）以及相关的重要核算资料。

    A. 货币资金　　　　B. 有价证券　　　　C. 票据　　　　D. 印章

2. 出纳工作的每一环节都必须依法进行,因此,出纳工作要遵守的法律法规有（　　　）。

    A.《现金管理暂行条例》　　　　　　B.《支付结算办法》

    C.《会计法》　　　　　　　　　　　D.《填写票据和结算凭证的规定》

3. 出纳人员的配备一般可采用（　　　）。

    A. 一人一岗　　　　B. 一人多岗　　　　C. 一岗多人　　　　D. 多人多岗

4. 出纳人员不得兼管（　　　）工作。

    A. 稽核　　　　B. 会计档案保管　　　　C. 收入账目登记　　　　D. 现金日记账登记

5. 实行回避制度单位的会计机构负责人、会计主管人员的（　　　）不能在本单位担任出纳工作。

    A. 配偶　　　　B. 子女　　　　C. 兄弟　　　　D. 伯父

6. 回避制度中的直系亲属是指（　　　）。

    A. 夫妻关系　　　　　　　　B. 直系血亲关系

    C. 三代以内旁系血亲关系　　D. 近姻亲关系

7. 下列各项中,属于出纳职能的有（　　　）。

    A. 收付职能　　　　B. 反映职能　　　　C. 监督职能　　　　D. 管理职能

三、判断题

1. 严肃认真、一丝不苟、认真把好关和守好口、要求数字计算准确、手续清楚完备,这体现了出纳人员的爱岗敬业职业道德。（　　　）

2. 出纳人员陈某认为,出纳职业道德中的参与管理就是要管理本单位的员工,因此他利用上班时间,到公司门口记录迟到的员工信息。（　　　）

3. 无论是其他岗位的工作人员兼任出纳,还是出纳兼任其他岗位的工作,都应当符合内部牵制的原则要求。（　　　）

4. 每日终了时,出纳人员应将现金日记账账面余额与库存现金实际结存数相核对,如果账实不符,可以第二天进行处理。（　　　）

项目二

掌握出纳实操的基本技能

知识目标 ↓

- 掌握点钞和验钞的相关知识。
- 掌握假币和残币的处理方法。
- 掌握管理保险柜和印章的相关知识。

能力目标 ↓

- 能够熟练进行点钞和验钞。
- 能够规范化书写数码字、日期和会计符号。

素质目标 ↓

- 掌握出纳实操的基本技能，提升工作能力，更好地适应单位的用人需求。
- 严格按照规定保管单位的财物和印章，切实履行自身的职责，确保万无一失。

任务一　点钞及验钞

一、任务引入

星辉公司为新入职的出纳王敏安排了入职培训。在培训中，老师拿出一张 100 元的钞票，要求王敏鉴别其真伪，王敏感到十分诧异，并向老师提出疑问："现在不都有验钞机了吗？还有必要由出纳人员自己验钞吗？"老师笑着答道："机器再好，也不能替代人。即便科技发达了，点钞和验钞依然是出纳人员必须掌握的一项技能。"听罢，王敏便拿起了那张钞票开始进行鉴别。

请问，王敏应该如何鉴别这张钞票的真伪？

二、相关知识

出纳人员在办理现金收付业务时的一个重要工作内容就是点钞，只有快速、准确地清点好钞票，才能完成后续的工作，并避免造成经济损失，因此，点钞是出纳人员必须掌握的一项基本业务技能。出纳人员在点钞时，不仅要做到准确无误，还应挑拣出假币和残币，并进行相应的处理。

（一）点钞

点钞分为手动点钞和机器点钞两种。机器点钞使用快捷，适用于复点（即复核清点）较新的、大面额的批量钞票。虽然机器点钞使用快捷，但作为一名合格的出纳人员，还是应该掌握基本、常用的手动点钞方法。

1. 手动点钞

常用的手动点钞法包括单指单张点钞法、单指多张点钞法、多指多张点钞法等。

（1）单指单张点钞法。单指单张点钞法是指一个手指一次只点一张钞票的方法，是目前常用的点钞法，适用于收款、付款和整点各种新旧大小钞票，使用范围广、频率高。其优点是能看到票面的四分之三，易发现假币与残币；缺点是点一张就要记一个数，操作较为费力。其具体操作方法如下。

① 持票。左手持票，用左手拇指按住钞票正面左侧约四分之一处，食指和中指放在钞票背面，与拇指一起捏住钞票，无名指与小拇指保持自然弯曲，并尽量向钞票正面左下方延伸，中指稍用力，与无名指、小拇指一起卡紧钞票，食指伸直，拇指向上移动，按住钞票的侧面，将钞票压成瓦形（左手手心向下），然后左手将钞票往桌上擦过，再将钞票翻转，拇指顺势将钞票撑成微开的扇面并将其斜对自己面前；同时，右手拇指、食指做点钞准备，如图2-1所示。

② 清点。右手食指托住钞票背面右上角，右手拇指指尖向下轻微捻动钞票右上角，右手食指在钞票背后配合拇指捻动，右手无名指将捻起的钞票往怀里弹，如图2-2所示。

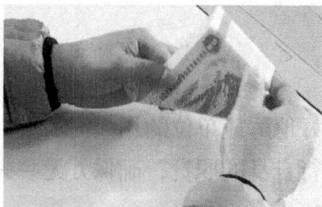

图2-1　持票姿势　　　　图2-2　清点姿势

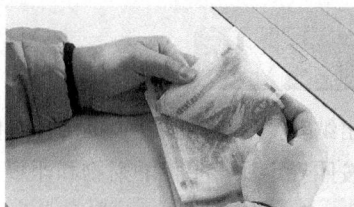

③ 记数。在清点的同时，采用分组记数法计数，即1、2、3、4、5、6、7、8、9、1（即10），1、2、3、4、5、6、7、8、9、2（即20），以此类推，直至数到1、2、3、4、5、6、7、8、9、10（即100）。

（2）单指多张点钞法。单指多张点钞法是指点钞时一个手指同时点两张或两张以上钞票的方法。该方法适用于收款、付款和各种券别的整点工作。其优点是记数简单、效率高；缺点是在一个手指捻动几张钞票的同时不能完全看到中间几张的票面情况，所以不易发现假币和残币。

① 持票。单指多张点钞法的持票方法与单指单张点钞法的持票方法相同，这里不再赘述。

② 清点。右手食指放在钞票背面右上角，拇指肚放在正面右上角，拇指尖超出票面。若以两张钞票为基数，则拇指肚捻第一张，拇指尖捻第二张。若以3张钞票为基数，则拇指均衡用力，食指、中指在票面后面配合拇指捻动（捻的幅度不要太大），无名指向怀里弹（弹的速度要快）。同时，左手拇指稍微抬起，使票面拱起并从侧边分层错开，以看清张数，左手拇指往下拨钞票，右手拇指抬起让钞票下落，左手拇指在拨钞的同时按下其余钞票，左右两手拇指一起一落协调动作，循环此动作直至点完。

③ 记数。采用分组记数法记数，若以两张钞票为基数，则以两张为一组，记一个数，50组

就是 100 张；若以 3 张钞票为基数，则以 3 张为一组，记一个数，点 33 次余 1 张即是 100 张。

（3）多指多张点钞法。多指多张点钞法，又称四指四张点钞法，是指点钞时用小指、无名指、中指、食指 4 个手指依次捻动下一张钞票，一次清点 4 张钞票的方法，该方法主要用手指关节活动，动作范围小。这种点钞法适用于收款、付款和各种券别的整点工作，尤其适用于点整把券，不适用于点残破票太多的钞票，使用该方法不仅省力、效率高，而且能逐张识别假币和残币，其操作方法如下。

① 持票。左手持票，中指在钞票正面，食指、无名指、小指在钞票背面，将钞票夹紧，4 指同时弯曲将钞票轻压成瓦形，拇指在钞票的右上角外面，将钞票推成小扇面，然后手腕向里转使钞票的右里角抬起，右手五指准备清点。

② 清点。右手腕抬起，右手拇指紧贴在钞票的右里角，其余 4 指同时弯曲并拢，小指稍叠在无名指内。从小指开始捻下第一张钞票，然后无名指、中指和食指按顺序各捻下一张钞票。每个手指捻动一张钞票，依次下滑 4 个手指，即每次下滑动作捻下 4 张钞票，循环此操作直至点完。

③ 记数。采用分组计数法记数，每 4 张为一组，满 25 组记为 100 张。

2. 机器点钞

机器点钞就是使用点钞机进行整点钞票。使用点钞机可以有效增加点钞的速度与准确性，点钞机一般如图 2-3 所示。出纳人员使用点钞机点钞的步骤可分解为 3 步：整理纸币、上机点检、再次清点。

机器点钞

① 整理纸币。在使用点钞机前，首先应将相同面额的纸币按照相同图案和方向排列整齐，并将残币抽出单独放置。

图 2-3　点钞机

② 上机点检。整理好需要点检的纸币后，打开点钞机前部的挡钞板，然后将纸币放入点钞机后部的验钞口，机器随即开始自动逐张点检。点检时，机器的数显屏上会显示已验证通过的纸币张数。

③ 再次清点。为了提高点钞的准确性，防止由于纸币褶皱造成误点等情况的发生，对于已经检验完毕的纸币，还需要将其倒换为另一面再行点检。

🌱 **实务点拨**

手动点钞时要注意身体姿势，身体上身应坐直，胸部稍挺，使眼睛和钞票保持一定的距离（一般应保持在 20～25 厘米）。同时，还可以采用一定的技巧减轻劳动强度，例如，采用单指单张点钞法时，可以将左手掌面、左手肘部、右手肘部放在桌面上，右手手腕稍抬起，从而借助桌面省力。

（二）验钞

在点钞过程中，出纳人员还需要进行验钞。验钞是指鉴别假币和挑剔残币。虽说现在有专门的验钞机，但不能保证百分之百准确，因此为了安全起见，出纳人员还需要进行手动验钞，将自己的经验与验钞机器相结合，从而确保准确无误。

1. 鉴别假币

出纳的职业特点决定了他们经常要与"钱"打交道，而随着科技的不断发展，假币也层出不穷，因此，如何辨别真假币就成为出纳人员的必修课。在实际工作中，如果出纳人员收到假币而没有识别出来，那么就会由本人承担赔偿责任。因此，为了使单位以及自身减少损失，出纳人员必须掌握鉴别假币的技能。

为了能准确辨认假币，出纳人员应了解真币的特征，包括真币的防伪特征、纸张特点以及油墨使用情况等。识别假币一般需要经历一"看"、二"摸"、三"听"、四"测"等步骤。

（1）一"看"。"看"即通过观察人民币表面的防伪特征辨认真假。"看"主要包括水印、金属线、紫外光照显示、"孔方"图案对接、光变油墨以及隐形数字。以50元和100元人民币为例，"看"人民币时应关注的防伪特征如表2-1所示。

表2-1　　　　　　　　　　　50元与100元人民币的防伪特征

防伪位置	防伪特征
水印	① 将人民币正面左侧空白处面向光源，如果是真币，就能够看到头像的水印很清晰，有层次感和立体感；如果是假币，则水印模糊，没有立体感； ② 将人民币放置在与眼睛接近平行的位置，对着光源，如果是真币，旋转一定角度后可以看到右上角的数字"50"或"100"，下面的红色图案里也有"50"或"100"字样；如果是假币，无须旋转角度就能看到"50"或"100"字样
金属线	如果是真币，可以在人民币正面看到一条完整的金属线；如果是假币，金属线不完整且有明显的断续
紫外光照显示	将使用验钞灯照射人民币时，如果是真币，正面数字"50"或"100"字样的上方会显示金色的"50"或"100"字样；如果是假币，则不会显示"50"或"100"字样
"孔方"图案对接	观察人民币正面自左1/4和背面自右1/4的中心处，如果是真币，这两处将分别印有半个"孔方"古币的图案，并且是阴阳互补的对印图案，如果迎光透视，这两个图案还能够准确对接，组成一个完整的古钱币图案；如果是假币，则几乎无法对接出完整的图案
光变油墨	① 将垂直观察的票面倾斜到一定角度时，如果是真币，50元纸币的面额数字会由金色变为灰绿色；如果是假币，则没有光变效果； ② 将垂直观察的票面倾斜到一定角度时，如果是真币，100元纸币的面额数字会由绿色变为蓝色；如果是假币，则没有光变效果
隐形数字	观察人民币正面左下角数字"50"或"100"字样的右侧，如果是真币，则可看到印有隐形数字"50"或"100"字样，若迎着光看，还具有透光效果；如果是假币，一般会看到黄色数字，透光性较差

（2）二"摸"。"摸"即通过触摸人民币辨别人民币的真假。"摸"包括摸凹凸感、光洁度和厚薄均匀度，通过触摸人民币辨别真伪的方法如表2-2所示。

表2-2　　　　　　　　　　　通过触摸人民币辨别真伪的方法

特征	辨别方法
凹凸感	① 如果是真币，搓摸人民币正面头像的衣领处，会有凹凸感；搓摸人民币左上部的国徽图案和"中国人民银行"字样，同样也会有凹凸感； ② 如果是假币，则凹凸感不明显
光洁度	如果是真币，触摸起来手感光洁；如果是假币，则触摸起来手感粗糙，有的假币表面涂有油蜡状物，手摸容易打滑
厚薄均匀度	如果是真币，触摸起来手感厚薄均匀，人民币有韧性，不易撕裂；如果是假币，则摸起来厚薄不匀，人民币松软，容易撕裂

（3）三"听"。"听"即通过用力抖动或用手指轻弹人民币，听其发出的声音辨别真伪。如果是真币，抖动或弹动的声音会很清晰；如果是假币，则声音发闷或者过分清脆。

（4）四"测"。"测"即通过专门的验钞机验证人民币的真伪。如果采用上述方法后均未发现所收人民币为假币，但又对其真伪存在怀疑，此时就可通过验钞机再次验证。

2. 挑剔残币

残币就是损伤、残缺的人民币，为提高流通人民币的整洁度，维护人民币的信誉，中国人民银行规定市场上流通的残币应及时上缴，并到银行兑换。具体来说，满足以下任何一条的人民币都属于残币。

① 纸币票面缺少面积在 20 平方毫米以上的。

② 纸币票面裂口 2 处以上，长度每处超过 5 毫米的；裂口 1 处，长度超过 10 毫米的。

③ 纸币票面有纸质较绵软，起皱较明显，脱色、变色、变形，不能保持其票面防伪功能等情形之一的。

④ 纸币票面污渍、涂写字迹面积超过 2 平方厘米的；不超过 2 平方厘米，但遮盖了防伪特征之一的。

⑤ 硬币有穿孔，裂口，变形，磨损，氧化，文字、面额数字、图案模糊不清等情形之一的。

（三）处理假币和残币

鉴别出假币、挑剔出残币后，出纳人员还要进行有针对性的处理，不能将其视作正常的钞票，或随意丢弃。

1. 处理假币

出纳人员在工作中难免会收到假币，若发现假币，出纳人员应当立即要求交款人更换，如果交款人坚持不更换，出纳人员可要求共同前往银行进行鉴别。如果出纳人员在向银行交付现金时使用了假币，银行发现后会当场没收，并向交款人开具没收手续。如果出纳人员误收伪造币、变造币而被银行予以没收的，其经济损失应由当事人等额赔偿，无法查明当事人的由出纳人员赔偿。

> **实务点拨**
>
> 出纳人员在收到疑似假币但不能断定其真假时，不得随意加盖假币戳记和没收，而应向交款人说明情况，开具载明面值和号码的临时收据，然后连同可疑币及时报送给有假币鉴定权的金融机构进行鉴定。

出纳人员如果从银行处取款，同样应持谨慎态度。每次取款后，都要在现场使用银行提供的验钞设备自行重复检验，如果发现有假币，需立即通知银行工作人员进行处理。

2. 处理残币

出纳人员在点钞过程中，如果发现残币，则应持残币前往银行兑换。银行将按照表 2-3 所示的兑换标准进行兑换，同时收回不予兑换的残币。

表 2-3　　　　　　　　　　具体的兑换标准

兑换情况	人民币情况
全额兑换	能辨别面额，票面剩余四分之三（含四分之三）以上，其图案、文字能按原样连接
半额兑换	能辨别面额，票面剩余二分之一（含二分之一）以上至四分之三以下，其图案、文字能按原样连接
	呈正十字形缺少四分之一
不予兑换	票面残缺二分之一以上
	票面污损、熏焦、水湿、油浸、变色，不能辨别真假
	故意挖补、涂改、剪贴、拼凑、揭去一面

三、任务实训——鉴别假币

王敏可以从以下 3 个方面鉴别 100 元人民币的真伪。

（1）观察钞票的水印及金属线。迎着光照看钞票，看其是否有清晰的头像水印及一条完整的金属线，若有，则说明是真币。

（2）用手搓摸钞票正面头像的衣领处、钞票左上部的国徽图案和"中国人民银行"字样，看是否有明显凹凸感，若有，则说明是真币。同时，还可以用手指感受钞票的光洁度，如果手感光洁、厚薄均匀、有韧性，则说明是真币。

（3）用力抖动或用手指轻弹钞票，听其发出的声音，若声音清晰、不闷、不过分清脆，则说明是真币。

任务二　规范化书写

一、任务引入

经过点钞和验钞的培训后，王敏开始学习书写数码字和日期。她尝试填制了几张虚拟的原始凭证，其中，第一张原始凭证的日期为"贰零贰壹年壹拾月拾肆日"，小写金额为 3 200 元，大写金额为"人民币：叁仟贰佰元整"。

第二张原始凭证的日期为"贰零贰壹年贰月壹拾捌日"，小写金额为 108 000 元，大写金额为"人民币拾万捌仟元整"。

第三张原始凭证的日期为"贰零贰壹年壹拾壹月壹拾日"，小写金额为 4 500.96 元，大写金额为"人民币肆仟伍佰零玖角陆分"。

请指出王敏书写的数码字和日期中的错误。

二、相关知识

一名合格的出纳人员不仅要熟悉当前的法律法规，形成严谨细致的工作作风，还要掌握准确、规范的书写技巧。出纳人员在日常工作中会涉及证、账、表的填写，而填写证、账、表时需要书写数码字、日期和会计符号。

（一）数码字书写规范

出纳人员在填写各类票据或财务资料时，常常会涉及数码字的书写，包括大写数码字和小写数码字。数码字书写的基本要求是正确、规范、清晰、整洁、美观。

中文大写数字的书写规范

1. 书写大写数码字

大写数码字主要用于填写需要防止涂改的银行结算凭证、收据等，因此，书写大写数码字时不能写错，如果写错，则该张凭证作废。

大写数码字由数字和数位两部分构成，其中，数字包括零、壹、贰、叁、肆、伍、陆、柒、捌、玖，数位包括拾、佰、仟、万、亿、圆（元）、角、分、整（正）。在书写大写数码字时，数字和数位一定要规范，不得自行造字或使用简写字来代替。例如，不能用"〇、一、二、三、四、

五、六、七、八、九"代替大写金额数字，也不能用"毛"代替"角"等。具体来说，大写数码字的书写应满足以下 4 点要求。

（1）大写数码字金额前如果没有印制"人民币"字样，则在书写时要在大写数码字金额前面添加"人民币"字样，"人民币"字样与金额首位数字之间不得留有空格，数字之间也不能留有空格。

（2）大写数码字金额到元或角为止的，应在"元"或者"角"字样后添加"整（正）"字样；如果分位有金额的，则不必在"分"字样后加写"整（正）"字样。

（3）小写数码字中间有"0"时，大写数码字要写"零"字；小写数码字中间连续出现几个"0"时，大写数码字中可以只写一个"零"字；小写数码字个位是"0"，或者个位以上数字中间连续出现多个"0"、个位是"0"但角位不是"0"时，大写数码字可以只写一个"零"字，也可以不写"零"字。

（4）数字表示十几、十几万时，大写数码字前必须有"壹"字样，例如"12 万"应写为"壹拾贰万"。

🌱 **实务点拨**

出纳人员在书写大写数码字时要用正楷或行书字体，可以使用蓝黑或碳素墨水笔进行书写，不得用铅笔、圆珠笔（用复写纸复写除外）进行书写。特殊情况下可以使用红色墨水笔，填写支票时应使用碳素墨水笔。

2. 书写小写数码字

小写数码字常被称为小写数字，出纳人员在书写小写数码字时，应遵循以下 6 点规定。

（1）每个数字要大小匀称、笔画流畅、独立有形，不能连笔书写。

（2）每个数字应尽量贴近底线书写，上端不可顶格，使整个数字高度约占全格的 1/2～2/3，为更正错误数字预留位置。

（3）每个数字的排列要有序，数字和底线要有一定的倾斜度（避免字形显得生硬呆板），各个数字的倾斜度应当一致，一般要求为上端一律向右倾斜 45 度左右。

（4）应当按照从左至右、从上至下的顺序书写数字，数字间的间隙应当保持一致。对于印有数位线的凭证、账簿、报表等，在填列数字时，也应当在每一个格中只填列一个数字，不得将多个数字填在一个格中，也不得在数字之间留有空格。

（5）数字的高低应一致，但 6、7、9 除外。"6"的上端应比其他数码字高出 1/4 左右，"7"和"9"的下端应比其他数码字伸出 1/4 左右，最多不得超过 1/3，如图 2-4 所示。

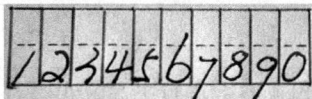

图 2-4 小写数码字书写规范

（6）若要将小写数码字作为金额，则在写第一位数字时，应紧邻其左侧书写封位符"¥"。当书写以元为单位的小写数码字时，除表示单价等特殊情况外，应一律填写到角、分位，无角、分位的，可在角、分位位置处填写"00"或符号"-"；有角无分的，分位应填写"0"，而不能用符号"-"代替。

实务点拨

使用封位符的金额数字尾部不再写"元"字样，如 25.83 元，应写为"￥25.83"，而不是"￥25.83 元"。

（二）日期书写规范

与书写数码字一样，日期的书写同样有大小写之分，大写日期与小写日期的填写要求各有不同。

1. 大写日期的书写要求

根据《支付结算办法》的规定，票据的出票日期必须使用中文大写数码字书写，《支付结算办法》中未明确规定的其他票据，可按票面提示书写（即可使用小写数码字书写）。对日期提出书写要求的目的是防止他人对票据的出票日期进行修改或变造。

一个准确的日期通常由年份、月份和日数 3 部分组成，各部分的书写要求如表 2-4 所示。

表 2-4　　　　　　　　　　大写日期书写的一般要求

日期	书写的一般要求
年份	年份应当按照公历习惯，由中文大写数码字和"年"字样组成，如"2021 年"应写为"贰零贰壹年"
月份	① 月份为 1 月、2 月、10 月的，应在月份前加写"零"字样，如"2 月"应写为"零贰月"，"10 月"应写为"零壹拾月"； ② 月份为 3—9 月的，应用中文大写数码字进行书写，如"3 月"写为"叁月"； ③ 月份为 11 月、12 月的，应用中文大写数码字进行书写，并在第一个数字前加写"壹"字样，如"11 月"应写为"壹拾壹月"
日数	① 日数为 1—9 日以及 10、20、30 日的，应用中文大写数码字进行书写，并在第一个数字前加写"零"字样，如"5 日"应写为"零伍日"，"10 日"应写为"零壹拾日"； ② 日数为 11—19 日的，应用中文大写数码字进行书写，并在第一个数字前加写"壹"字样，如"18 日"应写为"壹拾捌日"； ③ 日数为 21—29 日、31 日的，应用中文大写数码字进行书写，如"25 日"应写为"贰拾伍日"

实务点拨

虽然《支付结算办法》仅对 1 月、2 月、10 月的大写日期写法做了明确的规定，但在实际工作中，很多财务人员以及银行柜员都已经习惯了在大写 1—9 月时前面加写"零"字样，于是这也就成为约定俗成的惯例。

2. 小写日期的书写要求

小写日期同样应按照年份、月份、日数进行书写，小写日期的书写要求如表 2-5 所示。

表 2-5　　　　　　　　　　小写日期书写的一般要求

日期	书写的一般要求
年份	年份应当按照公历习惯，由阿拉伯数字和"年"字样组成，如"2021 年"
月份	① 月份为 1—9 月的，应在月份前加写"0"字样，如"09 月"； ② 月份为 10—12 月的，应按正常数字书写，如"10 月"

续表

日期	书写的一般要求
日数	① 日数为 1—9 日的，应在日数前加写"0"字样，如"07 日" ② 日数为 10—31 日的，应按正常数字书写，如"12 日"

（三）常用会计符号书写规范

财务人员在填写会计凭证、登记账簿、编制报表时，为了简化工作，通常会将一些经常使用的文字或术语用专门的符号代替，长此以往，就形成了一些约定俗成的会计符号。熟练使用这些会计符号，能提高财务工作的效率。

出纳人员常用的会计符号及其含义和用法如表 2-6 所示。

表 2-6　　　　　出纳人员常用的会计符号及其含义和用法

符号	含义和用法
@	表示单价，主要用于材料物资的记录
√	表示已记账或已核对，主要书写于记账凭证金额的右侧或账页金额的右侧
¥	人民币符号，主要用于金额合计前，相当于"元"字，若已在金额前书写此符号，金额后就不必再写"元"字样
△	表示复原，即恢复原来已经划去的内容。在原来书写的数字上划红线更正或更改文字后，发现原来认为的错误是对的，则应恢复原来的记载，此时就可以在被划线的数字或被更改的文字下方，用红墨水笔书写此符号，以示恢复
□	表示赤字，即在某笔数字周围划长方形框，代替红字。这个符号在不能用红墨水笔书写的地方使用，多用于书刊上
#	表示编号，如"#22"表示某编号为 22
Σ	表示多个数字的合计，即求总和，如 $\sum (1+2+3)=6$
※	表示对某个数字、文字另附说明，相当于备注

三、任务实训——指出书写错误

（1）王敏填写的第一张原始凭证的日期为"贰零贰壹年壹拾月拾肆日"，小写金额为 3 200.00 元，大写金额为"人民币：叁仟贰佰元整"。其中，"贰零贰壹年壹拾月拾肆日"书写不正确，其对应的月份为 10，所以应在月份前加写"零"字样，日数为 14 日，所以应在第一个数字前加写"壹"字样，正确的日期书写为"贰零贰壹年零壹拾月壹拾肆日"；小写金额书写正确；大写金额"人民币：叁仟贰佰元整"书写不正确，"人民币"后面多了一个冒号，正确的金额书写为"人民币叁仟贰佰元整"。

（2）王敏填写的第二张原始凭证的日期为"贰零贰壹年贰月壹拾捌日"，小写金额为 108 000 元，大写金额为"人民币拾万捌仟元整"。其中，"贰零贰壹年贰月壹拾捌日"书写不正确，其对应的月份为 2，所以应在月份前加写"零"字样，正确的日期书写为"贰零贰壹年零贰月壹拾捌日"；小写金额书写不正确，无角、分位时应在角、分位处填写"00"或符号"−"，因此，正确的金额书写为"108 000.00"；大写金额"人民币拾万捌仟元整"书写不正确，正确的金额书写为"人民币壹拾万零捌仟元整"。

（3）王敏填写的第三张原始凭证的日期为"贰零贰壹年壹拾壹月壹拾日"，小写金额为 4 500.96

元，大写金额为"人民币肆仟伍佰零玖角陆分"。其中，"贰零贰壹年壹拾壹月壹拾日"书写不正确，其对应的日数为 10，所以应在日数前加写"零"字样，正确的日期书写为"贰零贰壹年壹拾壹月零壹拾日"；小写金额书写正确；大写金额书写不正确，正确的金额书写为"人民币肆仟伍佰元零玖角陆分"。

任务三　保管保险柜和印章

一、任务引入

情景一： 经过一段时间的培训后，王敏在财务负责人的监督下，开始承担单位的一部分出纳工作，其中就包括管理保险柜。财务负责人采用口头的形式将保险柜的密码告知给王敏，王敏怕自己遗忘，就将该密码记在笔记本上。当天正好临近五一劳动节，单位领导为员工发放 800 元现金作为节日福利。王敏收到现金后，心想自己今天没带钱包，携带现金不方便，好在自己是出纳，有一个保险柜可以"私用"，于是便利用职务之便，将 800 元现金暂时放在单位的保险柜内。

请问，在管理保险柜的过程中，王敏的做法是否正确？

情景二： 一天，王敏发现自己保管的空白支票已所剩不多，因此想去银行购买新支票。由于购买新支票需要携带财务专用章和法定代表人个人名章，因此，王敏主动向财务负责人请示道："领导，支票快用完了，得去银行购买，我申请携带财务专用章外出，能否同时安排一个同事携带法定代表人个人名章一同前往？"

请问，王敏的做法是否正确？

二、相关知识

保管单位的保险柜和印章是出纳人员的一项重要职责。保险柜中存放单位的重要财物，而印章作为单位身份和权利的证明，因此显得尤其重要，出纳人员应切实履行自己的职责，抱着谨慎、认真的态度来保管保险柜和印章，争取做到万无一失。

（一）保管保险柜

一般而言，很多单位都会配备专用保险柜（见图 2-5），以存放重要财物，确保财物安全。保险柜由出纳人员负责保管，因此出纳人员需要明确保险柜的保管原则，严格按照以下 6 点规定进行操作。

（1）一般来说，出纳人员不宜将保险柜放在靠近门口和窗口的区域，这样会降低保险柜的安全性。出纳人员应将保险柜放在干燥、通风之处，做好防湿、防潮、防虫工作，并

图 2-5　保险柜

保持保险柜内、外的卫生。同时，保险柜要尽量远离非操作人员的视线区域。如果条件允许，出纳人员应该对存放保险柜的房间采取安防措施，如安装摄像头等。

（2）一旦发生故障，出纳人员应立即上报，不得随意、私自决定，应在单位领导的指示下到指定地点进行维修。

（3）出纳人员应按规定，足额、定时地将现金、有价证券、银行票据、印章及其他出纳票据

等放入保险柜内，不得存放私人财物。对于贵重物品，还应按种类设置备查簿，详细登记其质量、金额等，并确保所有财物的实有数与账簿记录核对数相符。

（4）出纳人员应牢记保险柜的密码，不得书面记载，也不得向非保险柜操作人员泄露。同时，为了防止操作人员忘记密码，出纳人员应在单位最高负责人处或相关的安保部门处将密码备份。

（5）若发现保险柜被盗，应保护好现场，并及时报告公安机关，待相关人员赶到现场勘探后，才能进行下一步的工作。对于按照要求粘贴封条的保险柜，若发现封条被撕掉或弄损，也应立即向公安机关报告。

（6）若遇到出纳人员辞职、离职，或岗位调动的，应销毁原密码，并协助新出纳人员设置新密码。

（二）保管印章

印章作为单位身份和权利的证明，是单位在经营管理活动中行使职权的重要凭证和工具，一切盖有印章的文件、资料都将受到法律保护。印章具有权威作用、凭证作用和标志作用，对单位而言十分重要。

1. 常用印章

一般而言，公章、财务专用章、法定代表人个人名章是每个单位都必须具备的印章，此外，单位还可根据业务需要刻制其他印章。单位常用印章的名称及其用途如表 2-7 所示。

表 2-7　　　　　　　　　　　单位常用印章的名称及其用途

印章名称	用途
公章	用于代表单位的书面文件，如单位证明、协议、合同、公函等
财务专用章	专用于单位涉及财务事项的文件，如银行备案预留的印鉴、开具的收据、支票、承兑汇票等
发票专用章	专用于开具的发票，如开具的增值税专用发票等
合同专用章	专用于代表单位的书面经济合同，如购销合同、采购合同等
法定代表人个人名章	专用于需要法定代表人确认的相关文件，如开具的支票、单位年度财务报告等
现金收讫章	专用于收到现金的凭证
现金付讫章	专用于支付现金的凭证
银行收讫章	专用于将收到的转账支票缴存银行后的收款凭证
银行付讫章	专用于将开出转账支票交付给收款方后的付款凭证
过次页章	专用于账本的"过次页"
承前页章	专用于账本的"承前页"

在上述印章中，出纳人员保管的印章主要有本单位的财务专用章、分管财务负责人的个人名章、出纳人员的个人名章、现金收讫章、现金付讫章、银行收讫章、银行付讫章。

需要注意的是，在出纳人员保管的各种印章中，不包括法定代表人个人名章。内部控制要求规定，不得由一个人保管支付款项所需的全部印章。支付款项的印章一般包括单位财务专用章、法定代表人个人名章和会计人员个人名章。以签发现金支票为例，签发时需要加盖单位财务专用章和法定代表人个人名章，如果出纳人员既保管单位财务专用章，又保管法定代表人个人名章，则单位存在较大的管理漏洞，也无法对出纳工作加以监管。

2. 印章的保管要求

出纳人员保管印章时应遵循职责分离原则，其保管要求如下。

（1）不得将印章随意存放或带出单位使用。

（2）携带印章外出时需要获得部门负责人或单位负责人的批准。

（3）不得在空白凭证上加盖印章，如果确有需要在空白凭证上加盖印章的，应该报相关负责人审批，并在空白凭证上注明"仅供（具体事项）使用"等限制性字样。

（4）不得私自使用印章，不得擅自让他人代管、代盖印章。

3. 印章遗失的处理

如果出纳人员不小心将印章遗失，应当按照以下程序进行补救，刻制新的印章。

（1）到丢失地所在地的派出所报案，领取报案证明。

（2）持报案证明及相关资料在市级以上每日公开发行的报纸上做印章作废声明。

（3）自登报起公示 3 日后，可持整张挂失报纸及相关资料到公安局治安管理科办理刻章许可证。

（4）持公安局发放的刻章许可证到具有合法资质的刻章单位刻制新的印章。

4. 印章的销毁

如果单位由于名称、法定代表人等变动而停止使用印章、印鉴，或由于印章、印鉴无法继续使用需要销毁时，应当由出纳人员报单位领导审批，并对相关印章、印鉴进行封存或销毁处理，然后办理新的印章、印鉴。

三、任务实训——分析保险柜和印章的管理是否正确

（1）在管理保险柜的过程中，王敏的做法不正确。根据相关规定，保险柜内只能存放单位的财物，包括存放单位限额内的现金、空白支票、票据等，不得存放个人财物。所以，出纳人员王敏将自己的工资放在保险柜内的做法是错误的。

（2）在保管和使用印章的过程中，王敏的做法是正确的。在出纳实务中，出纳人员办理购买支票、汇款等银行相关业务时常常需要携带印章外出。根据相关规定，携带印章外出必须先由部门领导批准，出纳人员不得同时保管财务专用章和法定代表人的个人名章，因此安排另一名同事携带法定代表人个人名章一同前往是很有必要的。

拓展阅读——使用计算器和支票打印机

在出纳工作中，经常需要进行金额的计算，使用计算器不仅可以提高工作效率，还能降低出错率。而支票打印机则是开具支票时需要经常使用的器具，因此，出纳人员有必要掌握其使用方法。

计算器计算账表算

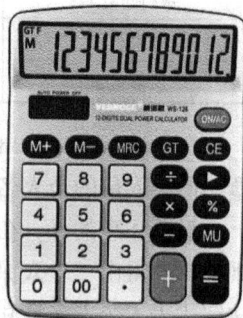

1. 使用计算器

在日常工作中，计算器是出纳人员必不可少的工具之一，如图 2-6 所示。熟练地使用计算器，能够大大提高工作效率。计算器分为标准型和科学型两种，一般而言，出纳人员使用标准型计算器就可以其满足日常工作的需要。

图 2-6 计算器

（1）常用按键的功能。虽然大多数人都会使用计算器，但并不一定知道计算器上各按键的功能。下面就介绍几个常用按键的功能。

① ON 键的功能是开启计算器。

② AC 键的功能是清空之前输入的所有数值并使计算器屏幕显示的值为"0"。

③ CE 键的功能是清除当前输入的值，例如计算 123+456 的结果，当输入数字 456 时，按成了 455，按下 CE 键就可以清除 455 这个数，但之前输入的 123 和加法运算符仍被保留。

④ GT 键的功能是自动累加以前操作中每次按"="之后显示的数值；再次按下该键，以前计算的记忆将会被消除。

⑤ MRC 键的功能是调用计算器中的存储内容，再次按下此键将清除计算器中的存储内容。

⑥ M-键的功能是从计算器存储的数值中减去当前显示值。

⑦ M+键的功能是将当前显示的数值与计算器中存储的数值相加。

⑧ MU 键的功能是完成利率和税率的计算。

（2）"盲打"计算器。对于出纳人员来讲，使用计算器不应停留在"使用"层面，而是应当熟练使用，并能够进行"盲打"。"盲打"计算器，是指将计算器的各个功能键熟记于心，然后利用规范的指法快速准确地计算出正确数字。要想做到"盲打"计算器，就需要为不同的手指分配负责点击的按键，以右手操作为例，"盲打"计算器时各手指所负责的按键一般如下。

计算器的按键功能

① 食指负责点击"7""4""1""0"键。

② 中指负责点击"8""5""2""00"键。

③ 无名指负责点击"9""6""3"".""%"键。

④ 小指负责点击"+""-""×""÷""="键。

2. 使用支票打印机

一般情况下，支票都是由出纳人员手工填写的，但在实际操作过程中，出纳人员常常会由于不小心或业务技术不娴熟等原因，错误填写支票，最后造成银行退票的结果。因此，为了防止支票不规范填写而造成银行退票情况的发生，人们设计出一种专业的打印机，即支票打印机，如图 2-7 所示。

图 2-7　支票打印机

支票打印机也称支票机，在输入日期、金额和密码后，支票打印机便能将这些内容打印出来。另外，输入金额的小写数字后，支票打印机还能够自动将其转换为对应的大写数字。出纳人员在使用支票打印机时，应将纸质支票票面的日期、金额、密码等区域与支票打印机上的定位框相重合，固定好纸质支票后，再打印支票内容。支票打印出来后，油墨尚未完全干透，如果立即装袋或使用可能会造成支票内容的晕染，所以，在打印好支票后，可以等待油墨干透（一般仅需几秒）后再使用。

巩固练习

一、单选题

1. 在填制原始凭证时，1 518.53 的大写金额数码字为（　　）。

　A. 壹仟伍佰拾捌元伍角叁分整　　　　B. 壹仟伍佰壹拾捌元伍角叁分整

　C. 壹仟伍佰拾捌元伍角叁分　　　　　D. 壹仟伍佰壹拾捌元伍角叁分

2. 出纳人员若误收假币，下列处理方法中正确的是（　　）。

　A. 折价兑换给他人　　　　　　　　　B. 偷偷夹在真币中支付给他人

C. 上缴当地银行并承担赔偿责任   D. 当捐款捐入捐款箱

3. 下列不属于不予兑换残币的是（　　）。

A. 票面残缺二分之一以上者

B. 票面污损、熏焦、水湿、油浸、变色、不能辨别真假者

C. 故意挖补、涂改、剪贴、拼凑、揭去一面者

D. 呈正十字形缺少四分之一者

4. 2021 年 8 月 3 日的大写日期为（　　）。

A. 贰零贰壹年零捌月零叁日   B. 贰零贰壹年捌月叁日

C. 贰零贰壹年零捌月叁日   D. 贰零贰壹年捌月零叁日

5. 下列关于印章的说法不正确的是（　　）。

A. 财务专用章用于单位涉及财务事项的文件，如银行备案预留的印鉴，开具的收据、支票、承兑汇票等

B. 出纳人员应当保管法定代表人个人名章

C. 出纳人员需保管本单位的财务专用章以及分管财务负责人的个人名章

D. 携带印章外出时需要获得部门负责人或单位负责人的批准

6. 符号"√"的含义是（　　）。

A. 表示编号

B. 表示已记账或已核对，主要书写在记账凭证金额的右侧或账页金额的右侧

C. 表示复原，即恢复原来已经划去的内容

D. 表示对某个数字、文字另附说明

二、多选题

1. 识别假币一般需要经历的步骤有（　　）。

A. "看"   B. "摸"   C. "听"   D. "测"

2. 下列关于识别 50 元与 100 元钞票的说法正确的有（　　）。

A. 将钞票放入点钞机或使用验钞灯照射时，如果是真币，正面数字"50"或"100"字样的上方会显示金色的"50"或"100"字样

B. 将钞票放置在与眼睛接近平行的位置，对着光源，如果是真币，旋转一定角度后可以看到右上角的数字"50"或"100"，下面的红色图案里也有"50"或"100"字样

C. 将钞票放入点钞机或使用验钞灯照射时，如果是真币，正面数字"50"或"100"字样的上方会显示绿色的"50"或"100"字样

D. 观察钞票正面左下角数字"50"或"100"字样的右侧，如果是真币，则可看到印有隐形数字"50"或"100"字样，若迎着光看，还具有透光效果

3. 下列属于残币判断标准的有（　　）。

A. 纸币票面缺少面积在 30 平方毫米以上的

B. 纸币票面裂口 2 处以上，长度每处超过 3 毫米；裂口 1 处，长度超过 10 毫米的

C. 纸币票面有纸质较绵软，起皱较明显，脱色、变色、变形，不能保持票面防伪功能等情形之一的

D. 纸币票面污渍、涂写字迹面积超过 2 平方厘米的；不超过 2 平方厘米，但遮盖了防伪特征之一的

4. 下列关于兑换残币标准的说法正确的有（　　）。

A. 能辨别面额，票面剩余四分之三（含四分之三）以上，其图案、文字能按原样连接的钞票应全额兑换

B. 能辨别面额，票面剩余二分之一（含二分之一）以上至四分之三以下，其图案、文字能按原样连接的钞票半额兑换

C. 呈正十字形缺少四分之一的钞票应半额兑换

D. 票面残缺二分之一以上的钞票应半额兑换

5. 大写数码字由数字和数位两部分构成，其中数位包括（　　）。

A. 拾　　　　　　　B. 千　　　　　　　C. 佰　　　　　　　D. 分

6. 下列符合出纳人员书写规则的有（　　）。

A. 填写支票时可以使用铅笔书写

B. "人民币"字样与金额首位数字之间不留空格

C. 大写数码字金额到元或角为止的，应在"元"或者"角"字样后添加"整（或正）"字样

D. 在紧急情况下可以使用狂草连笔书写

三、判断题

1. 单指单张点钞法是指一个手指两次点一张钞票的方法，是目前常用的点钞法。（　　）

2. 在单指多张点钞法中，记数方法为分组计数法，即 1、2、3、4、5、6、7、8、9、1（即 10），1、2、3、4、5、6、7、8、9、2（即 20）。（　　）

3. 用力抖动或用手指轻弹人民币，听其发出的声音来辨别人民币的真伪。如果是假币，抖动或弹动的声音会很清晰。（　　）

4. 出纳人员在收到疑似假币但不能断定其真假时，可以加盖假币戳记并没收。（　　）

5. 如果出纳人员不小心将印章遗失，应当首先到丢失地所在地的派出所报案，领取报案证明。（　　）

6. 出纳人员应当书面记载保险柜密码。同时，为了防止操作人员忘记密码，出纳人员应在单位最高负责人处或相关的安保部门处将密码备份。（　　）

四、实操题

1. 请根据下列内容正确书写大写数码字。

（1）小写金额为 6 500 元。

（2）小写金额为 20 570.65 元。

（3）小写金额为 240.50 元。

（4）小写金额为 107 000 元。

（5）小写金额为 120 700 元。

2. 请在下图中正确书写 0～9 的小写数码字。

3. 使用单指单张点钞法清点 100 张钞票，时间为 40 秒。

项目三

管理现金

知识目标 ↓

- 熟悉现金管理制度。
- 掌握现金收付的处理原则、相关单据的填写方法以及业务办理的操作流程。
- 掌握现金业务的核算方法。
- 掌握清查现金的相关知识。

能力目标 ↓

- 能够办理现金收付业务。
- 能够完成现金日记账的登记、对账以及结账。
- 能够清查现金并处理现金长、短款。

素质目标 ↓

- 贯彻"公私分明"的原则，严格区分公款与私人钱财，做到自身的廉洁自律。
- 以严谨、认真、负责的态度处理现金收付业务，争取不出差错。

任务一　了解现金管理制度

一、任务引入

　　有一天，王敏来单位上班的时候，行政部小宋到财务部入账出售废品的收入 200 元，同时又要报销行政部聚餐的费用 150 元。小宋便对王敏说："这次我该给你 200 元，你该给我 150 元，干脆我直接给你 50 元好了。我没带现金，50 元转你支付宝账户吧。"于是，王敏以支付宝收款的形式收到了小宋缴纳的现金，并将这笔款项存入自己的私人银行卡。

　　下午，公司的销售员小陈来到财务部报销业务招待费，金额是 1 500 元。王敏发现公司的现金不够，又嫌跑银行麻烦，就决定一次性去银行取 8 万元作为备用金（星辉公司的现金限额为 5 万元）。于是，王敏直接拿着公司的银行卡就去了银行。

　　试分析，出纳人员王敏关于现金业务的处理是否恰当，为什么？

二、相关知识

现金是指各主权国家法律确定的、在一定范围内可以立即投入流通的交换媒介。单位的现金具有很强的流动性，可以用来购买商品、货物、劳务或偿还债务。广义的现金包括库存现款和视同现金的各种银行存款、有价证券等，而狭义的现金在会计范畴中又被称为库存现金，是指单位所拥有的硬币或纸币，即出纳人员保管存放在单位保险柜的、用于日常零星开支的库存现款。一般情况下，本书中提到的现金均指狭义的现金。

（一）现金使用范围

现金使用范围是指按照国家规定可以使用现金进行结算的范围。在实际工作中，现金往往具有使用不安全、不利于管理和不利于控制的缺点，因此，国家对现金使用范围做出了严格的规定。根据《银行结算制度》与《现金管理暂行条例》的有关规定，当单位发生的结算起点超过 1 000 元时，应通过银行统一办理，不得使用现金结算。单位可以在下列范围内使用现金。

（1）职工工资、津贴。

（2）个人劳务报酬。

（3）根据国家规定颁发给个人的科学技术、文化艺术、体育等各种奖金。

（4）各种劳保、福利费用以及国家规定的对个人的其他支出。

（5）向个人收购农副产品和其他物资的价款。

（6）出差人员必须随身携带的差旅费。

（7）结算起点（1 000 元）以下的零星支出。

（8）中国人民银行确定需要支付现金的其他支出。

> **实务点拨**
>
> "工资"和"劳务报酬"是两个十分容易混淆的概念，在实际工作中，对于工资和劳务报酬的区别可做如下理解：若单位与员工签订了劳动合同，则支付的报酬属于工资；若签订的是劳务合同，则支付的报酬属于劳务报酬。换句话说，若员工属于正式员工，则单位支付的报酬属于工资；若员工不属于单位的正式员工，则单位支付的报酬属于劳务报酬。

（二）现金限额

所谓现金限额，指单位为保证日常零星开支，按规定允许留存的现金的最高限额。中国人民银行对单位的现金限额有明确规定，单位持有的现金不得超过银行规定的最高限额。现金限额由开户银行根据单位的实际需要核定，具体计算公式为：库存现金限额=每日零星支出额×核定天数。一般而言，核定天数为3～5天，边远地区和交通不便地区的单位的核定天数可放宽到5～15天。

现金限额一般一年核定一次，一经核定，单位就应严格遵守。若由于生产或业务发生变化需要变更限额的，则需要向银行提出书面申请，经批准后才可进行调整。

（三）现金收支规定

根据《现金管理暂行条例》的规定，单位的现金收支应当遵循以下5条规定。

（1）开户单位现金收入应于当日送存开户银行，当日送存银行确有困难的，由开户银行确定送存时间。

（2）开户单位支付现金，可以从本单位库存现金限额中支付或者从开户银行提取，不得从本单位的现金收入中直接支付（即坐支）。因特殊情况需要坐支现金的，应当事先报经开户银行审查批准，由开户银行核定坐支范围和限额。

（3）开户单位根据本条例第5条和第6条的规定，从开户银行提取现金，应当写明用途，由本单位财会部门负责人签字盖章，经开户银行审核后，予以支取现金。

（4）因采购地点固定、交通不便，生产或市场急需，抢险救灾以及其他特殊情况急需使用现金的，开户单位应当向开户银行提出申请，由本单位财会部门负责人签字盖章，经开户银行审核批准后，予以支付现金。

> **思考与讨论：**
> 有些单位为了资金使用方便，要求出纳人员开立专门的私人账户进行公款的收付，出纳人员应如何应对？

（5）不准以个人名义存储单位收入的现金，即不得"公款私存"；不准使用不符合财务制度的凭证顶替库存现金，即不得"白条抵库"；不准编造凭证用来套取现金；不准用银行结算账户代其他单位和个人存取现金；不准保留账外公款，即不得设置"小金库"；单位之间不准互借现金。

📋 案例分析

出纳人员私存并挪用公款被判刑

李某是山东曲靖市某单位的一名工作人员，长期身兼单位的会计、出纳两职，后来只担任出纳一职。在此期间，他利用职务之便，多次挪用单位公款以谋取私利或借给他人，金额高达19万元。

李某第一次"公款私存"是在他担任出纳的几个月后，当时他图方便，收到公款1万元后没有送存银行，而是直接存入自己的银行账户，心想到时自己再补上就行了。没想到李某的行为不但没有被发现，还获得了455元的存款利息。尝到了甜头的李某采用同样的手段又获取了利息5 000多元。

后来，李某的胆子越来越大，他不再满足于只是利用公款赚取利息，而是将公款用于旅游或借给亲戚买车、还债等，金额也越来越大。终于，李某的行径败露了，他不得不退回全部赃款，还将私存公款所得的利息也如数退清。

当地检察机关将李某公诉至曲靖市麒麟区人民法院，法院审理后认为，李某多次通过"公款私存"的非法手段获取利息，并将公款挪为己用或借给他人，数额巨大，此行为已构成挪用公款罪。由于他退还了全部赃款，法院决定酌情减轻处罚，最终判处李某有期徒刑3年，缓刑5年。

案例分析：一方面，出纳人员要经常与金钱打交道，稍有疏忽就会造成单位的经济损失，并承担赔偿责任；另一方面，出纳人员会面临很多诱惑，一旦自身的职业道德水平不高，就很可能会因为贪图金钱和物质上的享受，从而利用职务之便，自觉或不自觉地行"贪"，进而违反相应的法律法规，甚至遭遇牢狱之灾。因此，出纳人员在工作中要坚守"公私分明"的原则，严格区分公款与私人财物，不要图一时方便便将公款放入私人账户，这也是遵守廉洁自律、坚持准则等职业道德的表现。

三、任务实训——分析现金业务的处理是否恰当

王敏关于现金业务的处理不恰当，分析如下。

（1）王敏直接从收到的现金收入中支付了行政部聚餐费用，这种做法属于坐支，是相关法律法规所禁止的。

（2）王敏将公司的现金存入私人账户，此行为属于"公款私存"，违反了《现金管理暂行条例》的相关规定。

（3）王敏想一次性去银行取现8万元作为备用金，此金额已经超出了星辉公司的现金限额，因此不符合规定。

（4）王敏去银行取现前未履行任何手续，也没有经过财务负责人的签字审核。

任务二　收付现金

03

一、任务引入

2021年4月5日，星辉公司采购员王松要到上海出差两个月，需要预支差旅费40 000元，已通过公司总经理的审批。由于金额较大，财务负责人安排出纳人员王敏从银行提取相应金额的现金并支付给采购员。王敏应该如何处理该笔现金支付业务？

2021年6月6日，王松结束出差返回公司后，到王敏处退回多预支的差旅费500元，王敏又应该如何处理这笔现金收入业务？

二、相关知识

收付现金属于出纳日常工作，在现金流较大的单位里，如零售企业、餐饮企业等，收付现金更是出纳工作的重点。收付现金包括现金的收入与支付，当单位有现金收入或需要支付现金时，出纳人员应按照一定的标准流程进行处理，抱以严谨、认真的态度，不徇私舞弊，并对单位的收付现金业务进行严格把关，以降低单位的现金风险。

（一）现金收付业务的处理原则

在实际工作中，现金收付业务对于出纳人员而言属于高风险业务，因为现金"一去不回"，一旦现金清点有误，或者审核原始凭证不严，就很有可能造成经济损失。因此，出纳人员在处理现金收付业务时应严格遵循如下原则，以降低出错率，尽可能地避免在办理现金收付业务的过程中因工作失误而导致的经济损失。

1. 合法收付

合法是现金收付的首要原则，如果现金收付不合法，那么出纳人员所做的所有业务都得不到支持。为了使现金收付合法，出纳人员应该确保所经手的现金收付业务有合法的证据。对于以非法手段或目的发生的现金收付业务，以及违反法律、法规和单位制度的现金收付业务，出纳人员都应当果断拒绝。

2. 唱收唱付

唱收唱付原则即出纳人员向付款/收款人收取/支付现金时，要当面说出所收/所付现金金额，

如收取现金 100 元，则对付款人说"收您 100 元"。坚持唱收唱付原则可以使出纳人员与付款/收款人再次确认所收/所付的金额，避免出现差错。

3. 收付两清

收付两清主要有两方面含义，一方面是针对收付程序的执行，另一方面是针对收付证据的获取。在执行收付程序时，收到和支出的现金应当由交接双方的经手人履行当面清点和签名手续；在获取收付证据时，接收方应当至少制作一式两联的收款凭证，由交接双方签名后各自保存一联。

> **实务点拨**
>
> 如果发生了付款或收款人在离开后发现现金数额有误而返回查询的情况，出纳人员要坚持原则，不可随意听取对方的说法就进行处理，而是要认真清点现金，有条件的可以查看监控视频，若经核实后发现若确实有误，应多退少补；若无误，则应耐心地向对方解释清楚。

4. 日清月结

日清月结是出纳人员处理现金业务时非常重要的一条原则，是指当天发生的现金收付业务必须在当天完成清点、核对和登记工作；每月发生的现金收付业务必须在当月最后一天的收付工作结束后进行凭证整理、账目结转等总结工作。

5. 钱账分离

设置出纳岗位的重要原因之一就是要和会计人员形成一种牵制关系，而钱账分离是指管账的人和管钱的人分开，从而有利于单位对资金进行监管。同时，出纳与会计体现了一种合作关系，出纳人员应当定期将现金和银行存款的实际收付金额及余额与会计人员进行核对，便于会计人员对资金进行审查和监督。

6. 一笔一清

一笔一清是指出纳人员应按顺序逐笔处理现金收付业务，即清点完一笔后再清点另一笔，不要一笔未办完又插入办理另一笔，这样容易混淆不同单位或个人的现金，从而导致错误的发生。同时，一笔现金收付业务未处理完成前，出纳人员不得随意离开岗位。

7. 坚持"复点"

所谓"复点"，就是换人（例如会计人员等）再次清点，以实现互相监督、互相检查、防止错款事故发生的目的。当然，出纳人员也可以独自完成"复点"，即清点两遍及两遍以上，并反复核对收付款凭证与现金的数额是否一致，确认一致后才能继续办理。

（二）填写现金收付相关单据

由于《现金管理暂行条例》的限制，出纳人员日常经手的现金一般都是零星、小额的，为了使收到或支出的现金有凭有据，出纳人员在收取或支付现金后，还需要填写相应的单据，明确相关责任人的职责。

1. 填写收据

收据是一种收付款凭证，可分为外部收据和内部收据。收据不等于"白条"，它能否入账主要视其种类和使用范围而定。在外部收据中，税务部门监制、财政部门监制的收据及部队收据这 3 种专用收据属于正式发票，可以入账。而内部收据多用于单位内部的收付款业务，如材料内部调拨、预支员工差旅费、收取员工押金、员工退回预支款等，可以作为核算成本费用的原始凭证入账。

市面上的收据一般是按本出售的，单位可以根据需要进行购买。每本收据都应事先进行编号，每个编号一式三联，一般会用不同的颜色进行区分，在联单右侧还印有每一联的作用。通常情况下，第一联为存根联，留开票单位备查用；第二联为收据联，交给付款人用作凭据；第三联为记账联，用于开票单位会计人员记账。收据的一般格式如图 3-1 所示。

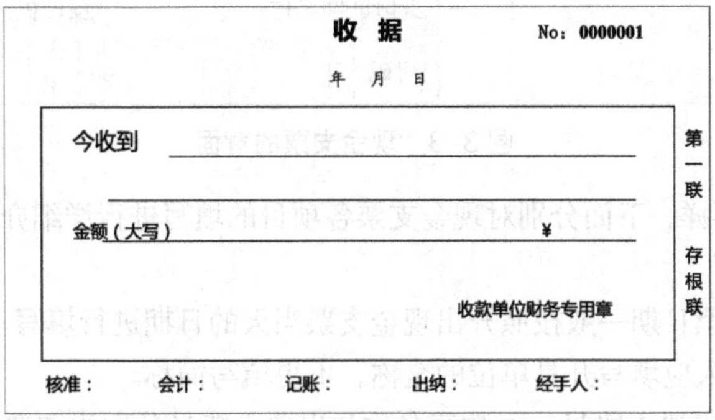

图 3-1　收据的一般格式

收据的填写方法较为简单，出纳人员可以按照以下步骤进行。

（1）在"收据"二字下方的日期栏中填写实际收款日期。

（2）在"今收到"字样后写明交款单位的全称或交款人的姓名，然后用简洁明了的语言写明收款事由，格式为"A 公司或王××交来货款"。

（3）在"金额（大写）"字样后用大写数码字书写收款金额，在"¥"符号后用小写数码字书写收款金额。注意大小写金额要一致。

（4）在"收款单位财务专用章"位置处加盖本单位的财务专用章。

（5）在"出纳"和"经手人"栏中签字并加盖"现金收讫"章，并将收据的第二联交给交款人用作凭据，将第三联交给会计人员用作记账。

2. 填写现金支票

现金支票是由存款人签发、委托开户银行向收款人支付一定数额现金的票据。现金支票属于支票的一种，专门用于支取现金，分为正面和背面两部分。正面是现金支票的主体部分，用于记载支票使用的主要信息；背面是支票使用信息的补充，用于填写附加信息。现金支票的正面分为左右两部分，左部为存根联，右部为支付联。现金支票专用于企事业单位在银行的规定下，在所开户银行基本账户中提取现金。现金支票的常见用途为支付工资、差旅费、提取备用金等。以工行为例，其现金支票的正面、背面分别如图 3-2 和图 3-3 所示。

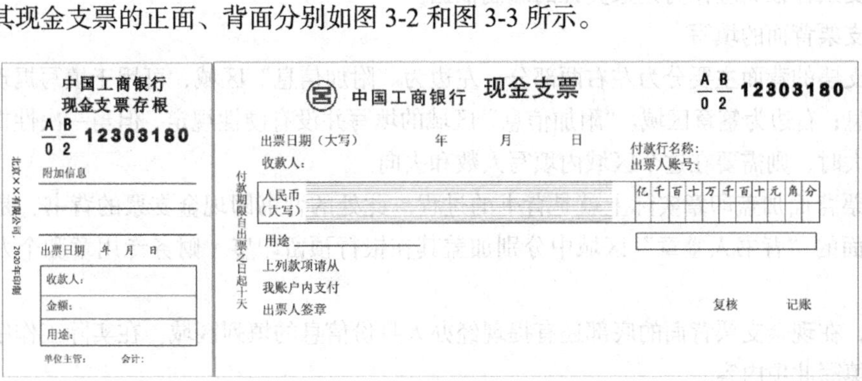

图 3-2　现金支票的正面

附加信息：	被背书人	（粘贴单处）
	背书人签章 年 月 日	
	身份证件名称： 发证机关：	
	号码 □□□□□□□□□□□□□□□□□□	

图 3-3 现金支票的背面

根据现金支票的票样，下面分别对现金支票各项目的填写进行详细介绍。

（1）支付联的填写

- **出票日期**：出票日期一般按照开出现金支票当天的日期进行填写。
- **收款人**：收款人应填写开具单位的全称，不得填写简称。
- **付款行名称和出票人账号**：付款行名称和出票人账号分别为支票使用单位所开立银行账户的所在行名称和银行账户的账号。在出纳实务中，这两个栏目一般由银行填写。
- **大小写金额**：在大写金额填写区域内，使用大写数码字自左侧起向右填写金额；使用小写数码字在右侧小写金额栏中填写金额，在金额的最大位数左一格中填写封位符"¥"。
- **用途**：用途指的是所提取现金的用途，如工资、差旅费、备用金等。
- **密码**：支票正面右侧小写金额栏下面的框线为密码填写框。支票的密码由支付密码器生成，即银行在出售支票时，会一并向购票人提交密码清单，供使用现金支票时查询。出纳人员可以单独记录该密码，待到银行办理现场再将其填入密码区域，以提升密码的安全性。

实务点拨

支票密码不是固定的，每次使用支付密码器生成的密码都各不相同。使用支付密码器的实质是银行为了降低存款单位在支票丢失后的损失而设立的密码认定程序。只有支票上填写的密码与银行备案的数据完全一致时，银行才会支付款项。

（2）存根联的填写

出纳人员在填写现金支票的存根联时，应与支付联的相关内容相一致，并由支票领用人签名。领用后，支票存根联应作为记账凭证的编制依据。

（3）支票背面的填写

现金支票的背面主要分为左右两部分，左边为"附加信息"区域，可用于填写提现业务需要备注的信息；右边为签章区域。"附加信息"区域的填写并没有硬性规定，但当一次性提取差旅费的数额较大时，则需要在这个区域内填写人数和去向。

在支票背面加盖印章实际上就是背书的过程。此处的背书即现金支票的背书，是指出票人在支票背面的"背书人签章"区域中分别加盖其在银行预留印鉴（财务专用章和个人名章）的过程。

另外，在现金支票背面的底部还有提现经办人身份信息的填列区域。在实际工作中，银行一般不要求填写此项内容。

（4）支票盖章

单位向银行申购现金支票时，银行会预留单位的印鉴，印鉴一般为开户单位的财务专用章和个人名章（一般为法定代表人个人名章）。填写完现金支票的相关项目后，还应在上面加盖银行预留印鉴。现金支票正面下方“出票人盖章”字样的右侧为盖章区域，即用印区，应在这个区域内加盖本单位财务专用章和出纳人员个人名章。

3. 填写现金交款单

现金交款单是单位到银行结算账户上（本单位或其他单位的银行结算账户）、存现金时填写的凭证，如图 3-4 所示。现金交款单一式两联，出纳人员应详细填明交款单位、账号及开户银行、款项来源、交款人、大小写金额等内容，并根据此次送存现金的情况在各币值对应的张数和金额栏中用小写数码字进行填写，填写好后连同现金一并交给银行。银行经审查无误后，会将款项收妥，并在第一联加盖“业务清讫章”及经办人个人名章，将其作为回单交给出纳人员。

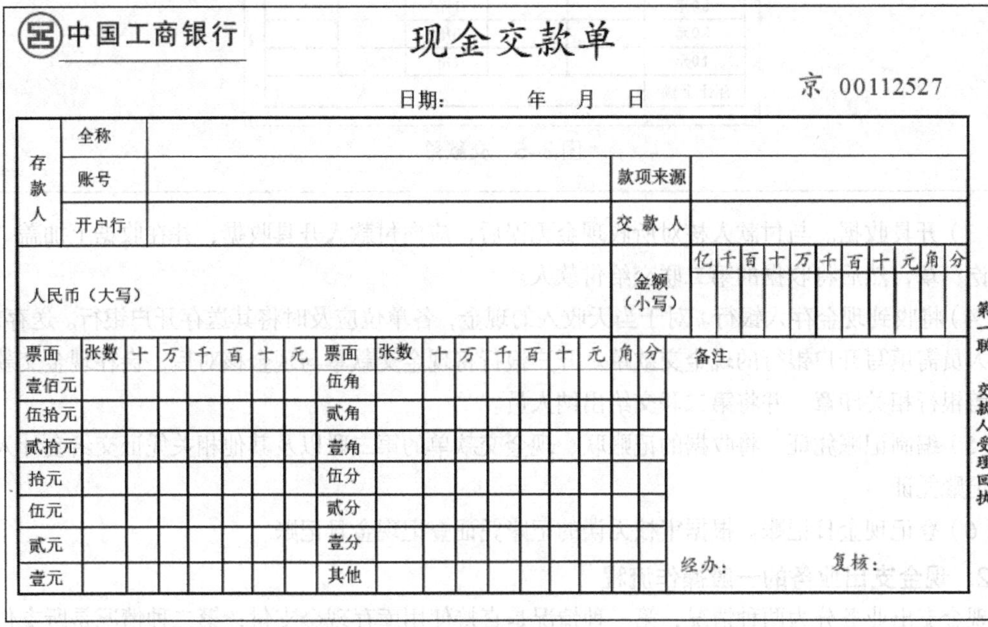
中国工商银行　现金交款单

日期：　年　月　日　　京 00112527

存款人	全称		
	账号	款项来源	
	开户行	交款人	
人民币（大写）		金额（小写）	亿 千 百 十 万 千 百 十 元 角 分

票面	张数	十	万	千	百	十	元	票面	张数	十	万	千	百	十	元	角	分	备注
壹佰元								伍角										
伍拾元								贰角										
贰拾元								壹角										
拾元								伍分										
伍元								贰分										
贰元								壹分										
壹元								其他										经办：　复核：

第一联　交款人受理回执

图 3-4　现金交款单

（三）现金收付业务的一般操作流程

出纳人员办理现金收付业务是指现金收款（付款）申请、相关责任人审批签字、收取（支付）款项的过程。在实际的业务处理中，现金收入业务与现金支出业务在操作流程上存在区别。

1. 现金收入业务的一般操作流程

出纳人员办理现金收入业务一般会涉及受理收款业务、当面点清现金、开具收据、将收到现金存入银行、编制记账凭证、登记现金日记账 6 个环节。

（1）受理收款业务。该环节主要针对收到的相关凭证，审核凭证所记录的业务内容是否完整、真实、准确，相关手续是否齐全，有关责任人签章是否明确等。

（2）当面点清现金。当确认所受理的凭证准确无误时，出纳人员应当面点清所收到的现金，并与付款人核对，以保证收款依据和收款金额一致。

实务点拨

在现实生活中，清点现金的方法是直接将金额相加，例如，看到 100 元就直接数出 100，再看到 50 元就加上 50……而在出纳工作中，当遇到现金张数较多时，这样的方法容易出错，因此，可以要求交款人填写交款单（见图 3-5，类似于银行的现金交款单，仅供单位内部使用，可自行购买），分别写明各币值现金的张数，出纳人员只需按不同币值进行清点，然后计算出现金总额即可，这样大大降低了出错率。

交款单

姓名				年 月 日	
面值	张数	金额	面值	张数	金额
100元			5元		
50元			1元		
20元			5角		
10元			1角		
合计金额					

图 3-5　交款单

（3）开具收据。与付款人核对所收现金无误后，应向付款人开具收据，并在收据上加盖"现金收讫"章，然后将收据的第二联交给付款人。

（4）将收到现金存入银行。对于当天收入的现金，各单位应及时将其送存开户银行。送存前，出纳人员需填写开户银行的现金交款单。开户银行将现金交款单与现金核对后，会在现金交款单上加盖银行相关印章，并将第二联交给出纳人员。

（5）编制记账凭证。将收据的记账联、现金交款单的第二联以及其他相关凭证交给会计人员编制记账凭证。

（6）登记现金日记账。根据审核无误的记账凭证登记现金日记账。

2. 现金支出业务的一般操作流程

现金支出业务分为两种情况，第一种情况是直接使用库存现金支付；第二种情况是所支付金额大于库存现金金额，需要从银行提取现金进行支付。第一种情况的操作流程会经历受理付款业务、当面点清并支付现金、收到已付款证据、编制记账凭证、登记现金日记账等环节。后一种情况则需要填写现金支票，其具体操作流程如下。

（1）受理付款业务。出纳人员在受理付款业务时，一般会收到付款申请人填写的付款单及其他相关付款凭证，应对这些付款凭证进行严格审核。

（2）填写支票领用登记簿（见图 3-6）。支票领用登记簿是单位用来登记支票使用情况的记录表，出纳人员应如实、准确填写日期、支票种类、领用数量、支票号码、用途、金额等栏目，然后在领用人签字栏中签字，并交给财务负责人审核。

支票领用登记簿

日期	支票种类	领用数量（张）	支票号码	用途	金额/元	领用人签字	备注

图 3-6　支票领用登记簿

（3）填写现金支票。出纳人员应按照提取现金的日期、金额、用途等信息填写现金支票，然后将其交给财务负责人审核，待现金支票审核通过后在现金支票正面及背面加盖银行预留印鉴。

（4）到银行提现。沿着虚线剪下现金支票的支付联，将其送交开户银行，办理提现手续。

实务点拨

出纳人员还可直接将现金支票交给收款人，让收款人持现金支票到银行提取现金。

（5）发放现金。清点需支付的现金并将其发放给收款人，并在付款凭证上加盖"现金付讫"章。若由他人代收，则应有代收人签收证明。

（6）编制记账凭证。将现金支票的存根联、付款凭证等资料交给会计人员编制记账凭证。

（7）登记现金日记账。根据审核无误的记账凭证登记现金日记账。

实务点拨

部分单位每天的现金业务繁多，如果发生一笔现金业务就编制一次记账凭证并登记一次现金日记账，会十分不利于工作的开展。因此，现金收付业务较多的单位可以在每日终了时根据当日的业务发生情况编制记账凭证并登记现金日记账。

三、任务实训

（一）支付预借差旅费

采购员王松以现金的形式预借差旅费 40 000 元，金额较大，出纳人员王敏需要前往银行提取现金后再予以支付，因此整个处理过程会涉及填写支票领用登记簿、填写现金支票等环节，具体应按照如下步骤进行处理。

（1）审核付款凭证（借款单、出差申请单），主要审核各项目的填写是否完整、真实、准确，是否有相关责任人的签章等。

（2）借款单审核无误后填写支票领用登记簿，完成的结果如图 3-7 所示，并将其交给财务负责人审核。

支票领用登记簿

日期	支票种类	领用数量（张）	支票号码	用途	金额／元	领用人签字	备注
2021.4.5	现金支票	1	12303180	支付差旅费	40000	王敏	

图 3-7　填写好的支票领用登记簿

（3）财务负责人审核通过后，王敏应填写现金支票：在现金支票的"用途"栏中填写"差旅费"；在"出票日期"处填写提现当天的日期，即"贰零贰壹年零肆月零伍日"；提取现金是用于本单位的差旅费，所以"收款人"处应填写本单位全称，即"深圳星辉传媒有限公司"。填写完支票票面信息后，王敏应将现金支票交给财务负责人审核，审核通过后分别在票面的正面和背面加盖单位财务专用章与个人名章（假设星辉传媒有限公司的法定代表人为李星辉）。填写并盖章后的现金支票如图 3-8 所示。

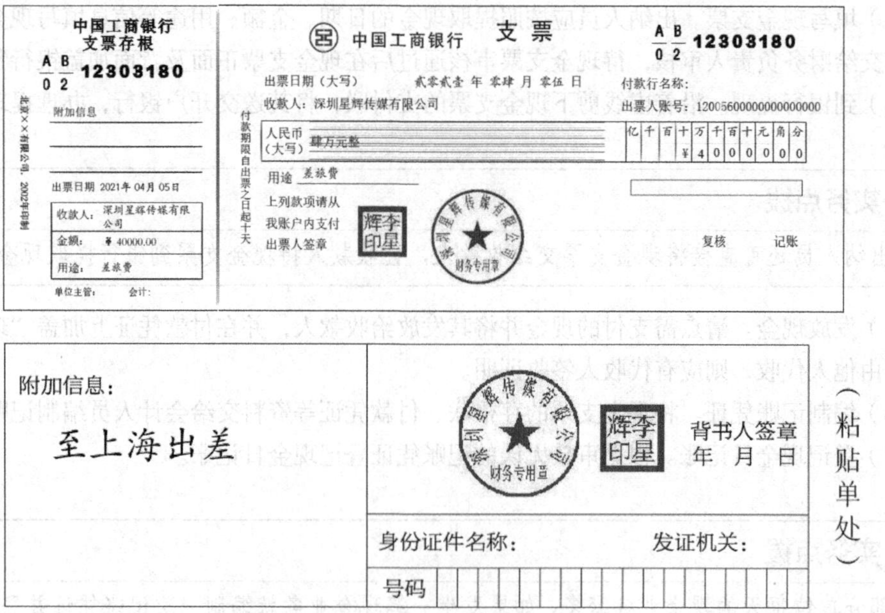
中国工商银行
支票存根
AB
02 12303180
附加信息
出票日期 2021年04月05日
收款人：深圳星辉传媒有限公司
金额：￥40000.00
用途：差旅费
单位主管： 会计：

中国工商银行 支票
AB
02 12303180
出票日期（大写） 贰零贰壹 年 零肆 月 零伍 日
付款行名称：
收款人：深圳星辉传媒有限公司
出票人账号：1200560000000000000
付款期限自出票之日起十天
人民币（大写） 肆万元整
亿 千 百 十 万 千 百 十 元 角 分
¥ 4 0 0 0 0 0 0
用途 差旅费
上列款项请从
我账户内支付
出票人签章
复核 记账

附加信息：
至上海出差
背书人签章
年 月 日
（粘贴单处）
身份证件名称： 发证机关：
号码

图 3-8　填写并盖章后的现金支票

（4）沿着虚线剪下现金支票的支付联，并将其送交开户银行，提取 40 000 元现金。

（5）将 40 000 元现金发放给王松，然后在借款单上加盖“现金付讫”章。

（6）将现金支票的存根联、借款单、出差申请单等资料交给会计人员编制记账凭证。

（7）根据审核无误的记账凭证登记现金日记账。

（二）收到退回的差旅费

王敏对于收到王松退回剩余的差旅费 500 元，应严格按照现金收入的操作流程进行处理，首先应清点现金并核对金额，然后开具收据，并将收到的现金送存银行，最后登记现金日记账，其具体步骤如下。

（1）当面点清现金，并与王松核对金额。

（2）金额核对无误后应填写收据，然后加盖“现金收讫”章，并将收据的第二联收据联交给王松，填写好的收据如图 3-9 所示。

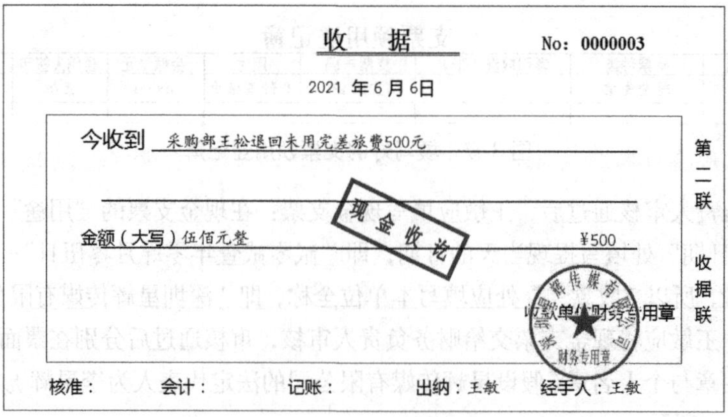
收　据
No：0000003
2021 年 6 月 6日
今收到 采购部王松退回未用完差旅费500元
金额（大写）伍佰元整 ¥500
现金收讫
收款单位财务专用章
第二联 收据联
核准： 会计： 记账： 出纳：王敏 经手人：王敏

图 3-9　填好的收据

（3）填写现金交款单，如图 3-10 所示，然后将收到的 500 元现金送存开户银行，并取回现金交款单第二联。

中国工商银行　　现金交款单

京 00112527

日期：2021 年 6 月 6 日

存款人	全称	深圳星辉传媒有限公司		
	账号	1100000200220001001100	款项来源	往来款
	开户行	中国工商银行软件园支行	交款人	王敏
人民币（大写）伍佰元整			金额（小写）	¥500.00

票面	张数	金额	票面	张数	金额
壹佰元	4	¥400	伍角		
伍拾元	2	¥100	贰角		
贰拾元			壹角		
拾元			伍分		
伍元			贰分		
贰元			壹分		
壹元			其他		

备注

经办：　　复核：

第一联　交款人受理回执

图 3-10　填好的现金交款单

（4）将收据的记账联、现金交款单的第二联交给会计人员编制记账凭证。

（5）根据审核无误的记账凭证登记现金日记账。

任务三　核算现金业务

一、任务引入

假设星辉公司 4 月份的现金日记账刚好从新的账页开始，上月月末本年累计栏借方、贷方、余额栏分别为 59 285.00 元、63 783.20 元、4 704.80 元。2021 年 4 月，星辉公司发生的与现金相关的收付业务如下。

（1）4 月 1 日，出纳人员王敏从银行提取 6 000 元作为公司备用金，该业务对应的记账凭证为“记字第 001 号”，如图 3-11 所示。

记　账　凭　证

2021年 4月 1日　　记字第 001号

摘要	总账科目	明细科目	✓	借方金额	贷方金额
提取现金作为备用金	库存现金			600000	
提取现金作为备用金	银行存款	工行软件园支行			600000
合计				¥600000	¥600000

附件 贰 张

会计主管　　记账　　审核 刘洋　　填制 向陆华

图 3-11　记字第 001 号

（2）4月2日，王敏收到李莉交来的违规操作处罚款300元，该业务对应的记账凭证为"记字第003号"，如图3-12所示。

图3-12　记字第003号

（3）4月17日，用现金报销员工误餐补助3000元，该业务对应的记账凭证为"记字第021号"，如图3-13所示。

图3-13　记字第021号

（4）4月20日，收到张庆辉交回剩余700元差旅费，已知张庆辉此前预支差旅费6500元，此次出差花费5800元，该业务对应的记账凭证为"记字第025号"，如图3-14所示。

图3-14　记字第025号

请问，王敏应该如何登记星辉公司2021年4月的现金日记账？

二、相关知识

出纳人员主要依靠现金日记账对现金业务进行核算。现金日记账是各单位重要的经济档案之一,现金日记账的登记、对账和结账在出纳工作中扮演着十分重要的角色。

（一）登记现金日记账

现金日记账是用来核算与监督库存现金每天收入、支出和结存情况的序时账簿。

1. 现金日记账的账页格式

现金日记账主要有三栏式和多栏式两种格式。一般而言,除了部分经济业务较多、货币资金收付较为频繁的单位,大多数单位采用三栏式现金日记账。因此,这里主要介绍三栏式现金日记账的登记方法。

三栏式现金日记账设借方、贷方、余额 3 个金额栏目,一般也可称为收入、支出、结余 3 个基本栏目。另外,为了清晰地反映与现金业务相关的账户对应关系,还应在"摘要"栏后设置"对方科目"栏。

三栏式现金日记账是由出纳人员按照"上日余额+本日收入-本日支出=本日余额"的计算公式,根据现金收款凭证、现金付款凭证以及银行存款付款凭证,按时间的先后顺序逐日、逐笔登记而成的。三栏式现金日记账的一般格式如图 3-15 所示。

现 金 日 记 账

年		凭 证		对方科目	摘 要	借 方	贷 方	余 额	核对
月	日	种类	号数			百十万千百十元角分	百十万千百十元角分	百十万千百十元角分	

图 3-15 三栏式现金日记账的一般格式

> **实务点拨**
>
> 多栏式现金日记账是在三栏式现金日记账的基础上演变而来的,这种日记账的借方(收入)和贷方(支出)金额栏都按对方科目设置若干专栏。在月末结账时,可以结出各收入来源专栏和各支出用途专栏的合计数,便于对现金收支的合理性、合法性进行审核分析。

2. 现金日记账的登记方法

根据现金日记账的账页格式,账页中各项目的填列方法如下。

（1）日期栏。根据登记时的日期填写。

（2）"凭证种类/号数"栏。根据登账时所依据的反映现金增减变动业务的记账凭证及其编号填写。通用记账凭证的种类简写为"记",现金收款凭证的种类简写为"现收",现金付款凭证的种类简写为"现付",银行存款付款凭证的种类简写为"银付"。同时,登记凭证编号,以便于查账和对账。例如,3 号现金收款凭证的凭证种类/号数应登记为"现收/003"。

（3）"对方科目"栏。根据登账时所依据的收款凭证、付款凭证中的会计分录填写,将与库存现金科目相对应的科目名称填入该栏。

（4）"摘要"栏。根据登账时所依据的收款凭证、付款凭证的摘要内容填写，以简要说明经济业务的内容。

（5）"借方"栏。根据现金收款凭证和银行存款付款凭证登记现金的增加额。

（6）"贷方"栏。根据现金付款凭证登记现金的减少额。

（7）"余额"栏。每日现金收付业务登记完毕后，应分别计算现金收、付的合计数，并根据"上日余额+本日收入-本日支出=本日余额"的计算公式，结出当日的现金余额，即"日清"。月终同样要结出当月的现金余额，即"月结"。

此外，账本第 1 页第 1 行、其他账页第 1 行、账页倒数第 2 行的填写方法较为特殊，需要特别注意。

（1）账本第 1 页第 1 行。如果是新成立的单位，应在账本第 1 页第 1 行的日期处填写账本的启用日期，在"摘要"处填写"期初余额"4 个字，在"余额"处填写实收的现金金额。如果是在年度内新的增账本，则应在账本第 1 页第 1 行的日期处填写新账本开始使用日期，在"摘要"处填写"承前页"3 个字，在"余额"处填写所承接账本的最后一笔余额。如果是年度结转启用的新账本，则应在账本第 1 页第 1 行的日期处填写新年度账本启用日期，在"摘要"处填写"上年结转"4 个字，在"余额"处填写上年最后一日的余额。

（2）其他账页第 1 行。除第 1 页外，出纳人员应在其他页第 1 行的"摘要"处填写"承前页"3 个字，在此行的"借方""贷方""余额"处填写上页"过次页"行的相应金额。

（3）账页倒数第 2 行。出纳人员应在每张账页倒数第 2 行的"摘要"处填写"过次页"3 个字，或者加盖"过次页"印章，在"借方"处填写本月初至本页倒数第二行的借方发生额合计数，在"贷方"处填写本月初至本页倒数第二行的贷方发生额合计数，在"余额"处填写本月初至本页最后一笔业务库存现金的余额，而账页的最后 1 行不填写。

📗 实务点拨

现金日记账中所记载的内容必须与其所依据的收款凭证、付款凭证一致，不得随便增减。现金日记账中每笔账目的日期、编号、摘要、对方科目等都要与所依据的会计凭证保持一致。

（二）现金日记账的对账与结账

出纳人员将现金日记账登记完毕后，也并不意味着其工作已经完成。出纳是一项涉及钱财的工作，因此，出纳人员在登记现金日记账时应当更加谨慎、细致。其中，检查工作是必不可少的。

就一般的会计处理程序而言，登记完会计账簿后还需要进行检查，即进行对账与结账工作。检查工作主要是指检查账簿的记录与实物、凭证记录是否一致；若存在不一致的情况，还应采用专门的方法进行错误更正。账簿记录经检查确认无误后，还需要完成最后一项工作——结账。完成上述工作后，才算实现了一次会计循环。由于出纳人员只需要登记现金日记账和银行日记账，而其他账簿的登记工作由会计人员来完成，所以，出纳人员的检查工作主要是围绕现金日记账和银行存款日记账展开的。

1. 现金日记账的对账

现金日记账的对账就是指将出纳人员所登记的现金账与其他相关资料进行核对，这是对出纳工作进行检查的一种方法。出纳人员在核对现金日记账时，通常会涉及 3 个方面内容，即账证核对、账账核对、账实核对。

（1）账证核对

账证核对，是指将现金日记账与现金相关的记账凭证相核对，核对的内容包括现金日记账的记录与各类凭证的时间、凭证字号、内容和金额是否一致，记账方向是否相符等。

（2）账账核对

账账核对更多属于会计人员的工作，主要是将出纳人员登记的现金日记账与会计人员登记的总分类账、明细分类账相核对，核对的内容主要是不同账簿记录业务的期末余额是否相符等。

（3）账实核对

每日业务终了以后，出纳人员应将银行存款日记账的余额与银行存款的实有数相核对，正常情况下二者应该完全一致。如果不一致，应立即查明原因，并对当天办理的收、付款业务进行逐笔回忆，查看是否存在尚未登记的现金收、付款业务，争取尽快找出差错原因并予以更正，使账实相符。

03

实务点拨

现金日记账"余额"列右侧的"核对"列用作对账。很多单位的现金业务较多，为了保障对账工作能够顺利、准确地完成，还需要在已核对业务和未核对业务之间做标识，以保证对账的准确。出纳人员每核对一笔业务，就需要在该笔业务对应的"核对"列中打"√"，表明该笔业务已与相关资料进行核对。如果工作时有其他穿插，则下次从最后一个项目开始核对。

2. 现金日记账的结账

结账，是对所有记账业务的总结。每月月末，出纳人员应将本月所有与现金收支相关的业务登记到现金日记账中，并经对账无误后，还需结清当月的现金日记账。简单来讲，结账就是一个根据前面账簿的记录计算出本期发生额和期末余额的过程。

出纳人员将本月所有与现金收支相关的业务登记入账后，应在最后一笔业务后画一条通栏红色单线，然后紧接着在下一行结算出本月库存现金的借方合计数和贷方合计数，并计算出本月余额。现金日记账不仅要月计，还需要结出本年累计数，即在本月合计下面结出本年年初至本月月末的累计金额，将其登记在月份发生额的下面，然后在下面画一条通栏红色单线。

在每年最后一个月结出本月合计金额和本年累计金额后，还应在"本年累计"栏下画一条通栏红色双线，以示年结。

案例分析

不认真对账的后果

蔡某从 2020 年 9 月起来到一家服装连锁店总部担任出纳。在与之前的出纳交接时，蔡某发现单位的财务制度很宽松，在现金收付款方面管理较为混乱，也缺乏之内部的监督和相互制约。因此蔡某也是按照之前出纳的做法继续处理各项业务。

2020 年 11 月，单位新开了一家分店，一时找不到收银员，于是将蔡某调到该分店兼任收银员。由于业务繁忙，蔡某每天只顾着收款，对于现金日记账的登记和对账都不是很用心。一段时间后，蔡某发现自己手中的现金日记账一团混乱，有些付款找不到原始凭证，而有些直接用收入冲抵支出，此时蔡某有些着急了。但单位的会计人员一直没有主动要求与自己对账，蔡某干脆也不去清理自己的账目。后来，单位更换了财务负责人，新领导要求蔡某将账目情况如实汇报，蔡某这才赶紧去对账，结果发现，现金实有数比账面数少了十多万元。由于蔡某没有及时对账，因此无法弄清这么大的差额究竟是因为自己登账错误导致的，还是在收、付款时清点现金有误导致的。蔡某一时间十分慌张，心想："这么多钱难道要让自己赔偿吗？单位会不会认为自己贪污公款，起诉自己呢？"

案例分析： 在这个案例中，蔡某对于单位财务制度的混乱表现得不甚在意，这也为她之后的错误埋下了伏笔，如果她当时就向相关领导反映问题，提出改进措施，就不会出现后面的状况了。其次，蔡某没有严格按照规定进行现金日记账的对账，使得账目混乱，并出现巨额缺口，这是蔡某的失职。如果蔡某及时对账并找出问题，就能撇清自己的责任。从这个案例可以看出，严格遵循出纳的工作规范，不仅可以保护单位的财产，还能保护自身的安全。

三、任务实训——登记星辉公司4月份现金日记账并结账

从前面的任务可知，星辉公司2021年4月发生了4笔与现金相关的业务，分别是：4月1日，王敏从银行取出备用金6 000元；4月2日，王敏收到李莉交来的违规操作处罚款300元；4月17日，用现金报销员工误餐补助3 000元；4月20日，收到张庆辉交回剩余的700元差旅费，已知张庆辉此前预支差旅费6 500元，此次出差花费5 800元。

王敏登记2021年4月现金日记账的步骤如下。

（1）根据2021年3月月末本年累计栏借方、贷方、余额栏金额，在新账页的第一行日期处填写"4月1日"，在"摘要"栏处填写"承前页"，在"借方"或"贷方"栏处分别填写"59 285.00""59 285.00"，在"余额"栏处填写"4 704.80"。

（2）根据记账凭证上标明日期的先后顺序，逐笔将涉及库存现金科目相关凭证上的内容登记到现金日记账中。根据"记字第001号"凭证，在账页的第二行中分别填写日期为4月1日，凭证种类/号数为"记/001"，对应科目为"银行存款"，摘要为"提取现金作为备用金"，借方金额为"6 000.00"，然后根据前一行的余额，结算出本行对应的余额为"10 704.80"。

（3）由于4月1日只有一张涉及库存现金的记账凭证，因此该日终了时，应计算出本日借方发生额合计为"6 000.00"，贷方发生额合计为"0.00"，并结出余额为"10 704.80"，同时将该余额与实际的库存现金实际余额进行核对。

（4）根据第（2）步填写"记字第003号""记字第021号""记字第025号"凭证。同样计算出每日借方、贷方发生额合计数，并结出余额。

（5）将登记现金日记账涉及的所有凭证录入后，在最后一笔业务下画一条通栏红色直线。

（6）结算出本月的合计数。在紧接着上述业务的后一行中，将"摘要"填写为"本月合计"，日期填写为"4月30日"，借方金额填写为"7 000.00"，贷方金额填写为"3 000.00"，再根据前一行的余额结算出本行对应的余额为"8 704.80"。

（7）结算出本月的合计数后，再结算本年累计数。将第一行中借方金额加上本月合计借方金额，得出本年累计借方金额为"66 385.00"；第一行贷方金额加上本月合计贷方金额，得出本年累计贷方金额为"62 285.00"；余额按"期末余额=年初余额+本年借累计发生额-本年贷方累计发

生额"公式计算，余额=4 704.8+66 285.00-62 285.00=8 704.80（元），与月结中计算的余额数一致，然后在"本年累计"栏下画一条通栏红色直线，登记并结账后的现金日记账如图 3-16 所示。

现 金 日 记 账

2021年		凭证		对方科目	摘 要	借 方	贷 方	余 额	核对
月	日	种类	号数			百十万千百十元角分	百十万千百十元角分	百十万千百十元角分	
4	1				承前页	5 9 2 8 5 0 0	5 9 2 8 5 0 0	4 7 0 4 8 0	
4	1	记	001	银行存款	提取现金作为备用金	6 0 0 0 0 0		1 0 7 0 4 8 0	
4	1				本日合计	6 0 0 0 0 0	0 0 0	1 0 7 0 4 8 0	
4	2	记	003	其他应收款	员工李莉交来罚款	3 0 0 0 0		1 1 0 0 4 8 0	
4	2				本日合计	3 0 0 0 0	0 0 0	1 1 0 0 4 8 0	
4	17	记	021	管理费用	报销误餐补助		3 0 0 0 0 0	8 0 0 4 8 0	
4	17				本日合计	0 0 0	3 0 0 0 0 0	8 0 0 4 8 0	
4	20	记	025	其他应收款	人事部张庆辉报销差旅费	7 0 0 0 0		8 7 0 4 8 0	
4	20				本日合计	7 0 0 0 0		8 7 0 4 8 0	
					本月合计	7 0 0 0 0 0	3 0 0 0 0 0	8 7 0 4 8 0	
					本年累计	6 6 2 8 5 0 0	6 2 2 8 5 0 0	8 7 0 4 8 0	

图 3-16 填好的现金日记账

任务四　清查现金

一、任务引入

2021 年 5 月 6 日，星辉公司组织清查小组对现金进行清查。由于之前并未通知且从未参与过清查现金的活动，因此，王敏在面对清查小组的突击检查时有些不知所措。清查人员询问王敏现金日记账的登记情况，得知王敏已经完成登记工作后，让王敏将现金日记账和相关记账凭证准备好，并将保险柜中的现金取出。

经清查，清查人员发现存在现金短缺 200 元的情况。王敏一听就着急了，心想："我明明认真保管了单位的现金，严格遵循职业道德，怎么会出现这种情况呢？领导不会认为自己贪污或者工作失误，要自己赔偿吧？"

请思考：（1）清查小组是如何清查现金的？你了解现金清查吗？

（2）发现现金短款时应如何处理？

二、相关知识

在出纳实务中，现金的流动性较强，使用频率较高，是单位中使用风险较大的资产。为了加强现金管理，确保账实相符，避免现金丢失及贪污、挪用等情况的发生，单位应定期或不定期地进行现金清查，即盘点并核对库存现金，具体包括出纳人员每日终了前进行的自行清查和清查小组定期或不定期进行的清查。

（一）清查现金的方法

通常来说，清查现金应采用实地盘点法。实地盘点法是指对材料物资进行逐一清点或用计量器具确定其实有数量的方法。实地盘点法的适用范围较广，货币资金、实物性财产等都可以采用该方法，盘点结果准确可靠，缺点是工作量较大。

1. 出纳自行清查

出纳人员在每日业务终了时，应对现金进行盘点，并将盘点现金的实际数与现金日记账当天的账面数进行核对，保证账实相符。

2. 清查小组对现金的清查

为了对出纳人员的工作进行监督，单位应成立清查小组，定期或不定期地对现金进行清查，其内容主要包括查看是否有挪用现金、白条抵库及超限额留存现金等行为的发生。需要注意的是，清查通常是在不事先通知的情况下进行的，以提升清查的真实性。清查小组清查现金时，出纳人员应在场。

清查前，清查人员应确保出纳人员已完成截至清查时所有现金相关记账凭证的入账工作，并结出现金日记账余额。清查时，清查人员应对现金的实有数进行盘点，并认真审核现金相关记账凭证和有关账簿，以检查出纳人员的财务处理是否正确、合理合法。清查完毕，清查人员应填写库存现金盘点表（见图 3-17），并将实存金额与账存金额进行核对。若发现现金实存数大于账存数，则应在"现金长款"项目中填写差额；若发现现金实存数小于账存数，则应在"现金短款"项目中填写差额，然后查明出现差额的原因，并及时上报给有关负责人。

需要注意的是，单位现金分放两处或两处以上的，应同时清查或先封存再依次清查。对于在清查过程中发现出纳人员私设"小金库"的，清查人员应将其视作溢余，另行登记，并上报相关领导等候处理。对于事先未做声明又无充分证据证明的代私人存放的现金，清查人员可以暂时封存。对于超出单位现金限额的现金，清查人员应及时送存银行。

库存现金盘点表

盘点日期							
现金清点明细			账目核对				
面值	张数	金额	年	月	日	项目	金额
100元						现金日记账余额	
50元						加：未入账收入凭证	
20元						减：未入账付出凭证	
10元						加：跨日收入	
5元						减：跨日借条	
1元						调整后现金日记账余额	
5角						库存现金实有数	
2角						现金长款	
1角						现金短款	
实点	合计					盘存结果说明	
会计主管：			清查人：			出纳：	

图 3-17　库存现金盘点表

（二）处理现金长款和现金短款

现金长款和现金短款是指在盘点和核对现金时，排除正常造成账实不符的情况后，依然存在的账实差额。其中，现金溢余称为现金长款，现金短缺称为现金短款。

出现现金长款和现金短款时，应首先找出原因。对于现金长款而言，若找不出原因，应将其作为营业外收入入账（由会计人员编制记账凭证）；若成功找出原因，有明确的退赔方向，则应退还相关人员，否则应将其作为营业外收入入账。对于现金短款而言，若找不出原因，则应由出纳人员赔偿相应金额；若成功找出原因，有明确的责任人，则应由相应责任人承担赔偿。现金长短款处理流程如图 3-18 所示。

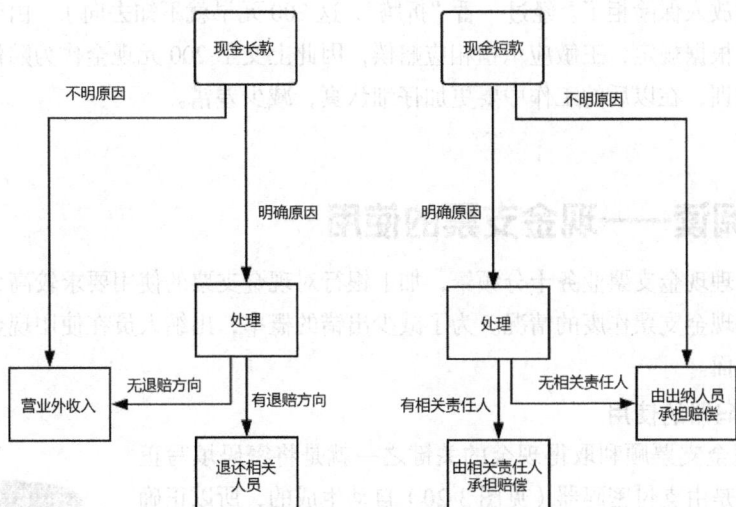

图 3-18　现金长款和现金短款处理流程

三、任务实训

（一）清查现金

2021 年 5 月 6 日，星辉公司组织清查小组突击清查单位的现金。清查人员首先确保出纳人员已完成截至 2021 年 5 月 6 日所有现金相关记账凭证的入账工作，并结出现金日记账余额为 8 379.50 元。然后对现金的实有数进行清点，并审核现金相关记账凭证和有关账簿，检查是否存在挪用现金、白条抵库及超限额留存现金等行为。经盘点，现金实有数为 8 179.5 元，不存在相关违规操作。

清查完毕，清查人员应根据清点情况填写库存现金盘点表，如图 3-19 所示。由于出现现金短款的情况，清查人员应立即查明出现差额的原因。

库存现金盘点表

盘点日期			2021年5月6日			
现金清点明细			账目核对			
面值	张数	金额	年	月	日	项目	金额

面值	张数	金额	项目	金额
100元	70	7 000	现金日记账余额	8 379.50
50元	11	550	加：未入账收入凭证	——
20元	22	440	减：未入账付出凭证	——
10元	13	130	加：跨日收入	——
5元	6	30	减：跨日借条	——
1元	28	28	调整后现金日记账余额	8 379.50
5角	3	1.5	库存现金实有数	8 179.50
2角	0	——	现金长款	
1角	0	——	现金短款	200
实点	合计	8 179.50	盘存结果说明	

会计主管：	清查人：赵慧	出纳：王敏

图 3-19　填好的库存现金盘点表

（二）处理现金短款

由于存在 200 元的现金短款，清查人员要求王敏对最近的业务进行盘查。经回忆，王敏发现当天在收到销售部钟慧佳退回多余的预支款 200 元时，由于当时还有其他业务急需处理，所以就忘记把这笔款项放入保险柜了。经过一番"折腾"，这 200 元早就不知去向了。由于是自己的过失造成现金短款，根据规定，王敏应承担相应赔偿，因此上交了 200 元现金作为赔偿，心想自己一定要吸取这个教训，在以后的工作中要更加仔细认真，减少差错。

拓展阅读——现金支票的使用

出纳人员办理现金支票业务十分频繁，加上银行对现金支票的使用要求较高，所以在出纳实务中经常会出现现金支票作废的情况。为了减少出错的概率，出纳人员在使用现金支票时，需要注意以下几个方面。

1. 支付密码器的使用

能够使用现金支票顺利取得现金的关键之一就是将密码填写正确，而支票密码是由支付密码器（见图 3-20）自动生成的，所以正确使用支付密码器就显得尤为重要。使用支付密码器生成密码主要包括以下 7 步。

（1）取出支付密码器，按键开机。

（2）根据提示选择操作人员（签发人或主管）。

（3）输入签发口令。

（4）根据提示选择需要进行的操作（签发凭证、历史记录、修改口令）。

（5）根据提示选择需要签发的票据种类（支票、银行汇票申请书、银行本票申请书、汇兑凭证、其他）。

（6）输入开票信息（日期、凭证号码、金额）。

（7）生成支付密码并记录。

图 3-20　支付密码器

需要注意的是，在支付密码器中输入的开票日期与在票据中填写的日期应该是一致的，如果填写的开票日期错误，则支票无法提现。另外，生成的密码应单独记载、分别携带或保存，待出纳人员在银行办理提现手续时，再将密码填在现金支票的密码区。

2. 支票的携带

携带现金支票时，不能折叠、污损支票，出纳人员可以将支票存放在硬质包装中，或购买支票夹用来存放。

3. 支票错填后的处理

如果支票相关项目填写错误，不得直接将其撕毁，应在存根联左上角和支付联右上角分别加盖"作废"印章。

4. 支票被退回的处理

如果已开具的支票被银行退回，则应在被退回的支票支付联右上角和存根联左上角分别加盖"作废"印章，并将已作废的存根和支付联以及下次填写的支票存根一并附于凭证后面，不得销毁。

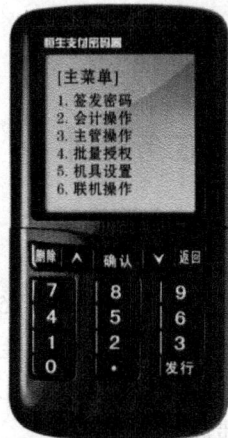

巩固练习

一、单选题

1. 现金日记账一般采用（   ）账簿。

    A. 订本式   B. 活页式   C. 卡片式   D. 多栏式

2. 出差人员报销差旅费，若出纳人员发现库存现金不足，那么应采取的做法是（   ）。

    A. 使用私人现金先行垫付   B. 从本单位现金收入中直接支付

    C. 向对方打欠条   D. 开具现金支票并去银行取现

3. 远离银行机构或交通不便的单位可依据实际情况适当放宽现金限额，但最高不得超过（   ）的日常零星开支。

    A. 3 天   B. 5 天   C. 10 天   D. 15 天

4. 单位从现金收入中直接支付现金的行为称为（   ）。

    A. 收支   B. 支付   C. 坐支   D. 现金收付

5. 现金限额一般（   ）核定一次，一经核定，单位就应严格遵守。由于生产或业务发生变化需要变更限额的，则需要向银行提出书面申请，经批准后才可进行调整。

    A. 一个月   B. 半年   C. 三年   D. 一年

6. 单位必须按照（   ）的规定，加强对现金的管理。

    A.《现金管理暂行条例》   B.《现金管理条例》

    C.《现金管理暂行条例实施细则》   D.《现金管理条例实施细则》

7. 现金收入业务的一般操作流程不包括（   ）步骤。

    A. 审核原始凭证   B. 当面清点现金

    C. 填写现金支票   D. 将现金收入送存银行

8. 单位向银行送存现金时应填制的原始凭证是（   ）。

    A. 现金支票   B. 进账单   C. 现金交款单   D. 现金付款凭证

9. 现金日记账的记账人员是（   ）。

    A. 普通会计人员   B. 出纳人员   C. 财务负责人   D. 会计主管人员

二、多选题

1. 出纳人员经管的现金包括（   ）。

    A. 保险柜里的人民币   B. 已支付给销售员的预借款

    C. 保险柜里的外币   D. 下属单位上缴的在途现金

2. 下列做法不正确的有（   ）。

    A. 将超出限额的现金存入银行

    B. 用不符合财务制度的凭证顶替现金

    C. 保留账外公款

    D. 将单位收入的现金以个人名义存入储蓄

3. 下列的单位开支中，可以使用现金支付的有（   ）。

    A. 收购农副产品及其他物资的价款

    B. 各种劳保、福利费用以及国家规定的对个人的其他支出

C. 根据国家规定发放给个人的科技、文艺、体育等各种奖金

D. 出差人员必须随身携带的差旅费

4. 现金支出业务的一般操作流程包括（　　　）。

A. 填写费用报销单

B. 审核原始凭证

C. 当面清点现金并支付

D. 在审核无误的付款凭证上加盖"现金付讫"戳记

5. 现金日记账能够逐日反映单位（　　　）情况，有利于确保单位现金的账实相符。

A. 现金的收入　　　B. 现金的支出　　　C. 现金的结存　　　D. 现金的收付款人

6. 下列关于收据的说法正确的有（　　　）。

A. 第一联为存根联，留开票单位备查用

B. 第二联为收据联，给付款人用作凭证

C. 第三联为记账联，用于开票单位会计人员记账

D. 第四联为税务联，用于交给税务局备案

7. 下列关于填写现金支票的说法正确的有（　　　）。

A. 出票日期一般按照开出现金支票当天的日期进行填写

B. 收款人应填写开具单位的全称，不得填写简称

C. 用途指所提取现金的用途

D. 支票的密码由出纳人员打电话与银行约定后直接填写

8. 每月月末进行现金日记账结账时，出纳人员应结算出（　　　）并计算出余额。

A. 本月库存现金的借方合计数和贷方合计数

B. 本年年初至本月月末的累计借方发生额和贷方发生额

C. 本年年初至本月月初的累计借方发生额和贷方发生额

D. 本月最后一天的借方发生额和贷方发生额

9. 下列属于现金收付业务处理原则的有（　　　）。

A. 合法收付　　　B. 唱收唱付　　　C. 收付两清　　　D. 日清月结

三、判断题

1. 单位临时收入的现金可以用个人名义暂时存入储蓄。（　　　）

2. 因出纳人员变更，为明确责任，新任出纳应更换新的现金日记账进行登记。（　　　）

3. 单位之间能相互借用现金。（　　　）

4. 结算起点（5 000元）以下的零星开支可以使用现金。（　　　）

5. 现金限额是单位按照银行现金管理的有关规定，与开户银行协商核定的现金最低额度。（　　　）

6. 对于现金日记账，在每年的最后一个月结出本月合计数和本年累计数后，还应在"本年累计"栏下画通栏红色单线，以示年结。（　　　）

7. 现金支票的正面分为左右两部分，左部为支付联，右部为存根联。（　　　）

四、实操题

1. 2021年3月31日，四川行者旅游有限公司（以下简称行者旅游公司）出纳人员陈丽收到

销售人员李雷出差归来退还未用完的差旅费现金 500 元。请填写该笔现金收款业务的收据。

2. 行者旅游公司 2021 年 3 月月初的现金日记账余额为 50 000 元。已知该公司采用通用记账凭证进行会计核算，以下是 2021 年 3 月发生的与现金相关的经济业务（括号内为记账凭证号）。

（1）3 月 1 日，从银行提取现金 4 800 元（记字第 001 号）作为公司备用金，其对应的审核后的记账凭证如图 3-21 所示。

图 3-21　记字第 001 号

（2）3 月 6 日，以现金支付购买办公用品的费用 300 元（记字第 003 号），其对应的审核后的记账凭证如图 3-22 所示。

图 3-22　记字第 003 号

（3）3 月 22 日，销售员李雷出差，预支差旅费 3 000 元，以现金支付（记字第 011 号），其对应的审核后的记账凭证如图 3-23 所示。

图 3-23　记字第 011 号

（4）3月31日，李雷出差归来，退还未用完的差旅费现金500元（记字第013号），其对应的审核后的记账凭证如图3-24所示。

记 账 凭 证

2021年 3月 31日　　　　　　　　　　　记字第 013号

摘　　要	总账科目	明细科目	✓	借方金额	贷方金额
				千百十万千百十元角分	千百十万千百十元角分
收到李雷退回多余差旅费	库存现金			50000	
收到李雷退回多余差旅费	其他应收款	李雷			50000
合　　　　计				￥50000	￥50000

会计主管　　　　记账　　　　审核 张超　　　　填制 张丽

附件 壹 张

图 3-24　记字第 013 号

要求：根据上述资料为行者旅游公司登记2021年3月的现金日记账。

3. 沿用行者旅游公司2021年3月的相关资料，假设该公司2021年年初至2021年2月月末的现金日记账余额为50 000元，借方发生额合计为7 840元，贷方发生额合计为8 220元。

要求：对行者旅游公司2021年3月的现金日记账进行结账处理。

项目四

管理银行存款

- 熟悉银行结算账户的开立、使用和管理。
- 掌握网上银行的开通和使用方法。
- 掌握银行存款业务的核算方法。

- 能够完成银行存款日记账的登记、对账以及结账。
- 能够编制银行存款余额调节表。

- 使用网上银行转账时应严谨、认真、一丝不苟，争取不出差错。
- 积极主动地参与银行存款日记账的对账工作，在遇到问题时不推诿，主动承担责任。

任务一　开立并管理银行结算账户

一、任务引入

情景一：一天，老板李星辉告诉王敏，星辉公司目前只有一个工行账户，由于业务越来越多，很多客户和供应商都觉得向公司转账很不方便，因此，老板希望再开立一个建行账户用于日常业务的结算。于是，老板让王敏前往银行办理开户手续，并开通网上银行，以便后续通过网上银行进行转账结算。

请思考，星辉公司目前的工行账户和即将开立的建行账户分别属于哪类账户？开立账户时需要准备哪些资料和手续？

情景二：王敏成功开户并开通网上银行后，又下载并安装了建行网上银行的安全组件，设置了 UKey 密码，现老板要求王敏通过网上银行向供应商转账 3 206.66 元的服务费。该供应商的单位名称为广州宏远科技有限公司，开户行为建行天河东路支行，账号为 30504101808214551。

请问，王敏应该如何操作？

二、相关知识

在单位的生产经营过程中，当收入或者支出的金额较大时，用现金进行结算就很不方便，也不符合现金结算的相关规定。因此，单位的大额费用支出都是通过银行存款结算的，单位与其他单位之间发生的大额经营性往来款项也都是通过银行存款结算的，而要通过银行存款结算，就需要使用银行结算账户。

（一）银行结算账户的分类

出纳人员为单位办理银行结算业务时，首先要保证单位与银行之间存在业务联系，单位与银行的业务联系是通过单位在银行开立的账户确立的。单位在银行开立的结算账户按照账户性质的不同，可以分为基本存款账户、一般存款账户、临时存款账户和专用存款账户。

1. 基本存款账户

基本存款账户是单位因办理日常转账结算业务和现金收付需要而开立的银行结算账户，一般是单位最先开立的银行账户。基本存款账户主要用于办理单位日常经营活动的资金收付及工资发放、奖金和现金的支取业务。

一个单位只能选择一家银行的一个营业机构开立一个基本存款账户，不得同时开立一个以上的基本存款账户。单位的现金支取，如发放员工工资、报销费用等，只能通过基本存款账户办理。

2. 一般存款账户

一般存款账户是单位因借款或其他结算需要，在基本存款账户开户银行以外的银行营业机构开立的银行结算账户。该账户可用于办理转账、结算和存入现金业务，但不能办理现金支付业务。一个单位可以开立多个一般存款账户。

3. 临时存款账户

临时存款账户是单位因临时需要并在规定期限内使用而开立的银行结算账户。该账户主要用于办理临时机构以及临时经营活动发生的资金收付业务，临时存款账户的有效期不得超过两年。根据规定，单位存在设立临时机构、异地临时经营活动、注册验资等情况时，可以申请开立临时存款账户。

> **实务点拨**
>
> 一般来说，单位开立临时存款账户的使用期限不会超过两年，如果在两年后确实需要在当地办理银行结算业务的，则需要重新开立临时存款账户。

4. 专用存款账户

专用存款账户是单位按照法律、行政法规和规章等规定，对有特定用途的资金进行专项管理和使用而开立的银行结算账户。该账户用于办理各项专用资金的收付业务。单位在对下列资金进行管理和使用时，可以申请开立专用存款账户。

（1）基本建设资金、更新改造资金。

（2）财政预算外资金。

（3）粮、棉、油收购资金。

（4）证券交易结算资金、期货交易保证金、信托基金、金融机构存放同业资金。

（5）政策性房地产开发资金。

（6）单位银行卡备用金。

（7）住房基金、社会保障基金。

（8）收入汇缴资金和业务支出资金。

（9）党、团、工会设在单位的组织机构经费。

（10）其他需要专项管理和使用的资金。

综上所述，不同性质的银行结算账户具有不同的特点，下面通过表 4-1 做简单总结。

表 4-1　　　　　　　　　　　　不同性质的银行结算账户的特点

银行结算账户	特点
基本存款账户	① 在所有银行中只能开立一个； ② 可以进行转账结算，也可以进行现金收付
一般存款账户	① 根据自身需要可以开立多个； ② 可以用于转账结算，只能用于现金缴存，不能用于现金支付
临时存款账户	① 因临时的资金活动需要而开立，有效期不超过两年； ② 可以用于转账结算，也可以用于现金收付
专用存款账户	① 因对专项用途的资金进行使用和管理而开立； ② 可以用于转账结算，也可以用于现金收付

（二）开立银行结算账户

银行结算账户关系到单位经济业务的开展，单位在开立银行结算账户时，首先需要通过银行的审批，然后再按照银行的开户流程申请开立银行结算账户。

1. 开立银行结算账户的条件

一般来讲，单位在开立银行结算账户前首先需要办理工商注册登记，获取营业执照后再到刻制印章的公司刻制公章、财务专用章、法定代表人个人名章等印章，最后再带上营业执照和相关印章到银行办理银行结算账户的开户手续。

单位开立不同类型的银行结算账户时，需要满足的条件或携带的资料会有所不同。通常情况下，单位需要先开立基本存款账户，然后再开立其他类型的银行结算账户。在开立基本存款账户或一般存款账户时，需要携带的印章包括公章、财务专用章、法定代表人个人名章，需提供的资料主要包括单位法定代表人身份证原件及复印件、单位证明、营业执照正本及副本等。需要注意的是，以上资料均应使用 A4 纸复印并在复印件上加盖单位公章；同时，出纳人员在前往银行办理开立银行结算账户手续时，还应携带上述资料的原件，以供银行柜台人员核对。

开立临时存款账户时，根据开户情况的不同，可能需要单位提供临时机构驻地主管部门同意设立临时机构的批文、临时经营地市场监督管理部门的批文等。开立专用存款账户时，根据开户情况的不同，也可能需要单位提供主管部门的批文、财政部门的证明、证券公司或证券管理部门的证明、有关法律法规或政府部门的有关文件等。

🌱 实务点拨

单位在选择银行开立银行结算账户时，一定要综合考虑各方面因素，如基本存款账户的网点与公司之间的距离、各银行的优惠政策以及服务质量和排队时间等，最好能进行实地考察。

2. 开立银行结算账户的流程

单位在具备了开立银行结算账户的条件，并将所需印章刻制完成后，就可以在选定的开户银行办理开户手续了。以开立基本存款账户为例，其一般流程如图4-1所示。

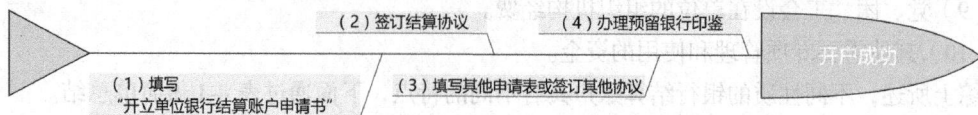

图4-1 开立基本存款账户的一般流程

（1）填写"开立单位银行结算账户申请书"

单位在将开户所需资料交给银行并通过初步审核后，还需要填写"开立单位银行结算账户申请书"，包括单位基本资料、使用账户的基本情况以及相关责任等，如图4-2所示。

图4-2 开立单位银行结算账户申请书

（2）签订结算协议

在银行结算账户申请书通过核准后，银行会与单位签订一份结算协议，该协议一般为"××银行人民币支付结算服务协议"，包括单位使用银行账户时应该遵守的条款、单位和银行应履行的义务等。单位在确认协议内容后应在相应位置签字盖章，即可完成协议签订。

（3）填写其他申请表或签订其他协议

签订结算协议后，单位还要根据需要填写其他申请表或签订其他协议，包括支付密码器申请表、银行账户扣费协议、银行对账协议等。

① 支付密码器申请表。支付密码器是单位办理银行结算的重要工具，在开立账户时，单位应当一并填写申请支付密码器的表格，然后在确认相关信息后签字盖章。办完相关手续后，银行就会给申请人发放支付密码器。

② 银行账户扣费协议。银行账户扣费协议即单位同意从开户银行所开立的账户中扣去相应的账户管理费、手续费等的协议。单位在申请开立银行结算账户时需要与开户银行签订银行账户扣费协议。

③ 银行对账协议。为了保证资金安全及对其进行监督管理，单位需要与银行签订一份银行对账协议，以定期与银行进行对账。银行对账协议的主要内容是约定对账的频率和方式等。

（4）办理预留银行印鉴

单位通过银行办理对外支付业务时，必须加盖与预留印鉴完全相同的印章。因此，单位在签订好各项协议以及填写好各类表格后，还需要填写预留印鉴卡（见图 4-3），并加盖预留印鉴。单位在以后办理银行结算业务时，银行会将各项待办资料与其单位的预留印鉴资料进行核对，确认其印鉴与预留印鉴相符合后，才办理相关业务。

中国农业银行 AGRICULTURAL BANK OF CHINA ________ 行 预留印鉴卡

账户信息	账 号：	卡片编号： : /	
	户 名：	启用日期： 年 月 日	
	账户性质：	联系电话：	联系人：
	邮政编码：	地 址：	
预留印鉴			
	旧预留印鉴卡装订于 年 月 日凭证。本户共预留 份预留印鉴卡		

会计主管： 经办人：

图 4-3 预留印鉴卡

实务点拨

单位开立的银行结算账户自正式开立之日起 3 个工作日后，方可办理付款业务，注册验资的临时存款账户转为基本存款账户和因借款转存开立的一般存款账户除外。

（三）使用银行结算账户

单位在使用银行结算账户时，需要严格遵循以下相关规定。

（1）单位从其银行结算账户支付给个人银行结算账户的款项，每笔超过 5 万元的，应向其开户银行提供下列付款依据。

① 代发工资协议和收款人清单。

② 奖励证明。

③ 新闻出版、演出主办等单位与收款人签订的劳务合同或支付给个人款项的证明。

④ 证券公司、期货公司、信托投资公司、奖券发行或承销部门支付或退还给自然人款项的证明。

⑤ 债权或产权转让协议。

⑥ 借款合同。

⑦ 保险公司的证明。

⑧ 税收征管部门的证明。

⑨ 农、副、矿产品购销合同。

⑩ 其他合法款项的证明。

（2）注册验资的临时存款账户在验资期间只收不付。

（3）单位不得出租、出借银行结算账户，不得利用银行结算账户套取银行信用。

（4）单位不得利用开立银行结算账户逃废银行债务。

（5）单位信用卡需要结存资金时，一律从其基本存款账户转账转入，不得交存现金，也不得将销货收入的款项转账存入单位信用卡账户。

（四）管理银行结算账户

单位在生产经营的过程中，可能会随着经济业务的不断变化而需要对银行结算账户进行变更、合并、迁移及撤销等处理。

1. 变更银行结算账户

变更银行结算账户主要是指变更银行结算账户的相关信息。根据银行结算账户管理要求，当单位的名称、法定代表人或主要负责人等发生变更时，单位应当及时前往开户银行办理变更手续。根据变更内容的不同，办理变更的手续也有所不同。

（1）单位名称变更。如果单位的名称发生了改变，就需要变更单位在银行预留的财务专用章，此时，出纳人员需要向银行提出变更申请，填写申请变更银行结算账户印鉴的申请表，然后将旧的印鉴废除，预留新的印鉴。

（2）单位法定代表人或主要负责人变更。如果单位的法定代表人或主要负责人发生了改变，就需要变更单位在银行预留的法定代表人个人名章，此时，出纳人员需要向银行提交人事变更通知，填写申请变更银行结算账户印鉴的申请表，然后将旧的印鉴废除，预留新的印鉴。

2. 合并银行结算账户

合并银行结算账户是指单位向银行申请合并资金来源相同和资金性质相同的账户，或在两个单位合并后进行银行账户的合并。单位发生合并银行结算账户的事项时，首先应向开户银行出示有关证件和相关证明文件，然后与银行核对需要合并的账户账目。核对无误后，银行将撤销被合并账户，并将被合并账户的账户余额划转到最终保留的账户上。在此之后，单位即可使用合并后的账户办理银行结算业务。

3. 迁移银行结算账户

迁移银行结算账户是指由于单位的办公或经营地点迁移等原因，需要将账户迁往别的地点或别的银行。迁移银行结算账户分为同城迁移和异地迁移。

（1）同城迁移。同城迁移即银行结算账户的迁入地和迁出地在同一个城市。出纳在办理银行结算账户迁移时，应向原开户行提出申请，在开户行同意后，即可撤销在原开户行的银行结算账户，交回原账户的开户许可证，凭相关凭据在迁入行重新办理开户手续。

（2）异地迁移。异地迁移即银行结算账户的迁入地和迁出地不在同一个城市。出纳在办理银行结算账户迁移时，应首先在新的地点办理新开户手续，然后在新账户开立后的 1 个月内，办理好原账户的注销手续。

4. 撤销银行结算账户

撤销银行结算账户是指单位因一些原因而终止使用银行结算账户。单位在撤销银行结算账户时，应首先填写撤销账户申请表，然后由开户行审查其申请，最后核对其银行存款、贷款等账户，确认无误后予以办理销户手续。

单位申请撤销银行结算账户后，如果不再经营，可以将剩余的款项以现金形式取出；如果要继续经营，则可以选择将剩余款项转入其他账户，也可以以现金形式取出。

实务点拨

如果单位开立的银行结算账户在一年内都没有发生任何收付活动，那么银行可能会认为该账户已经没有继续存在的必要，此时，银行就会通知单位在接到通知之日起一个月内到银行办理销户手续；如果单位逾期未办理销户手续，则视为单位自愿销户。

04

（五）开通并使用网上银行

网上银行，简称网银，是指银行在互联网上设立虚拟银行柜台，使传统银行服务不再通过物理的银行分支机构来实现，而是借助网络与信息技术手段在互联网上实现。

1. 网上银行的功能

使用网上银行进行业务操作十分便捷，还能够享受非常全面、及时的服务。由于它不受时间、空间的限制，能够在任何时间、任何地点，以任何方式为客户提供金融服务，所以网上银行在各单位的使用频率越来越高。网上银行主要具有以下 5 点功能。

（1）账户信息查询。网上银行可以为单位提供账户信息的网上在线查询、网上下载和电子邮件发送等服务，该信息包括账户的昨日余额、当前余额、当日明细和历史明细等。

（2）交易回单打印。单位可以根据自身的需要查询一定时间范围内某一笔交易的详细信息并打印该交易的回单。

（3）转账汇款。无论收付款双方的银行结算账户属于同一银行（如同属于中国工商银行）还是不同银行（如收款方银行结算账户属于中国农业银行，付款方银行结算账户属于中国建设银行），都可以通过网上银行进行结算。

（4）批量支付。网上银行可以为单位提供批量付款（包括同城、异地及跨行转账业务）、代发工资、一付多收等批量支付服务。单位负责按银行要求的格式生成数据文件，通过安全通道传给银行，银行负责系统安全及业务处理，并将处理结果反馈给客户。

（5）网上银行还提供诸如证券登记公司资金清算、外汇汇款、信贷融资、投资理财等各项服务。

2. 开通网上银行

单位申请进行网上银行交易时，需要先开通网上银行。单位若要想开通网上银行，则应携带营业执照原件、单位介绍信、经办人身份证件、单位公章、法定代表人个人名章到银行网点递交资料。银行会审核资料的真实性，核对银行预留印鉴，确认无误后将与单位办理签约手续，然后将 UKey 交付给单位相关权限人员。一般而言，UKey 分为制单 UKey 和复核及管理 UKey。制单 UKey 由出纳人员使用，主要负责账户信息查询及付款制单。复核及管理 UKey 由财务负责人或会计主管使用，主要负责复核出纳人员的制单，以及设置相关使用权限。

> **思考与讨论：**
> 出纳人员应如何保管制单 UKey 及其密码？

实务点拨

UKey 是一种通过 USB 直接与计算机相连、具有密码验证功能、可靠高速的小型存储设备。对于网上银行而言，UKey 可以提升网上银行操作的安全性，保障单位的资金安全。

3. 使用网上银行

不同银行的网上银行操作不同，下面以中国建设银行（以下简称"建行"）为例进行介绍。

（1）下载安装安全组件并设置网银盾密码

一般而言，出纳人员拿到建行网银盾（即 UKey）后，需要下载并安装该银行开发的网银安全组件，图 4-4 所示为建行网上银行安全组件下载页面。插入网银盾，计算机屏幕上将自动打开图 4-5 所示的对话框，输入密码并单击"确定"按钮即可设置网银盾密码。接下来就可以输入密码并登录网上银行主页了，如图 4-6 所示。需要注意的是，以后每次登录建行网上银行时都要先插入建行网银盾。

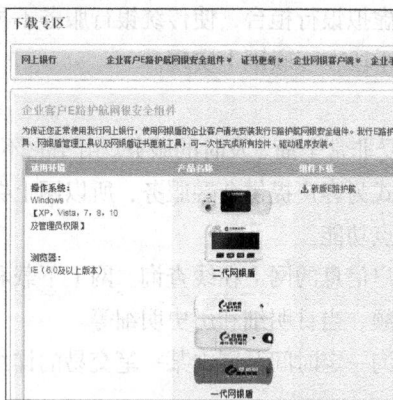

图 4-4　安全组件下载页面

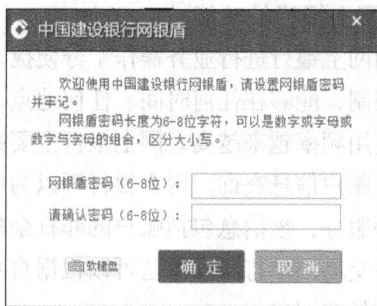

图 4-5　设置密码

图 4-6　网上银行主页

> 由于制单 UKey 和复核及管理 UKey 分别由不同的人员进行管理，因此，二者的密码应该分别设置，并分别由不同的人员保管，以实现内部控制。

（2）查询收款业务

出纳人员在收到客户的款项支付通知后，可以通过网上银行查询该笔款项是否到账，具体操作如下。

① 登录网上银行，进入"账户查询\账户信息查询\活期账户"页面，选择需要查询的账户后，单击"明细查询"按钮，如图 4-7 所示。

图 4-7　选择需要查询的账户

② 在打开的页面中设置起止日期，单击"确定"按钮，如图 4-8 所示。

图 4-8　设置起止日期

③ 在打开的页面中查看查询期间内的所有交易记录，若该笔款项已经到账，可在选择该交易记录后单击"电子回执预览/打印"按钮，如图4-9所示。

图4-9　查询交易记录

④ 在打开的页面中可以预览该交易的电子回执，如图4-10所示，单击页面右上角的"回执打印"按钮即可进行打印。

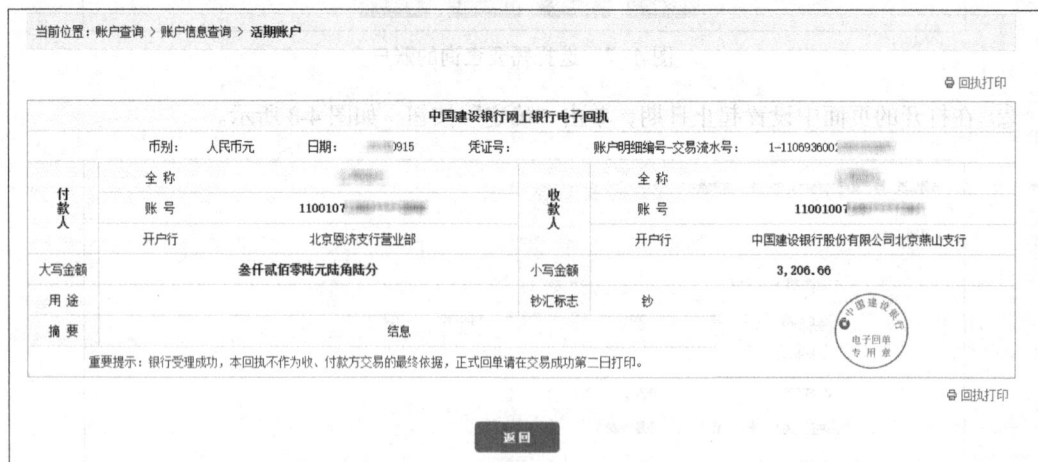

图4-10　预览电子回执

（3）单笔付款制单

当单位需要使用银行结算账户进行单笔付款时，也可以通过网上银行来实现，具体操作如下。

① 登录网上银行，进入"转账业务\转账制单\单笔付款"页面，设置收款单位的信息（包括行别、所在地、账号）、金额以及用途后，单击"确定"按钮，如图4-11所示。

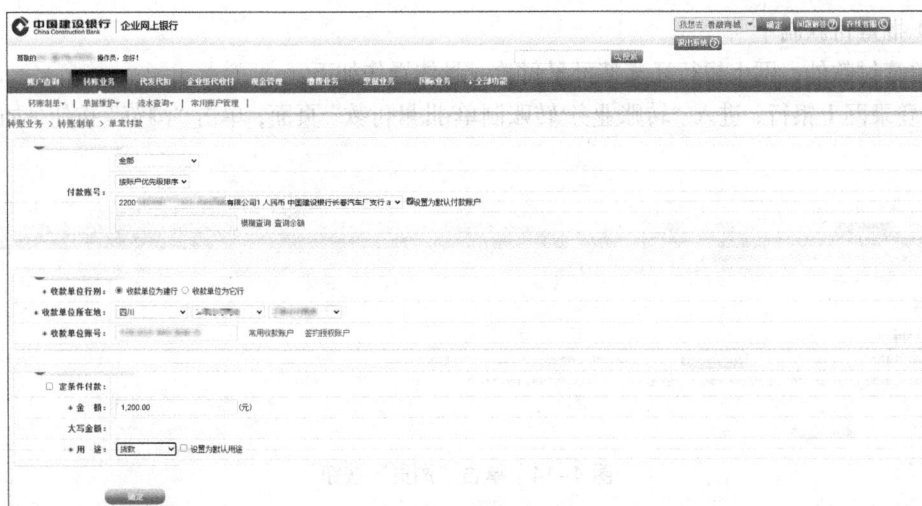

图 4-11 设置付款信息

② 在打开的页面中确认付款信息，输入交易密码，然后单击"确定"按钮，如图 4-12 所示。

图 4-12 确认付款信息

③ 在打开的页面中将显示"制单成功"的提示信息，如图 4-13 所示。若要继续制单，则可以单击"继续制单"按钮。

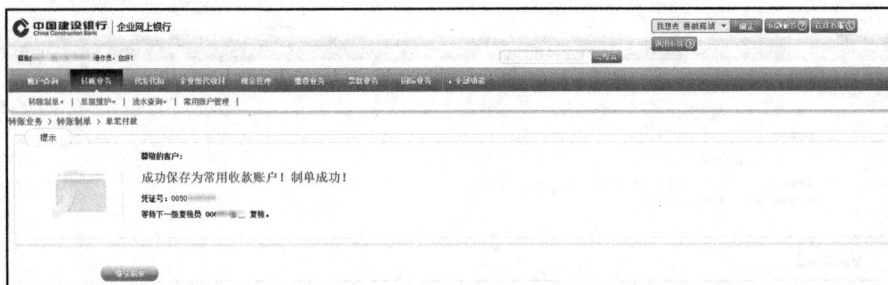

图 4-13 制单成功

（4）批量付款制单

除单笔付款外，网上银行还支持批量付款，具体操作如下。

① 登录网上银行，进入"转账业务\转账制单\批量付款"页面，单击"浏览"按钮，如图 4-14 所示。

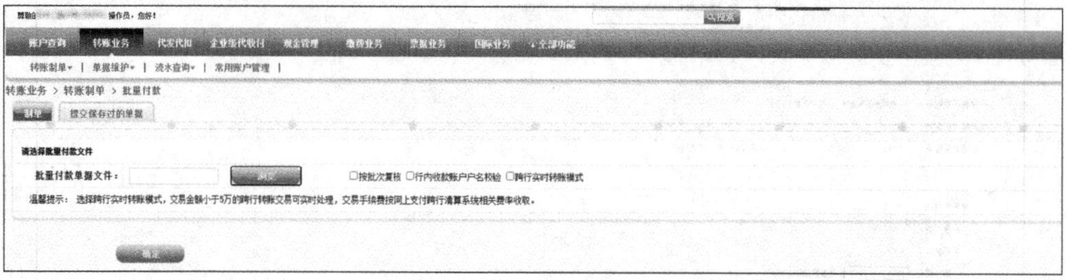

图 4-14　单击"浏览"按钮

② 在打开对话框中选择制作好的批量付款单据文件（一般为 Excel 文件格式），单击"打开"按钮。

③ 返回"转账业务\转账制单\批量付款"页面，单击"确定"按钮，然后在打开的页面中查看批量付款的信息，如图 4-15 所示，单击"保存"按钮即可完成制单。若需要继续进行批量付款制单，则可以单击"继续"按钮；若发现批量付款信息有误，则可以单击"放弃"按钮放弃此次制单，修改批量付款单据文件后再重新制单。

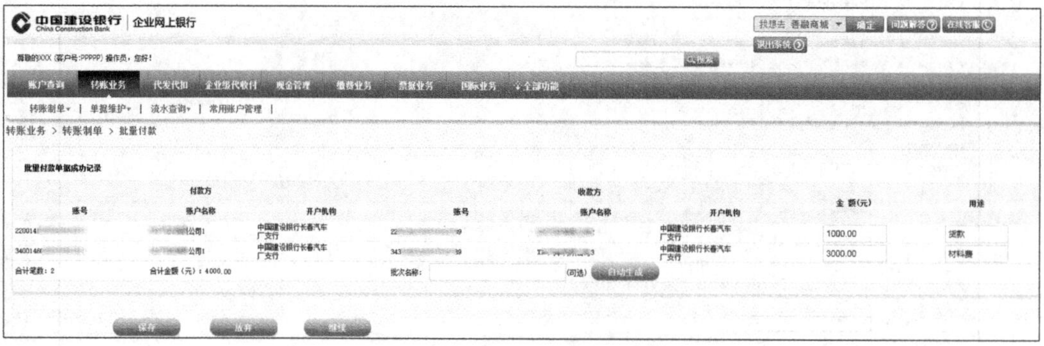

图 4-15　查看批量付款信息

④ 在打开的页面中将显示"保存成功"的提示信息，然后单击"返回"按钮，如图 4-16 所示。

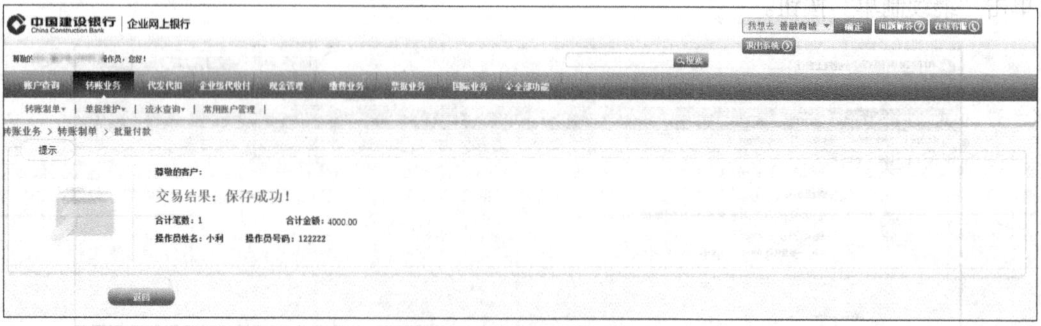

图 4-16　显示提示信息

（5）付款制单复核

单笔或批量付款制单成功后，需要持复核及管理 UKey 的财务负责人或会计主管进行复核。虽然通常情况下该操作不属于出纳人员的日常工作，但出纳人员应该对其有所了解。下面简单介绍付款制单复核的方法，具体操作如下。

① 插入复核及管理 UKey，登录网上银行，进入"转账业务\转账审批\按笔审批"页面，对于可以复核通过的制单记录，可选中该笔记录对应的"通过"复选框；对于需要驳回的制单记录，可选中该笔记录对应的"不通过"复选框，输入不通过原因，然后单击"下一步"按钮，如图 4-17 所示。

② 在打开的页面中核对付款信息，输入复核及管理 UKey 对应的交易密码，然后单击"确认"按钮，如图 4-18 所示。

图 4-17 进入复核页面

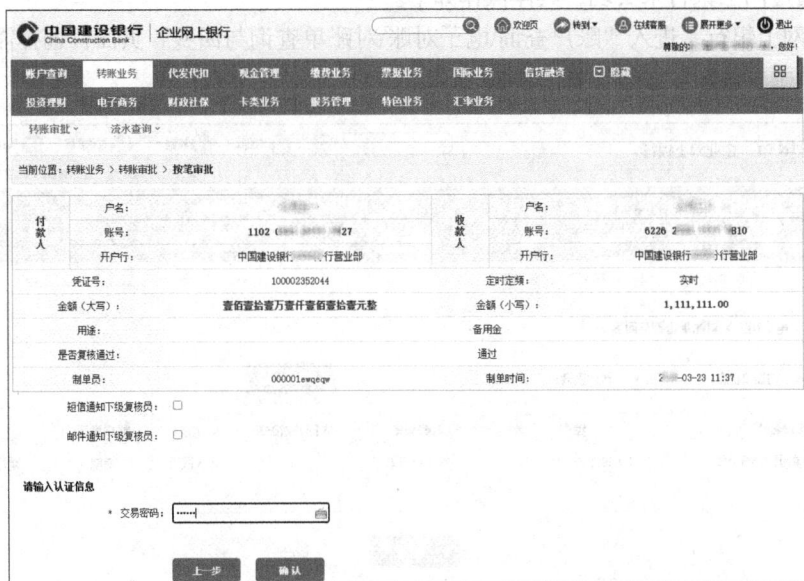

图 4-18 核对详细信息并输入交易密码

③ 在打开的页面中将显示"单据审核完成"的提示信息，以及该笔付款的电子回执单，如图
4-19 所示，单击"回执打印"按钮即可进行打印。

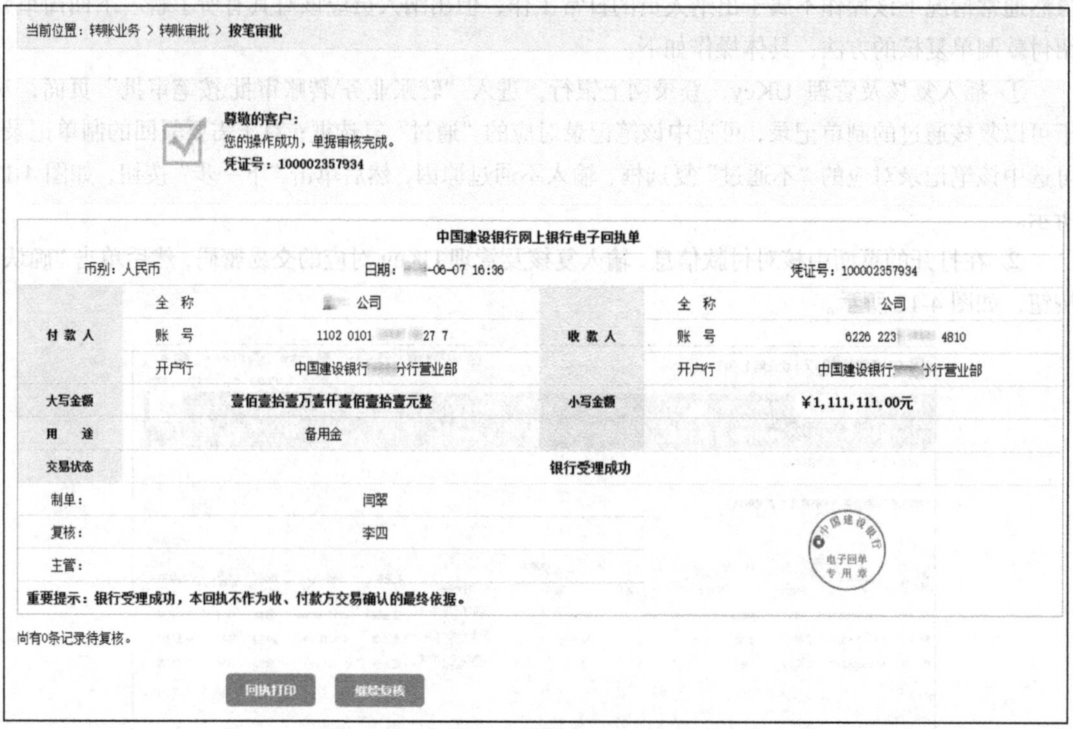

图 4-19 显示提示信息及电子回执单

（6）电子对账

单位应定期将银行存款日记账的记录与银行登记的单位账目（银行对账单）进行核对，此项
操作也可以通过网上银行来实现，具体操作如下。

① 登录网上银行，进入"账户查询\电子对账\对账单查询与回签"页面，选择需要对账的账
户名称后，单击"确定"按钮，如图 4-20 所示。

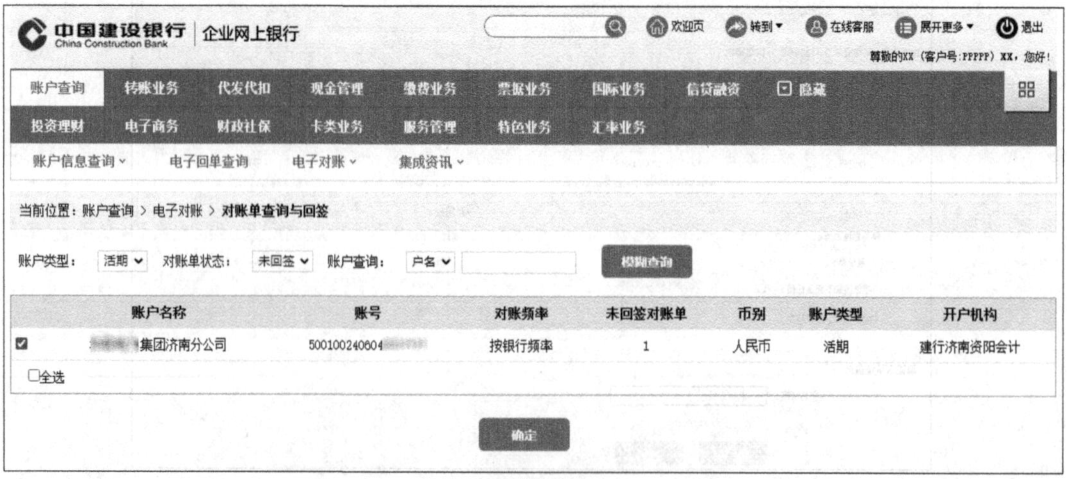

图 4-20 选择需要对账的账户名称

② 在打开的页面中核对账户余额，若核对相符，则选中对应的"相符"单选项，反之则选中"不相符"单选项，然后单击"确认"按钮，如图 4-21 所示。

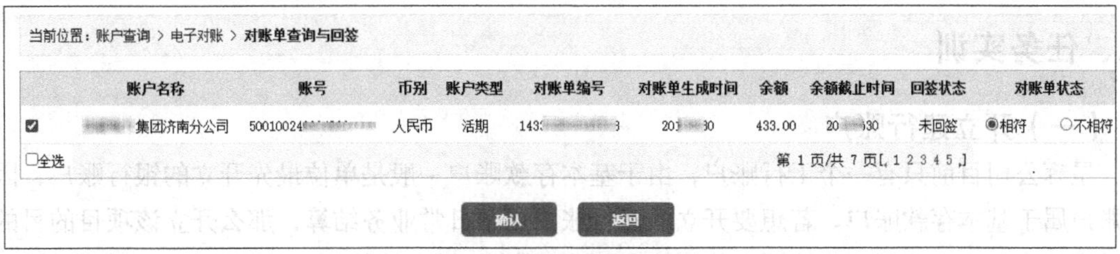

图 4-21　核对余额

③ 在打开的页面中输入交易密码，然后单击"确认"按钮，如图 4-22 所示，在打开的页面中将显示"对账成功"的提示信息。

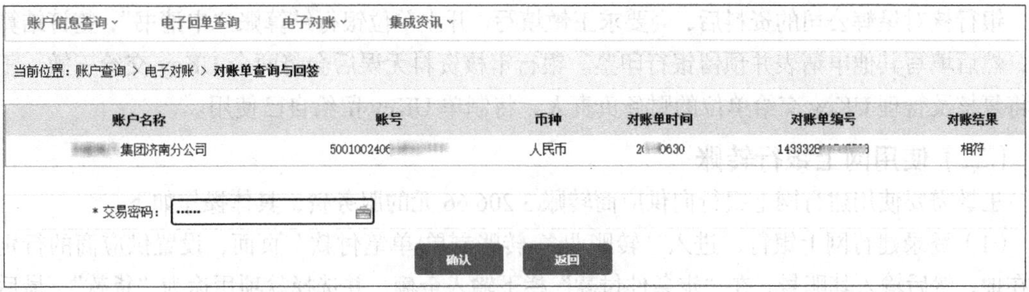

图 4-22　输入交易密码

案例分析

网上银行转账不可大意

　　李青是某单位的一名出纳人员。一天，李青在使用网上银行支付员工工资时，在制单的过程误将采购部朱飞与销售部另一位同名同姓的朱飞的账号弄混了，财务负责人在复核时也没有严格审核，因此导致采购部朱飞的工资 15 000 元转入销售部朱飞的账户中。而销售部朱飞已经于前两日辞职了，一旦他不愿归还该笔款项，就会让单位公款面临损失的危险。因此，李青只能赶忙打电话追索这笔款项。好不容易联系上销售部朱飞，他却以自己身在农村，去银行汇款不方便为由推脱，因此要迟几日才能将该笔款项退回。

　　然而几天过去了，销售部朱飞仍没有退回该笔款项，李青预感到他可能会"赖账"，因此就向单位领导请示是否能通过法律途径解决此问题。单位领导经过协商后决定咨询律师，然后向销售部朱飞发送律师函，要求其归还该笔款项，否则将向法院提起诉讼。在收到律师函后，销售部朱飞怕"惹上官司"，就主动将钱退回来。这时，一直提心吊胆的李青才放下心来，一个小小的失误差点为单位带来超过万元的经济损失，自己也可能会承担赔偿责任，因此李青决定要牢牢记住这次教训。

　　案例分析：通过网上银行转账往往会涉及较大金额，少则上万元多则上百万元，如此大的金额意味着出纳人员在操作制单时具有较高的风险。一般而言，银行系统会驳回账户名和账号不对应的付款请求，但本案例中存在两个员工同名同姓的情况，如果账号弄混，银行系统也无法识别该错误，因此，出纳人员在制单时一定要仔细核对付款单位/个人的信息（账户名、账号等）及金额。

三、任务实训

（一）开立建行账户

星辉公司目前只有一个工行账户，由于基本存款账户一般是单位最先开立的银行账户，因此该账户属于基本存款账户。若想要开立的建行账户用于日常业务结算，那么开立该项目的目的就不是满足临时需要而开立或管理和使用特定用途的资金，因此即将开立的账户属于一般存款账户。

王敏要前往建行开立一般存款账户时，需要准备单位法定代表人身份证原件及复印件、单位证明、营业执照正本及副本的原件和复印件（复印件加盖公章）等，并携带单位公章、财务专用章、法定代表人个人名章等。

银行核对星辉公司的资料后，会要求王敏填写"开立单位银行结算账户申请书"，签订结算协议，然后填写其他申请表并预留银行印鉴。银行审核资料无误后会将两个 UKey 交给王敏，王敏应将复核及管理 UKey 交给单位的财务负责人，将制单 UKey 留给自己使用。

（二）使用网上银行转账

王敏需要使用建行网上银行向供应商转账 3 206.66 元的服务费，具体操作如下。

（1）登录建行网上银行，进入"转账业务\转账制单\单笔付款"页面，设置供应商的行别、所在地，然后输入其账号，在"定条件付款"栏下输入金额，并选择款项用途为"货款"，最后单击"确定"按钮，如图 4-23 所示。

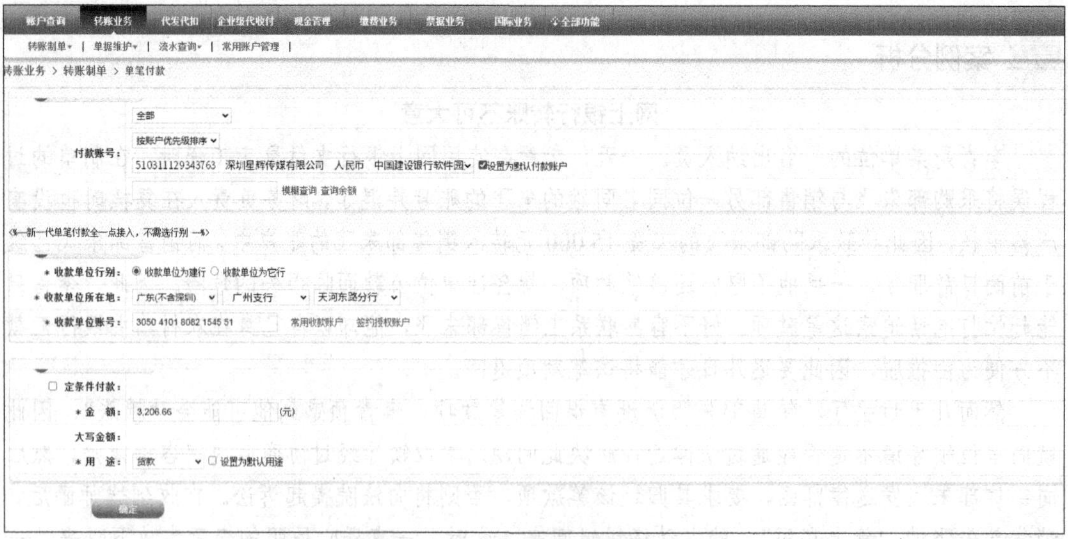

图 4-23　设置付款单位的信息

（2）在打开的页面中确认付款信息后，输入交易密码，然后单击"确定"按钮。

（3）提醒财务负责人复核自己提交的制单，制单通过复核后，进入"账户查询\账户信息查询\活期账户"页面，查看该笔付款是否已经成功支付，若支付成功，则打印电子回执（见图 4-24），并与其他付款凭证一并交给会计人员做账。

图 4-24　电子回执

任务二　核算银行存款业务

一、任务引入

情景一：假设星辉公司 2021 年 6 月的银行存款日记账刚好从新的账页开始，上月月末本年累计栏借方、贷方、余额栏分别为 513 000 元、816 000 元、297 000 元。

2021 年 6 月，星辉公司发生的与银行存款相关的收付业务如下。

（1）6 月 3 日，将多余现金 30 000 元存入银行，记账凭证如图 4-25 所示。

图 4-25　记字第 001 号

（2）6 月 5 日，通过转账支票收到万商公司前欠货款 12 000 元（支票号为：1248），记账凭证如图 4-26 所示。

记账凭证

2021年 6月 5日　　记字第 005号

摘要	总账科目	明细科目	✓	借方金额（千百十万千百十元角分）	贷方金额（千百十万千百十元角分）
收到万商公司前欠货款	银行存款	工行软件园支行		1200000	
收到万商公司前欠货款	应收账款	万商公司			1200000
合计				¥1200000	¥1200000

附件 贰 张

会计主管　　记账　　审核 刘洋　　填制 向陆华

图 4-26　记字第 005 号

（3）6 月 12 日，通过银行存款缴纳上月水电费 500 元，记账凭证如图 4-27 所示。

记账凭证

2021年 6月 12日　　记字第 010号

摘要	总账科目	明细科目	✓	借方金额（千百十万千百十元角分）	贷方金额（千百十万千百十元角分）
支付上月水电费	管理费用	水电费		50000	
支付上月水电费	银行存款	工行软件园支行			50000
合计				¥50000	¥50000

附件 壹 张

会计主管　　记账　　审核 刘洋　　填制 向陆华

图 4-27　记字第 010 号

（4）6 月 15 日，开具商业承兑汇票，通过银行存款转账的方式向汇通公司预付材料采购款 5 000 元（汇票号为 3215），记账凭证如图 4-28 所示。

记账凭证

2021年 6月 15日　　记字第 016号

摘要	总账科目	明细科目	✓	借方金额（千百十万千百十元角分）	贷方金额（千百十万千百十元角分）
预付材料采购款	预付账款	汇通公司		500000	
预付材料采购款	银行存款	工行软件园支行			500000
合计				¥500000	¥500000

附件 壹 张

会计主管　　记账　　审核 刘洋　　填制 向陆华

图 4-28　记字第 016 号

（5）6 月 28 日，通过转账方式支付前欠上彩公司的货款 20 000 元（汇兑编号为 0615），记账凭证如图 4-29 所示。

图 4-29 记字第 022 号

（6）6 月 30 日，支付银行短期借款利息 1 000 元，记账凭证如图 4-30 所示。

图 4-30 记字第 030 号

（7）6 月 30 日，收到本月银行存款利息 1 300 元，记账凭证如图 4-31 所示。

图 4-31 记字第 032 号

请问，王敏应该如何登记星辉公司 2021 年 6 月的银行存款日记账？

情景二：2021 年 7 月 31 日，星辉公司准备对其所在建行开立的基本存款账户进行对账。该基本存款账户的基本信息如下。

开户单位：深圳星辉传媒有限公司；开户银行：建行软件园支行；账号：510311129343763；对账时点：2021 年 7 月 31 日 16 时 00 分。

本月银行存款日记账余额为 126 148.5 元，出纳人员取回的银行对账单余额为 120 835.25 元。经过核对后，发现双方均不存在记账错误，但由于入账时间差，造成以下 6 笔款项在银行与单位的入账情况不一致。

（1）7 月 7 日，单位收到客户开具的支付货款转账支票 20 000 元，但尚未交到银行入账（单位已收，银行未收）。

（2）7 月 13 日，租客已将房屋租金 5 800 元汇入单位银行账户，但单位尚未收到到账通知（银行已收，单位未收）。

（3）7 月 15 日，社保中心已通过银行将本单位的社会保险费 10 753.25 元划走，但单位尚未收到扣款通知（银行已付，单位未付）。

（4）7 月 21 日，单位开出一张 15 000 元的转账支票支付订货押金，但对方单位尚未交到银行入账（单位已付，银行未付）。

（5）7 月 26 日，单位收到客户开具的现金支票支付咨询费 5 000 元，但出纳人员尚未将该支票入账（银行已收，单位未收）。

（6）7 月 31 日，银行已扣除本月短期借款利息 360 元，但单位尚未收到扣款通知（银行已付，单位未付）。

请问，王敏应该如何编制星辉公司 2021 年 7 月的银行存款余额调节表？

二、相关知识

核算银行存款业务是出纳工作的重点。由于银行存款业务涉及金额较大且需要与银行对账，因此，出纳人员需要一方面准确无误地登记银行存款日记账，另一方面做好与银行的交涉工作，遇到账目上的疑问时应积极地与银行沟通，为单位的银行存款把好关。

（一）登记银行存款日记账

银行存款日记账是用来核算和监督银行存款每日收入、支出和结余情况的账簿。银行存款日记账应按单位的银行结算账户和币种分别设置，每个银行结算账户设置一本日记账。银行存款日记账应当由出纳人员根据审核后的银行存款相关记账凭证，按经济业务发生的时间顺序逐日逐笔进行登记。

银行存款日记账
的登记

1. 银行存款日记账的账页格式

银行存款日记账的账页格式一般为三栏式，即设置有借方、贷方、余额 3 个金额栏。银行存款日记账的账页格式如图 4-32 所示。

图 4-32　银行存款日记账账页格式

2. 银行存款日记账的登记方法

根据银行存款日记账的账页格式，各项目的填列方法如下。

（1）"日期"栏根据登账时的日期填写。

（2）"凭证种类/号数"栏根据登账时所依据的反映银行存款增减变动业务的收、付款凭证编号填写。

（3）"结算方式种类/号数"栏根据登账时所依据的各种结算凭证的种类和字号填写。

（4）"对方科目"栏根据登账时所依据的收、付凭证中的会计分录，将与银行存款科目相对应的科目名称填入该栏。

（5）"摘要"栏根据登账时所依据的记账凭证的摘要内容填写。

（6）"借方""贷方""余额"栏根据登账时所依据的收、付款凭证，将银行存款增减变动的金额分别填入"借方""贷方"栏，并结出余额，填入"余额"栏。

总体来说，银行存款日记账的登记要求与现金日记账的登记要求基本一致，都需要依据审核无误的记账凭证来填写；按日结出余额；所记载经济业务的内容也必须与记账凭证一致，不得随便更改；每一页账页都必须连续登记，不得跳行、隔页，不得随便更换账页或撕毁账页；当发生错账时，应当按照规定的方法进行错账更正。

🌱 实务点拨

现金日记账和银行存款日记账中都有"对方科目"栏，该栏目主要根据记账凭证中与"库存现金"或"银行存款"科目相对应的科目进行填写。当涉及的科目有明细科目时，一般只需填写总账科目；当涉及的科目有多个时，应当填写其中重要的科目。例如，通过银行收到货款，其记账凭证中的会计分录应为：借记"银行存款"科目，贷记"主营业务收入""应交税费——应交增值税（销项税额）"科目，那么该笔业务中"对方科目"栏应填写"主营业务收入"。

（二）银行存款日记账的对账和结账

与现金日记账一样，出纳人员登记完银行存款日记账后，还需要进行对账与结账工作。

1. 银行存款日记账的对账

出纳人员在核对银行存款日记账时，通常会涉及3方面内容，即账证核对、账账核对和账实核对。

（1）账证核对

账证核对是指将银行存款日记账与银行存款相关的记账凭证进行核对，核对的内容包括银行存款日记账的记录与各类凭证的时间、凭证字号、内容和金额是否一致，记账方向是否相符等。

（2）账账核对

账账核对一般属于会计人员的工作，主要是将出纳人员登记的银行存款日记账与会计人员登记的总分类、明细分类账进行核对，核对的内容包括不同账簿记录业务的期末余额是否相符等。

（3）账实核对

账实核对是指出纳人员将银行存款日记账的余额与银行存款的实际余额进行核对。单位银行存款的实有数是通过银行对账单来反映的，所以，账实核对是通过将银行对账单与银行存款日记账进行核对的，至少每月一次。

银行对账单是由银行向开户单位提供的、有关该单位银行账户资金变动及余额情况的信息明细。一般情况下，银行会主动将银行对账单交给开户单位，开户单位也可根据自身需要请银行柜员提供一定时期的银行对账单。银行对账单上的内容主要包括每笔银行业务的发生日期、发生额以及存款余额等，单位可以此为依据核对银行日记账是否正确，是否有遗漏或者错误等。单位银行存款日记账账面余额与银行对账单余额之间如果出现差额，则单位必须逐笔清查。

两者之间出现差额的原因有两种，一种是单位或银行的账目登记错误，如单位记账时漏记、错记，或银行对账单串户等，这种错误应及时进行更正；另一种是存在未达账项。未达账项是指由于单位与银行取得凭证的时间不同，从而导致记账时间不一致，即一方已取得凭证并登记入账，而另一方因未取得凭证而尚未入账的款项。导致未达账项发生的原因可归纳为4点，如表4-2所示。

表4-2 导致未达账项发生的原因

单位	银行	结果	举例
已收款入账	未收款入账	银行存款日记账账面余额大于银行对账单余额	单位收到转账支票，但尚未将其交付银行入账
已付款入账	未付款入账	银行存款日记账账面余额小于银行对账单余额	单位开出转账支票，但尚未将其交付银行入账
未收款入账	已收款入账	银行存款日记账账面余额小于银行对账单余额	银行已收到委托收款的款项，但尚未将入账通知交付单位
未付款入账	已付款入账	银行存款日记账账面余额大于银行对账单余额	银行已代单位支付水电费，但尚未将付款通知交付单位

2. 银行存款日记账的结账

银行存款日记账同样需要按月结出发生额和余额。具体而言，应在每月最后一笔经济业务记录的下面画一条通栏红色单线，以结出本月发生额和余额；还要在"摘要"栏内填写"本月合计"字样，然后再在下面画一条通栏红色单线。同样，银行存款日记账不仅要月计，还需要结出累计数，即在本月合计栏下面结出本年年初至本月月末的累计数额，并在"摘要"栏内填写"本年累计"字样，然后再在下方画一条通栏红色单线。

在每年最后一个月结出本月合计和本年累计后，还应在"本年累计"栏下画一条通栏红色双线，以示年结。

（三）编制银行存款余额调节表

对于未达账项而言，单位应编制"银行存款余额调节表"进行调节，调节后的银行存款日记账应与银行对账单的余额相等。

1. 银行存款余额调节表的格式

银行存款余额调节表主要分为两部分，一部分记录"单位银行存款日记账余额"，另一部分记录"银行对账单余额"，这两部分又分别包括本单位已收（或已付）但对方单位未收（或未付）以及单位未收（或未付）但对方单位已收（或已付）的项目。银行存款余额调节表的一般格式如图4-33所示。

银行存款余额调节表的编制

📚 **实务点拨**

对于银行已收而单位未收的未达账项，要待银行结算凭证到达后才能据以入账，不能将银行存款调节表作为记账依据。

银行存款余额调节表

户名：		对账时间：	
开户行：		账号：	
项目	金额/元	项目	金额/元
单位银行存款日记账余额		银行对账单余额	
加：银行已收而单位未收款项		加：单位已收而银行未收款项	
小计		小计	
减：银行已付而单位未付款项		减：单位已付而银行未付款项	
小计		小计	
调节后的余额		调节后的余额	
制表人：		制表日期：	
审核人：		审核日期：	

图 4-33　银行存款余额调节表

2. 银行存款余额调节表的编制步骤

编制银行存款余额调节表时，可以按照以下步骤进行。

（1）将银行存款日记账与银行对账单中的业务逐一核对，并在核对相符的业务后面打"√"。

（2）检查银行存款日记账和银行对账单中未打"√"的事项，确认这些事项是因记账错误而与银行对账单不一致还是属于未达账项。

（3）对于检查出的记账错误，若属于单位方，则应按照规定的错账更正方法进行更正，并调整银行存款日记账的账面余额；若属于银行方，则应通知银行更正，并调整银行对账单余额。

（4）对于检查出的未达账项，则应编制银行存款余额调节表进行调节，检查调节后的银行存款日记账余额与银行对账单余额是否一致。

实务点拨

原则上讲，银行存款余额调节表应该由会计人员编制，以防止出纳人员出现失误或者职务犯罪情况的发生。但由于银行存款的收付业务都由出纳人员来处理，由出纳人员编制银行存款余额调节表会更方便，因此，很多单位的银行存款余额调节表都由出纳人员来编制，然后由会计人员审核监督。

三、任务实训

（一）登记星辉公司 2021 年 6 月银行日记账并结账

从"任务引入"可知，星辉公司 2021 年 6 月发生了 7 笔与银行存款相关的业务，分别介绍如下：6 月 3 日，将多余现金 30 000 元存入银行；6 月 5 日，收到万商公司前欠货款 12 000 元；6 月 12 日，通过银行存款缴纳上月水电费 500 元；6 月 15 日，通过银行存款转账的方式向汇通公司预付材料采购款 5 000 元；6 月 28 日，通过转账方式支付前欠上彩公司的货款 20 000 元；6 月

30 日，支付银行短期借款利息 1 000 元；6 月 30 日，收到本月的银行存款利息 1 300 元。

王敏登记 2021 年 6 月现金日记账的步骤如下。

（1）根据 2021 年 5 月月末本年累计栏借方、贷方、余额栏金额，在新账页的第一行日期处填写“6 月 1 日”，在“摘要”栏处填写“承前页”，“借方”“贷方”“余额”栏处分别填写“513 000”“513 000”“297 000”。

（2）根据记账凭证上标明日期的先后顺序，逐笔将涉及银行存款科目相关凭证上的内容登记到银行存款日记账中。根据“记字第 001 号”凭证在账页的第二行中分别填写日期为 6 月 3 日，凭证种类/号数为“记/001”，对方科目为“库存现金”，摘要为“将现金送存银行”，借方金额为“30 000”，然后根据前一行的余额结算出本行对应的余额为“327 000.00”。

（3）由于 6 月 1 日只有一张涉及银行存款的记账凭证，因此该日终了时，应计算出本日借方发生额合计为“30 000.00”，贷方发生额合计为“0.00”，并结出余额为“327 000.00”。

（4）根据第（2）步填写“记字第 005 号”“记字第 010 号”“记字第 016 号”“记字第 022 号”“记字第 030 号”“记字第 032 号”凭证的银行存款日记账。使用同样的方法计算出每日借方、贷方发生额合计，并结出余额。

（5）将登记银行存款日记账涉及的所有凭证录入后，在最后一笔业务下画一条通栏红色直线。

（6）结算出本月的合计数。在紧接着上述业务的后一行中，将“摘要”填写为“本月合计”，日期填写为“6 月 30 日”，借方金额为“43 300.00”，贷方金额为“26 500.00”，再根据前一行的余额结算出本行对应的余额为“313 800.00”。

（7）结算出本月的合计数后，再结算本年累计数。将第一行中借方金额加上本月合计借方金额得出本年累计借方金额为“556 300.00”，第一行贷方金额加上本月合计贷方金额得出本年累计贷方金额为“539 500.00”，余额按“期末余额=年初余额+本年借方累计发生额-本年贷方累计发生额”公式计算，余额=297 000.00+55 630.00−539 500.00=313 800.00（元），与月结中计算的余额数一致，然后在“本年累计”栏下画一条通栏红色直线，登记并结账后的银行存款日记账如图 4-34 所示。

开户行　建行软件园支行
账　号　510311129343763

银行存款日记账

2021 年 月	日	凭证 种类	凭证 号数	结算方式 种类	结算方式 号数	对方科目	摘要	借方	贷方	余额	核对
6	1						承前页	51300000	51300000	29700000	
6	3	记	001	现		库存现金	将现金送存银行	3000000		32700000	
6	3						本日合计	3000000		32700000	
6	5	记	005	转支	1248	应收账款	收到万商公司前欠货款	1200000		33900000	
6	5						本日合计	1200000		33900000	
6	12	记	010	转		管理费用	支付上月水电费		50000	33850000	
6	12						本日合计		50000	33850000	
6	15	记	016	商汇	3215	预付账款	预付材料采购款		500000	33350000	
6	15						本日合计		500000	33350000	
6	28	记	022	汇兑	0615	应付账款	支付前欠货款		2000000	31350000	
6	28						本日合计		2000000	31350000	
6	30	记	030	转		财务费用	支付借款利息		100000	31250000	
6	30	记	032	转		财务费用	收到银行存款利息	130000		31380000	
6	30						本日合计	130000	100000	31380000	
							本月合计	4330000	2650000	31380000	
							本年累计	55630000	53950000	31380000	

图 4-34　登记并结账后的银行存款日记账

（二）编制星辉公司 2021 年 7 月银行存款余额调节表

王敏应按照以下步骤编制银行存款余额调节表。填制完成的银行存款余额调节表如图 4-35 所示。

银行存款余额调节表

户名：深圳星辉传媒有限公司　　　　　　对账时间：2021年7月31日16时00分
开户行：建行软件园支行　　　　　　　　账号：510311129343763

项目	金额／元	项目	金额／元
单位银行存款日记账余额	126148.50	银行对账单余额	120835.25
加：银行已收而单位未收款项		加：单位已收而银行未收款项	
1.收租金	5800.00	1.收销售贷款	20000.00
2.收取咨询费	5000.00		
小计	10800.00	小计	20000.00
减：银行已付而单位未付款项		减：单位已付而银行未付款项	
1.付社保费	10753.25	1.付订货押金	15000.00
2.付利息	360.00		
小计	11113.25	小计	15000.00
调节后的余额	125835.25	调节后的余额	125835.25

制表人：王敏　　　　　　　　　　　　制表日期：2021年7月31日
审核人：　　　　　　　　　　　　　　审核日期：

图 4-35 编制完成的银行存款余额调节表

首先，应明确各类未达账项的类型。（1）属于"单位已收而银行未收款项"；（2）属于"银行已收而单位未收款项"；（3）属于"银行已付而单位未付款项"；（4）属于"单位已付而银行未付款项"；（5）属于"银行已收而单位未收款项"；（6）属于"银行已付而单位未付款项"。

其次，应将各未达账项填入银行存款余额调节表并计算各项小计金额。

最后，根据各项小计金额计算调节后的银行存款日记账余额和银行对账单余额，若二者一致，则对账结束。

拓展阅读——查找和更正错账的方法

出纳人员在对账过程中可能会发现各种差错，而这些差错将会影响会计信息的正确性，表明出纳工作可能出现了问题，因此，必须找出导致这些差错发生的原因。在这个过程中经常会花费很多时间，因此出纳人员有必要掌握查找和更正错账的方法。

1. 查找错账的方法

产生错账的原因是多方面的，包括重记、漏记、数字颠倒、数字错位、数字记错等。常见的查找错账的方法有以下 4 种。

（1）差数法。差数法是按照错账的差数查找错账的方法。这种差错形成的原因主要是漏记或重记了一笔业务的金额。例如，出纳人员在进行现金日记账对账时，发现现金实有数比现金日记账余额多 367.5 元，若采用差数法，就可以回忆相关记账凭证，查找是否漏记了一笔现金收入 367.5 元，或重记了一笔现金支出 367.5 元。

（2）尾数法。尾数法是指对于发生的差错只查找末位数，以提高查错效率的方法。这种方法适合于金额其他位数都一致，而只有末位数出现差错的情况。例如，出纳人员编制了银行存款余额调节表后，仍发现银行存款日记账余额比银行对账单余额多 0.8 元，则可查找尾数为 0.8 元的经济业务是否有误。

（3）除 2 法。除 2 法是指以差数除以 2 来查找错账的方法。当某个借方金额错记入贷方（或贷方金额错记入借方）时，出现错账的差数将表现为错误的 2 倍，将此差数用 2 去除，得出的商即是反向的金额，除 2 法适用于重记或记账方向错误等情况。例如，出纳人员登记现金明细账时，错把贷方发生额 500 元登记入借方，对账时就会发现现金日记账余额比现金实有数多 1 000 元，此时将 1 000 元除以 2，正好是记错的金额，然后就可以有针对性地查找 500 元的业务是否登记有误。

（4）除 9 法。除 9 法是指以差数除以 9 来查找错账的方法，此方法适用于以下 3 种情况。

- 将数字写小，如错将 300 写成 30，此时错误数字比正确数字小 9 倍，可将差数 270（300-30）除以 9，商 30 即为错误数字，将其扩大 10 倍后便可得到正确数字 300。
- 将数字写大，如错将 50 写成 500，此时错误数字比正确数字大 9 倍，可将差数 450（500-50）除以 9，商 50 即为正确数字。
- 数字颠倒是指两个相邻的数字前后颠倒，所造成的差额是 9 的倍数。例如将 38 写成 83，它们的差值为 45，可以被 9 整除，然后据此找出错误所在。

04

2. 更正错账的方法

对于错账，应该按照规定方法进行更正，不得涂改、挖补、使用药水消除字迹等。错账更正的方法主要有划线更正法、红字更正法和补充登记法 3 种。

（1）划线更正法。划线更正法适用于结账之前发现的日记账中文字或数字的错误。需要注意的是，运用此方法时应确保记账凭证无错误。其具体操作为：首先在错误的文字或数字上划一条红色横线表示注销，但必须使原有的字迹可以辨认，以备查考；然后在红线的上方填写正确的文字或数字，并由更正人员在更正处盖章，如图 4-36 所示。

				承前页		810000	10000	8510000
11	5	记	010	购入甲材料		300000		8810000
	8	记	017	生产领用甲材料和丙材料			8440000	李芳 370000 ~~360000~~
11	30			本月发生额及余额		300000	8440000	370000

图 4-36　划线更正法

需要注意的是，错误的数字应全部划红线更正，不能只更正其中的错误数字；文字错误则可以只划去错误的部分。

（2）红字更正法。红字更正法也称为红字冲销法，是指在会计核算中，先用红字编制一套与错账完全相同的记账凭证，并予以冲销，然后再用蓝字编制一套正确的会计分录。红字更正法适用于记账后发现在账页和记账凭证上多记了金额，以及用错了会计科目（或记账方向写错了）的情形。

实务点拨

红字更正法一般适用于记账之后发现的记账凭证错误。这是因为记账之后不能随意对已结账的账目进行修改，因此，如果发现记账凭证有误，就只能再做一张记账凭证进行修改。

编制记账凭证以修正错误的工作由会计人员负责。对于出纳人员而言，只需要将会计人员针对此错误填制并审核通过的、与现金或银行存款相关的记账凭证登记到日记账中即可，如图 4-37 所示。

6	30	记	032	转	财务费用	收到银行存 红字	130000		31380000
6	30					本日合计	130000	100000	31380000
						本月合计	430000	265000	31380000
						本年累计	5563000	8425000	31380000
7	1	记	002			更正6月第001号凭证错误	100000		30380000

图 4-37　红字更正法

（3）补充登记法。补充登记法是在记账后发现记账凭证填写的会计科目无误，但所记金额小于应记金额时所采用的一种更正方法。具体更正方法为：按少记的金额（即差额）用蓝字编制一张与原记账凭证应借、应贷科目完全相同的记账凭证，然后在摘要栏内写明"补记第×号记账凭证少记金额"以补充少记的金额，并据以记账。同样，这部分工作仍由会计人员完成，出纳人员只需将会计人员针对此错误填制并审核通过的、与现金或银行存款相关的记账凭证登记到日记账中即可，如图 4-38 所示。

6	30	记	030	转	财务费用	支付借款利息		100000	31250000
6	30	记	032	转	财务费用	收到银行存款贷 补充登记行	130000		31380000
6	30					本日合计	130000	100000	31380000
						本月合计	430000	265000	31380000
						本年累计	5563000	8425000	31380000
7	1	记	002			补充6月第005号凭证错误	50000		31430000

图 4-38　补充登记法

巩固练习

一、单选题

1. 一个单位只能选择一家银行的一个营业机构开立一个（　　）。
   A. 基本存款账户　　B. 一般存款账户　　C. 临时存款账户　　D. 专用存款账户

2. 单位只能从（　　）中支取工资、奖金等现金。
   A. 基本存款账户　　B. 一般存款账户　　C. 专用存款账户　　D. 临时存款账户

3. （　　）是存款人因借款或其他结算需要，在基本存款账户开户银行以外的银行营业机构开立的银行结算账户。
   A. 备用金账户　　B. 一般存款账户　　C. 专用存款账户　　D. 临时存款账户

4. 银行存款日记账由（　　）进行登记。
   A. 普通会计人员　　B. 出纳人员　　C. 主管会计　　D. 会计主管人员

5. 银行存款日记账的账页格式一般采用（　　）。
   A. 数量金额式　　B. 卡片式　　C. 订本式　　D. 横线登记式

6. 下列关于银行存款日记账的说法不正确的是（　　）。
   A. 银行存款日记账应按单位的银行结算账户和币种分别设置
   B. 银行存款日记账应当由出纳人员根据审核后的银行存款相关记账凭证，按经济业务发生的时间顺序逐日逐笔进行登记

    C. 每一页账页都必须连续登记，不得跳行、隔页

    D. 每个单位只设置一本银行存款日记账

7. 下列关于银行存款日记账对账的说法不正确的是（　　）。

    A. 银行存款余额调节表主要可分为两部分，一部分记录"单位银行存款日记账余额"，另一部分记录"银行对账单余额"

    B. 对于未达账项，单位应编制"银行存款余额调节表"进行调节

    C. 账实核对是指银行存款日记账的余额与银行存款的实际余额进行核对

    D. 单位银行存款日记账账面余额与银行对账单余额之间出现差额，则说明存在未达账项

二、多选题

1. 单位使用银行结算账户时，不得（　　）。

    A. 利用开立银行结算账户逃废银行债务

    B. 出借或出租银行结算账户

    C. 利用银行结算账户套取银行信用

    D. 将销货收入的款项转账存入单位信用卡账户

2. 按照账户性质的不同，银行结算账户可以分为（　　）。

    A. 一般存款账户　　B. 基本存款账户　　C. 临时存款账户　　D. 专用存款账户

3. 一般存款账户可以办理（　　）业务。

    A. 转账结算　　　　B. 现金存入　　　　C. 以现金发放奖金　　D. 以现金发放工资

4. 网上银行的功能包括（　　）。

    A. 账户信息查询　　B. 交易回单打印　　C. 转账汇款　　　　D. 批量支付

5. 单位若要开通网上银行，则需要携带（　　）前往银行办理。

    A. 营业执照原件　　　　　　　　　　　B. 经办人身份证件

    C. 单位公章　　　　　　　　　　　　　D. 法定代表人个人名章

6. 下列关于网上银行的说法正确的有（　　）。

    A. 制单 UKey 和复核及管理 UKey 均由出纳人员使用

    B. 网上银行可以实现批量付款

    C. 出纳人员拿到 UKey 后需要设置密码

    D. 单位可以通过网上银行进行电子对账

7. 下列属于单位从其银行结算账户支付给个人银行结算账户超过 5 万元款项需提供的付款依据有（　　）。

    A. 新闻出版、演出主办等单位与收款人签订的劳务合同或支付给个人款项的证明

    B. 证券公司、期货公司、信托投资公司、奖券发行或承销部门支付或退还给自然人款项的证明

    C. 债权或产权转让协议

    D. 农、副、矿产品购销合同

8. 下列关于银行存款日记账的说法正确的有（　　）。

    A. 日期栏应根据登账时的日期填写

    B. "对方科目"栏应根据登账时所依据的收、付款凭证中的会计分录，将与银行存款科目相对应的科目名称填入该栏

C. "摘要"栏应根据登账时所依据的收、付款凭证的摘要内容填写

D. "结算方式种类/号数"栏应根据登账时所依据的各种结算凭证的种类和字号填写

三、判断题

1. 单位的基本存款账户可以办理日常转账结算和现金收付业务。　　　　　（　　）

2. 单位在对财政预算外资金和政策性房地产开发资金进行管理和使用时,可以申请开立专用存款账户。　　　　　（　　）

3. 如果单位的法定代表人或主要负责人发生了改变,出纳人员需要向银行提交人事变更通知,并填写申请变更银行结算账户印鉴的申请表,预留印鉴可以保留。　　　　　（　　）

4. 编制银行存款余额调节表时,应首先将银行存款日记账与银行对账单中的业务逐一核对。　　　　　（　　）

5. 单位若要撤销银行结算账户,则只需由开户行核对其银行存款、贷款账户等,确认无误后予以办理销户手续。　　　　　（　　）

6. 出纳在办理银行结算账户迁移时,可直接凭相关凭据前往迁入行办理迁户手续。　　（　　）

7. 单位若发生合并银行结算账户的事项,则银行在办理相关手续后会撤销被合并的账户,并将被合并账户的账户余额划转到最终保留的账户上。　　　　　（　　）

四、实操题

1. 行者旅游公司在工商银行开立了一个基本存款账户,该账户的相关信息如下:开户单位为"北京行者旅游有限公司";开户银行为工行北京通州支行;账号为"6214521596573215 5841"。2021年4月30日17时30分,该单位的出纳人员对该账户进行对账,收到的银行对账单余额为339 836.25元,本单位银行存款日记账余额为301 468.73元。通过核查后发现,银行与本单位均不存在记账错误,但存在以下几笔未达账项。

（1）单位已将收取10 000元定金的转账支票交付银行,但银行尚未入账。

（2）客户已将订货款38 000元汇入单位银行账户,但单位尚未收到入账通知。

（3）银行已按照扣款协议扣除单位上月社保费共12 632.48元,但单位尚未收到扣款通知。

（4）单位已将购货款转账支票23 000元交付供货商,但对方单位尚未到银行入账。

根据上述资料,为行者旅游公司编制银行存款余额调节表（编制人为出纳人员陈丽）。

2. 行者旅游公司2021年6月月末本年累计栏借方、贷方、余额栏分别为312 589.5元,378 429元,586 320元。已知该公司仅有一个基本存款账户（开户银行为工行北京通州支行;账号为"6214 5215 9657 3215 5841"）,采用通用记账凭证进行会计核算,以下为7月发生的经济业务（括号内为结算票据号和记账凭证号）。

（1）7月2日,银行划走上月的社会保险费13 100元（记字第003号）,记账凭证如图4-39所示。

（2）7月5日,收到A公司支付的咨询费支票15 900元（转支1254,记字第005号）,记账凭证如图4-40所示。

（3）7月11日,通过商业承兑汇票支付接待费21 500元（商汇2578,记字第006号）,记账凭证如图4-41所示。

（4）7月15日,使用现金支票支付差旅费5 000元（现支1247,记字第009号）,记账凭证如图4-42所示。

记 账 凭 证

2021年 07 月 02 日   顺序号第 003 号

摘 要	总账科目	明细科目	√	借方金额										贷方金额										
				千	百	十	万	千	百	十	元	角	分	千	百	十	万	千	百	十	元	角	分
支付社保费	其他应付款	社保费				1	3	1	0	0	0	0	0										
支付社保费	银行存款															1	3	1	0	0	0	0	0
合 计						¥	1	3	1	0	0	0	0			¥	1	3	1	0	0	0	0

会计主管: 记账: 稽核: 张超   填制: 张丽

附件壹张

图 4-39 记字第 003 号

记 账 凭 证

2021年 07 月 05 日   顺序号第 005 号

摘 要	总账科目	明细科目	√	借方金额										贷方金额										
				千	百	十	万	千	百	十	元	角	分	千	百	十	万	千	百	十	元	角	分
收取咨询费	银行存款					1	5	9	0	0	0	0											
收取咨询费	主营业务收入															1	5	0	0	0	0	0	
收取咨询费	应交税费	应交增值税（销项税额）																	9	0	0	0	0	
合 计						¥	1	5	9	0	0	0	0			¥	1	5	9	0	0	0	0

会计主管: 记账: 稽核: 张超   填制: 张丽

附件贰张

图 4-40 记字第 005 号

记 账 凭 证

2021年 07 月 11 日   顺序号第 006 号

摘 要	总账科目	明细科目	√	借方金额										贷方金额										
				千	百	十	万	千	百	十	元	角	分	千	百	十	万	千	百	十	元	角	分
支付接待费	主营业务成本	接待费				2	1	5	0	0	0	0	0										
支付接待费	银行存款															2	1	5	0	0	0	0	0
合 计						¥	2	1	5	0	0	0	0			¥	2	1	5	0	0	0	0

会计主管: 记账: 稽核: 张超   填制: 张丽

附件贰张

图 4-41 记字第 006 号

（5）7月23日，提取备用金2000元（现支6841，记字第012号），记账凭证如图4-43所示。

图 4-42　记字第 009 号

图 4-43　记字第 012 号

（6）7 月 28 日，收到 B 公司转账支付的服务费 37 100 元，记字第 015 号，记账凭证如图 4-44 所示。

图 4-44　记字第 015 号

根据上述资料，为行者旅游公司登记 2021 年 7 月的银行存款日记账。

项目五

办理票据结算

知识目标 ↓

- 熟悉票据结算的基础知识。
- 掌握支票结算、银行汇票结算、商业汇票结算以及银行本票结算的相关知识。

能力目标 ↓

- 能够填写转账支票、银行汇票申请书、银行进账单、商业汇票、托收凭证以及银行本票申请书。
- 能够处理支票结算、银行汇票结算、商业汇票结算、银行本票结算业务。

素质目标 ↓

- 填写支票等票据时应仔细、认真、反复核对，保证不出差错。
- 办理票据结算时，应积极主动地与银行、对方单位接洽，全面了解票据相关法律法规，以提升自己的综合能力。

任务一 了解票据结算

一、任务引入

情景一：2021 年 6 月，星辉公司从供应商广州上彩商贸有限公司（以下简称"上彩公司"）处购进一批货物，双方约定采用商业汇票进行价款结算。星辉公司开出一张银行承兑汇票，以该汇票上记载的金额作为价款支付给上彩公司，价款金额由星辉公司的开户银行工行深圳软件园支行承兑。

请思考：关于这张银行承兑汇票，其中涉及的当事人有哪些？他们属于基本当事人还是非基本当事人？

情景二：2021 年 6 月，上海明皇公司向上彩公司签发银行承兑汇票一张，票面金额为 60 万元，上彩公司未背书转让就将该汇票交付福州大华公司（以下简称大华公司）抵付货款。然后大华公司又将该汇票背书转让给星辉公司，但背书时未记载星辉公司的名称。星辉公司出纳人员王敏拿到票据后自己将星辉公司名称记载于被背书人处。汇票到期后，王敏填写了托收凭证并附上该银行承兑汇票，经其开户银行工行深圳软件园支行向承兑银行建行深圳高新园支行发出委托收款申请，但建行深圳高新园支行对该汇票进行审查后却拒绝支付。

请思考：上彩公司的做法是否违规？王敏拿到票据后将星辉公司名称记载于被背书人处，这种做法是否违规？承兑银行为什么拒绝付款？对于这张被银行拒绝支付的汇票，王敏应该如何处理？

二、相关知识

票据有广义和狭义之分，广义的票据包括各种有价证券和凭证，如股票、企业债券、发票、提单等；而狭义的票据即《中华人民共和国票据法》（以下简称《票据法》）中规定的"票据"，包括汇票、银行本票和支票。本项目若无特别说明，"票据"即指狭义的票据。

（一）票据的特征与功能

按照《票据法》的规定，票据是指由出票人依法签发的、约定自己或者委托付款人在见票时或在指定的日期时向收款人或持票人无条件支付一定金额款项的有价证券。从这一定义出发，可以总结出票据应当具有的特征和功能。

1. 票据的特征

根据票据的相关概念，可以总结出票据具有以下5个特征。

（1）票据是债权凭证和金钱凭证，即票据在签发以后，可以证明出票人和持票人之间的债权债务关系。

（2）票据是设权证券，即票据权利基于出票人的出票行为而产生，如果出票人没有出票，就不存在票据权利。

（3）票据是文义证券，即票据上的权利与义务只依据票据上所记载的文义来确定，票据文义以外的任何事实与证据均不能用来作为认定票据上权利和义务的证据。

（4）票据是无因证券，即只要符合《票据法》规定的条件，票据权利就成立。票据持票人不需要证明取得票据的原因，只需要按照票据文义请求实现票据权利即可。

（5）票据是要式证券，即票据的制作、形式、文义都应按照《票据法》的规定制作，如果不符合相关规定，则票据无效。

2. 票据的功能

票据的功能即票据的经济功能，即票据在经济活动与业务交往中所发挥的重大作用。随着票据制度的不断完善，票据主要体现出支付功能、汇兑功能、信用功能、结算功能和融资功能等。

（1）支付功能。支付功能即票据充当支付工具代替现金使用的功能。票据可以通过法定流通转让程序代替现金在交易中进行支付。用票据代替现金作为支付工具（如用支票方式支付）具有便携、快捷、安全等优点。

（2）汇兑功能。汇兑功能即票据代替货币在不同地方之间进行运送，以方便异地之间进行支付。票据所具有的汇兑功能为现金支付的空间问题提供了解决方法。

（3）信用功能。信用功能即票据作为信用工具所发挥的商业信用功能。票据当事人可以凭借自己的信誉，将未来才能获得的金钱作为现在的金钱来使用。

（4）结算功能。结算功能即票据作为结算工具所发挥的功能。票据具有结算功能，单位可以用它在同城或异地的经济往来中抵销不同当事人之间相互的收付款项和欠款，即通过票据交换，使各方收付相抵，相互冲减债务。票据结算与现金结算相比，票据结算更加便捷、安全、经济。

（5）融资功能。融资功能即利用票据进行资金筹集的功能。票据的融资功能主要通过票据的贴现、转贴现和再贴现来实现。

（二）票据当事人及其签章

在经济活动中，使用票据通常会涉及几个主体，如申请使用票据的主体、接收票据的主体等，这些主体就构成了票据当事人。对于票据而言，只有经过当事人签章的票据才具有法律效力。所以，票据当事人及票据签章是票据必不可少的两个重要因素。

1. 票据当事人

票据当事人即在票据法律关系中享有票据权利、承担票据义务的当事人，也称票据法律关系主体。根据各方当事人成为票据权利人或义务人的时间不同，票据当事人可分为基本当事人和非基本当事人。

（1）基本当事人

票据的基本当事人是指在票据作成或交付时就已存在的当事人，是构成票据法律关系的必要主体，包括出票人、收款人和付款人。

① 出票人是指依据法定方式签发票据并将票据交付给收款人的人，即实际签发票据的当事人。图 5-1 所示为不同票据的出票人。

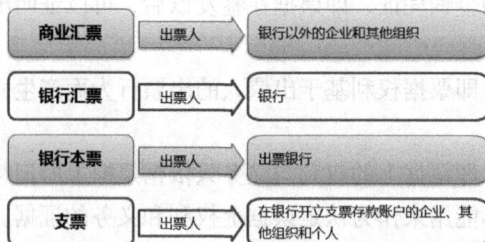

图 5-1　不同票据的出票人

② 收款人是指票据到期后有权收取票据所载金额款项的人，又称票据权利人。

③ 付款人是指由出票人委托付款或自行承担借款责任的人。图 5-2 所示为不同票据的付款人。

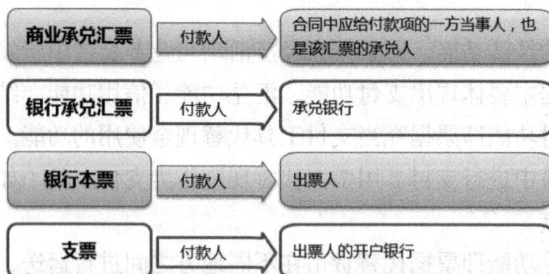

图 5-2　不同票据的付款人

（2）非基本当事人

票据的非基本当事人是指在票据作成并交付后，通过一定的票据行为加入票据关系而享有一定权利、承担一定义务的当事人，包括承兑人、背书人、被背书人、保证人等。

① 承兑人是指接受汇票出票人的付款委托，同意承担支付票款义务的人。

② 背书人是指在转让票据时，在票据背面签字或盖章，并将该票据交付给受让人的票据收款人或持有人。

③ 被背书人是指被记名受让票据或接受票据转让的人。

④ 保证人是指为票据债务提供担保的人，由票据付款人以外的其他人担当。

实务点拨

除基本当事人外，非基本当事人是否存在取决于相应票据行为是否发生。非基本当事人在各种票据行为中都有其特定的名称，因此，同一当事人可以有两个名称，即有双重身份，如汇票中的付款人在承兑汇票后就被称为承兑人，第一次背书中的被背书人就是第二次背书中的背书人。

2. 票据签章

票据签章是指填写或盖印在票据上的签字或印章，即票据有关当事人在票据上签名、盖章或签名加盖章的行为。经过签章的票据是票据行为生效的重要条件，如果缺少当事人的签章，则票据行为无效；同时，如果当事人在票据上的签章不符合法定要求，则相关的票据行为也无效。

（1）票据签章的方式。根据我国《票据法》的规定，签章方式分为签名、盖章、签名加盖章3种。

① 签名是最原始的票据签章方式，即相关当事人亲自在票据上书写自己的姓名或名称。一般来说，只有手写的签名才能充分体现出票据签章应有的法律意义。

② 盖章是变通的票据签章方式，即相关当事人依照自己的意志，通过在票据上加盖自己的印章完成票据签章。

③ 签名加盖章是一种双重的票据签章方式，即相关当事人在进行手书签名的同时，再加盖印章。这种方式与单独签名或单独盖章具有同样的效力，同时由于行为人采取了"双重保险"，所以该方式有助于加强票据的可信度。

（2）票据签章的规则。票据当事人的票据签章行为并不是随意完成的，而应按照《票据法》的相关规定来完成。具体而言，票据签章应遵循以下4条规则。

① 票据上的签名应为当事人的本名。对于自然人来说，"本名"是指户籍或身份证上的名字；对于法定代表人或其他单位、团体来说，"本名"是指工商登记注册的单位名称或企业营业执照上的名称。

② 票据当事人可以委托其代理人在票据上签章，并在票据上表明其代理关系。为了保护当事人的利益，对于没有代理权而私自以当事人名义在票据上签章的，应当由签章人自负责任；代理人超越代理权限的，应当就其超越权限部分承担票据责任。

③ 法人或非法人单位签章规则。法人或非法人单位的签章应为该法人或该单位的盖章加其法定代表人或其授权代理人的签章。

④ 票据签章独立原则。《票据法》规定，"无民事行为能力人或者限制民事行为能力人在票据上签章的，其签章无效，但是不影响其他签章的效力""票据上有伪造、变造的签章的，不影响票据上其他真实签章的效力"。

（三）票据行为

票据行为即以票据权利义务的设立及变更为目的的法律行为。在使用票据的过程中，涉及的票据行为主要包括出票、背书、承兑和保证 4 种。

1. 出票

出票是指出票人签发票据并将其交付给收款人的行为，即通常意义上的签发票据，这是票据权利生效的首要条件。出票又可分为"作成"和"交付"两种行为，"作成"即出票人按照经济业务事项签发票据，"交付"即出票人将签发好的票据交与收款人。

2. 背书

背书是指持票人为将票据权利转让给他人或者将一定的票据权利授予他人行使，而在票据背面或者粘单上记载有关事项并签章的行为。票据的一个主要特点就是流通，而背书就是使票据得以流通的主要方式之一。背书是持票人的票据行为，因此，只有持票人才能进行票据的背书。背书是转让票据权利的行为，票据一经背书转让，票据上的权利也随之转让给被背书人。

（1）背书的分类。背书按照目的的不同，可以分为转让背书和非转让背书。转让背书以持票人将票据权利转让给他人为目的，而非转让背书将一定的票据权利授予他人行使，包括委托收款背书和质押背书。委托收款背书被背书人不得再背书转让票据权利，质押背书被背书人在依法实现其债权时，可以行使票据权利。

（2）背书的记载事项。背书记载事项根据不同的情形分为以下 5 个方面。

① 背书由背书人签章并记载背书日期，未记载日期的，视为在票据到期日前背书。

② 以背书转让或以背书将一定的票据权利授予他人行使时，必须记载被背书人名称。未记载被背书人名称便将票据交付他人的，持票人在票据被背书人栏内记载自己的名称与背书人记载具有同等法律效力。

③ 委托收款背书应记载"委托收款"字样，被背书人和背书人签章。

④ 质押背书应记载"质押"字样，质权人和出质人签章。

⑤ 票据凭证不能满足背书人记载事项的需要时，可加附粘单粘附于票据凭证上。粘单上的第一记载人应当在票据和粘单的粘接处签章。

（3）背书连续。已背书转让的票据，其背书应当连续。背书连续是指在票据转让过程中，转让票据的背书人与受让票据的被背书人在票据上的签章应前后衔接。具体来说，第一背书人为票据收款人，最后持票人为最后背书的被背书人，中间的背书人为前手背书的被背书人。图 5-3 所示为背书连续的示意图。

图 5-3 背书连续的示意图

实务点拨

若票据的背书次数较多，票据凭证不能满足背书人记载事项的需要时，可加附粘单（见图5-4）粘附于票据凭证上。由于粘单不是票据本身固有的，因此，为了保证粘单的使用安全，第一位使用粘单的背书人应当在票据和粘单的粘接处签章。

粘　单

被背书人	被背书人	贴粘单处
背书人签章 年　月　日	背书人签章 年　月　日	

图 5-4　粘单

3. 承兑

承兑可以理解为“承诺兑现”，这是汇票独有的票据行为。承兑就是汇票的付款人承诺负担票据债务的行为，即汇票的付款人承诺在汇票到期时将票款支付给收款人或持票人。

4. 保证

保证是指票据保证人以担保票据债务的履行为目的而进行的票据行为，对票据进行保证是为了担保其他票据债务的履行。对于被保证的票据而言，保证人与被保证人应当对持票人承担连带责任。保证人为两人以上的，保证人之间需承担连带责任。票据到期后未得到付款的，持票人有权向保证人请求付款，此时，保证人应当足额付款。保证人在清偿票据债务后，可以行使持票人对被保证人及其前手的追索权。

（四）票据权利

票据权利与票据责任是一组相对应的概念，票据权利是指票据持票人有向票据债务人请求支付票款的权利，票据责任是指票据债务人有向持票人支付票款的责任。

1. 票据权利的概念

票据权利主要包括付款请求权和追索权。

（1）付款请求权是指持票人向汇票的承兑人、本票的出票人、支票的付款人出示票据以要求其付款的权利，是第一顺序权利，又称主要票据权利。行使付款请求权的持票人可以是票载收款人或最后的被背书人，担负付款请求权付款义务的主要是主债务人。

（2）追索权是指票据当事人行使付款请求权遭到拒绝或其他法定原因存在时，向其前手请求偿还票据金额及其他法定费用的权利，这是第二顺序权利，又称偿还请求权利。行使追索权的当事人除票载收款人和最后被背书人外，还可能是代为清偿票据债务的保证人、背书人。

2. 票据权利的时效

票据权利时效是指票据权利在时效期间内未行使，即引起票据权利丧失。票据权利在下列期限内会因不行使而消灭。

（1）持票人对票据出票人和承兑人的权利自票据到期日起2年。见票即付的汇票、本票自出票日起2年。

（2）持票人对支票出票人的权利自出票日起6个月。

（3）持票人对前手的追索权自被拒绝承兑或者被拒绝付款之日起6个月。

（4）持票人对前手的再追索权自清偿或者被提起诉讼之日起3个月。

票据的出票日、到期日由票据当事人依法确定。持票人因超过票据权利时效或者因票据记载事项欠缺而丧失票据权利的，仍享有民事权利，并且可以请求出票人或者承兑人返还其与未支付票据金额相当的利益。

3. 票据权利的行使

票据权利的行使是指持票人请求票据的付款人支付票据金额的行为。不同种类的票据，其权利行使的程序有所不同，包括票据的提示承兑、提示付款、行使追索权等。

（1）提示承兑。提示承兑是指持票人向付款人出示汇票，并要求付款人承诺付款的行为。其中，定日付款或出票后定期付款的汇票持票人要求行使票据权利时，首先要在汇票到期日前向付款人提示承兑；见票后定期付款的汇票，其持票人应当自出票日起1个月内向付款人提示承兑；见票即付的汇票无须提示承兑。

（2）提示付款。提示付款是指持票人在法定期限内向付款人请求付款的行为。其中，支票自出票日起10日内向付款人提示付款；本票自出票日起2个月内向付款人提示付款；银行汇票自出票日起1个月内向付款人提示付款；定日付款、出票后定期付款或者见票后定期付款的商业汇票，自到期日起10日内向承兑人提示付款。

思考与讨论：
　出纳人员可以采取哪些措施避免错过票据的提示付款期？

（3）行使追索权。票据到期却被拒绝付款的，持票人可以对背书人、出票人以及票据的其他债务人行使追索权；在票据到期日前，如汇票被拒绝承兑或被拒绝付款的，承兑人或者付款人死亡、逃匿的，承兑人或者付款人被依法宣告破产的，以及因违法被责令终止业务活动的，持票人也可行使追索权。

4. 票据权利行使的时间和地点

票据权利的行使场所一般是银行营业点，其行使时间是银行营业的时间，而不能以当日的24小时为限。票据当事人无营业场所的，应当在其住所行使票据权利。

5. 票据权利的保全

票据权利的保全是指持票人为了防止票据权利丧失而采取的措施。例如，持票人可以按照规定期限提示票据、要求承兑人或付款人提供拒绝承兑或拒绝付款的证明，以保全其追索权等。

6. 票据权利的抗辩

抗辩是指票据债务人根据《票据法》的规定，对票据债权人拒绝履行义务的行为。

票据债务人可以在下列情况下对持票人行使抗辩权。

（1）与票据债务人有直接债权债务关系且不履行约定义务的。

（2）以欺诈、偷盗或者胁迫等非法手段取得票据，或者明知有前列情形而出于恶意取得票据的。

（3）明知票据债务人与出票人或者持票人的前手之间存在抗辩事由而取得票据的。

（4）因重大过失取得票据的。

（5）其他依法不得享有票据权利的。

（五）票据责任

票据责任是指票据债务人向持票人支付票据金额的责任，它是基于债务人特定的票据行为（如出票、背书、承兑等）而应承担的义务，主要包括付款义务和偿还义务。票据债务人在承担票据义务时一般有以下 4 种情况。

（1）汇票的承兑人因承兑而承担了付款的义务。

（2）本票的出票人因出票而承担了付款的义务。

（3）支票的付款人在与出票人发生资金关系时承担了付款的义务。

（4）汇票、本票、支票的背书人，汇票、支票的出票人、保证人，在票据未获承兑或未获付款时承担了清偿的义务。

三、任务实训

（一）分析票据当事人

在星辉公司开出的商业承兑汇票中，涉及了 3 方当事人，分别是星辉公司、上彩公司和工行深圳软件园支行。其中，星辉公司为出票人，上彩公司为收款人，工行深圳软件园支行为承兑人，这 3 方当事人均属于票据的基本当事人。

（二）分析票据的背书

该情景中，背书的情况为：上彩公司收到上海明皇公司签发的银行承兑汇票，未背书转让就将该汇票交给大华公司，大华公司又将该汇票背书转让给星辉公司，星辉公司前往银行办理承兑时被银行拒绝。关于该情景的具体分析如下。

（1）上彩公司未背书转让就将该汇票交给大华公司，这样的做法是违规的，上彩公司将汇票转让给大华公司时应在背书人处签章。

（2）根据规定，持票人在票据被背书人栏内记载自己的名称与背书人记载具有同等法律效力，因此王敏拿到票据后将星辉公司名称记载于被背书人处是合规的。

（3）由于上彩公司未背书转让就将汇票交给大华公司，因此该汇票的背书是不连续的。所以，承兑银行是因为背书不连续而拒绝付款的。

（4）对于这张背书不连续的汇票，王敏应在提示付款期限内，向承兑银行咨询具体处理方法。一般而言，银行会要求填写出错的被背书人——上彩公司出具证明。

任务二　支票结算

一、任务引入

2021 年 7 月 2 日，星辉公司与深圳骏马物流有限公司（以下简称"骏马公司"）签订了一份货物运输合同，委托骏马公司将一批货物由供应商处运往本公司。7 月 4 日，货物运达星辉公司，星辉公司出纳人员王敏便开具了一张价值 5 000 元的转账支票用于支付运输费。当日，王敏就将该支票交与骏马公司的业务人员。

请思考：（1）星辉公司出纳人员王敏在签发这张转账支票的过程中，需要做哪些工作？该转账支票应当如何填写？

（2）骏马公司出纳人员收到业务人员交回的转账支票后，应当如何办理入账手续？

二、相关知识

支票是单位在支付结算中使用非常频繁的一种支付结算票据，单位各种款项的结算均可以使用支票。出纳人员不仅要了解支票的基础知识，还要掌握支票业务的处理流程。

（一）认识支票

支票是一种由出票人签发的，可使委托办理支票存款业务的银行在见票时无条件支付确定金额款项给收款人或者持票人的票据。

支票的基本当事人包括出票人、付款人和收款人，如图 5-5 所示。单位和个人在同一票据交换区域的各种款项结算，均可以使用支票。2007 年 7 月 8 日，中国人民银行宣布，支票可以实现全国范围内互通使用。

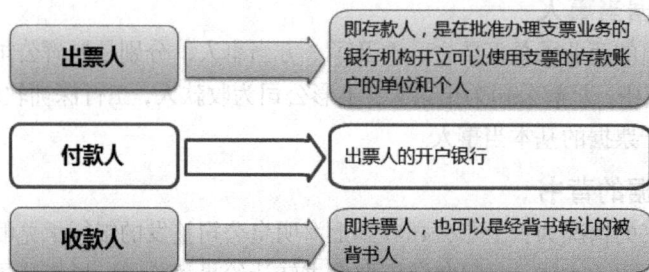

图 5-5　支票的基本当事人

> **实务点拨**
>
> 支票与汇票和本票相比，具有 3 个特点：以银行等金融机构作为付款人，见票即付，支票（用于支取现金的支票除外）可以背书转让。

1. 支票的种类

根据支付票款方式的不同，我国《票据法》将支票分为现金支票、转账支票和普通支票 3 种。

① 现金支票。现金支票即专用于支取现金的支票，此类支票上印有"现金"字样，可以由存款人签发，用于为本单位提取现金，也可签发给其他单位和个人，用来办理结算或委托银行代为支付款项。

② 转账支票。转账支票即专用于转账的支票，此类支票上印有"转账"字样，适用于各单位之间的划转款项业务。

③ 普通支票。普通支票是指既可以用于支取现金也可以用于转账的支票，此类支票上未印有"现金"或"转账"字样。在左上角划有两条平行线的普通支票被称为划线支票，划线支票只能用于转账，而不能用于支取现金。

2. 支票结算的规定

出纳人员在办理支票结算业务时，应当遵循一定的规定，只有熟记相关规定后，才能保证出纳工作顺利进行。以下 7 项支票结算规定需要出纳人员谨记于心并严格遵守。

① 签发支票时必须记载下列事项，欠缺任何一项内容，都视为支票无效：表明"支票"的字样、无条件支付的委托说明、确定的金额、付款人名称、出票日期、出票人签章。

② 支票一律为记名的，即签发支票时必须注明收款人名称，只有收款人或出票人才能向银行申请办理转账或提取现金业务。在中国人民银行总行批准的地区内，转账支票可以被背书转让。

实务点拨

在实际操作中，支票的金额、收款人名称两项内容在签发时可以暂时不填写，出票人可以授权相关人员进行补记。在这两项内容没有补记前，支票不得被背书转让和被用于向银行提示付款。

③ 支票的最低签发金额为 1 000 元，金额在 1 000 元以下的一般不使用支票。当支票被用于缴纳公共事业费、基本养老保险基金以及住房公积金等费用时，可以不受金额起点的限制。

④ 支票的提示付款期为 10 天，超过该期限提示付款的，付款人可以不予付款。提示付款期从签发支票当日的次日起计算，到期日如遇节假日的应当顺延。

⑤ 支票的各项内容应使用碳素墨水或墨汁填写，应填写齐全，内容应真实，字迹应清晰，各项数字、文字的填写要符合书写规范，大小写金额应当规范、一致。支票的大小写金额、签发日期和收款人不得修改；其他内容如有修改，必须由出票人加盖预留在银行的印鉴证明。

⑥ 禁止签发空头支票，即出票人签发支票的金额不得超过银行账户内的余额。如果出票人签发空头支票，除了会被银行退票，银行还会按照票面金额的 5% 但不低于 1 000 元的金额收取罚款。另外，空头支票出票人还需要向收款人支付票面金额的 2% 作为赔偿金。对于屡次签发空头支票的出票人，银行还将根据情节轻重，给予警告、通报批评甚至停止该出票人向收款人签发支票的处理。

案例分析

签发空头支票要被罚款

2021 年 2 月 20 日，海龙贸易有限公司出纳人员陈某接到领导的指令，要求签发一张面额为 15 万元的支票，用于向云帆科技公司支付技术培训费用，陈某选择了单位的开户银行——工行。陈某一直记得单位工行账户上的余额充足，由于事情紧急，没有查询工行账户的余额就开出了转账支票。

5 天后，云帆科技公司向银行提示付款。但银行发现该支票为空头支票，于是予以退票，并对海龙贸易有限公司处以 7 500 元的罚款。云帆科技公司也向海龙贸易有限公司提出了两个要求，一是要求支付 15 万元的技术培训费用，二是需支付 3 000 元的赔偿金。海龙贸易有限公司出纳人员陈某虽然心里懊恼，但不明白为什么要交那么高的罚款和赔偿金。

案例分析： 根据规定，出票人签发空头支票的，银行应予以退票，并按票面金额处以 5% 但不低于 1 000 元的罚款，持票人有权要求出票人赔偿支票金额的 2% 作为赔偿金。海龙贸易有限公司签发空头支票的票面金额为 15 万元，其 5% 为 7 500 元，其 2% 为 3 000 元，因此该公司需要向银行缴纳 7 500 元的罚款，向云帆科技公司支付 3 000 元的赔偿金。签发空头支票是一种违背诚实信用原则、扰乱金融秩序的违法行为，有时会造成较为严重的负面影响，因此，出纳人员在签发支票时一定要秉承谨慎认真的态度，对本单位、对方单位、银行等各方负责，并且事先要耐心地查询相关银行结算账户余额，避免签发空头支票。

⑦ 不得签发签名式样或者印鉴与付款人预留的不符的支票。如果出票人为个人，支票上出票人的签章应为与该个人在银行预留签章一致的签名或者盖章；如果出票人为单位，支票上出票人的签章应为与该单位在银行预留签章一致的财务专用章或者公章加法定代表人或者授权代理人的签名或者盖章。

（二）办理支票结算

单位使用的支票主要分为现金支票和转账支票两种，因此，支票结算业务主要分为现金支票结算业务和转账支票结算业务。其中，现金支票结算业务较为简单，出纳人员签发现金支票并加盖银行预留印鉴后，可以到开户银行提现或者直接将签发完成的支票交与收款人（收款人应在存根联签收），收款人收到支票后应在存根联签收，然后前往银行提取现金。这里主要详细介绍转账支票结算业务。

转账支票多用于货款或其他交易费用的结算，购买方出纳人员在签发转账支票后，应直接将其交给销售方，由销售方委托开户银行代收；或购买方出纳人员直接将支票交给购买方开户银行，委托开户银行将该笔款项划转给销售方。因此，签发转账支票就涉及两种不同的方式。

实务点拨

出纳人员在领用转账支票时，同样需要填写支票领用簿。此外，签发转账支票时还需要填写支票的相关项目，具体的填写方法与现金支票类似，这部分知识已在项目三的任务二中进行了讲解，这里不再赘述。

1. 销售方委托开户银行代收支票票款

如果转账支票采取销售方（一般指收款人）委托开户银行代收支票票款的方式，则签发转账支票涉及的一般流程如图 5-6 所示。

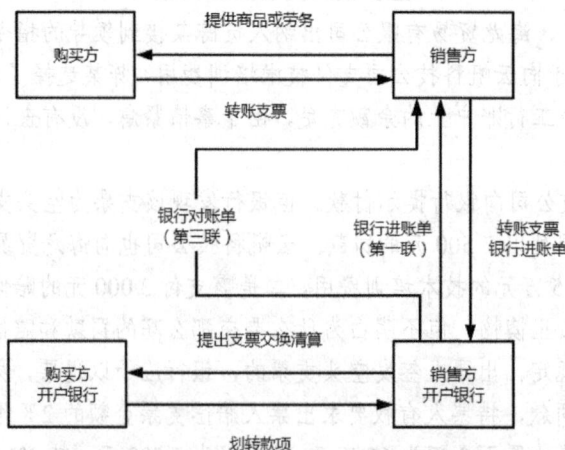

图 5-6　销售方委托开户银行代收支票票款的一般流程

（1）购买方签发转账支票，并交与销售方。购买方按照应付的款项签发转账支票，加盖银行预留印鉴后将其交与销售方。

（2）销售方进行委托收款背书。销售方收到转账支票经审核无误后，在支票背面进行背书，即在“背书人签章”栏处签章，在“被背书人”栏处记载开户银行名称，在票面处记载“委托收款”字样，并填写背书日期等内容。

（3）销售方填制银行进账单。银行进账单应根据所附支票的相关内容进行填写，需要填写的内容主要包括日期（即办理银行结算的日期）、出票人与收款人的相关信息（全称、账号、开户银行）、票据种类、票据号码、票据张数、金额等，如图 5-7 所示。需要注意的是，由于银行受理票据后，其支票和银行进账单是分离的，要分别在不同的地方进行核算处理，为了防止差错的发生，银行进账单上填写的收款人全称、账号、金额等均不得更改，所以，填写时务必要仔细。

中国工商银行　　银行进账单（回单）

年　月　日

出票人	全　称		收款人	全　称	
	账　号			账　号	
	开户银行			开户银行	
金额	人民币（大写）				亿 千 百 十 万 千 百 十 元 角 分
票据种类		票据张数			
票据号码					
		复核　记账			开户银行签章

此联是开户银行交给持票人的回单或收账通知

图 5-7　银行进账单的一般格式

实务点拨

银行进账单一般有三联式和两联式两种类型，不同的持票人应按规定使用不同的样式。以三联式银行进账单为例，其第一联为给持票人的回单，第二联为收款人开户银行的贷方凭证，第三联为收款人开户银行交给收款人的收账通知。

（4）销售方将已背书支票和银行进账单交与银行。销售方将转账支票连同填制的银行进账单一并交与开户银行办理转账结算。

（5）银行受理转账支票。银行收到销售方交来的转账支票与银行进账单，经审核无误后在银行进账单上加盖银行印章，然后将其第一联退回至销售方处，作为销售方账凭据。

（6）银行之间传递支票，进行资金清算。销售方开户银行与购买方开户银行根据转账支票内容办理资金清算，完成票款划转，然后销售方开户银行将银行转账单的第三联交给销售方，作为收账通知。

2. 购买方委托开户银行划转支票票款

如果购买方签发转账支票后，直接委托开户银行办理转账结算，在签发转账支票过程中涉及的一般流程如图 5-8 所示。

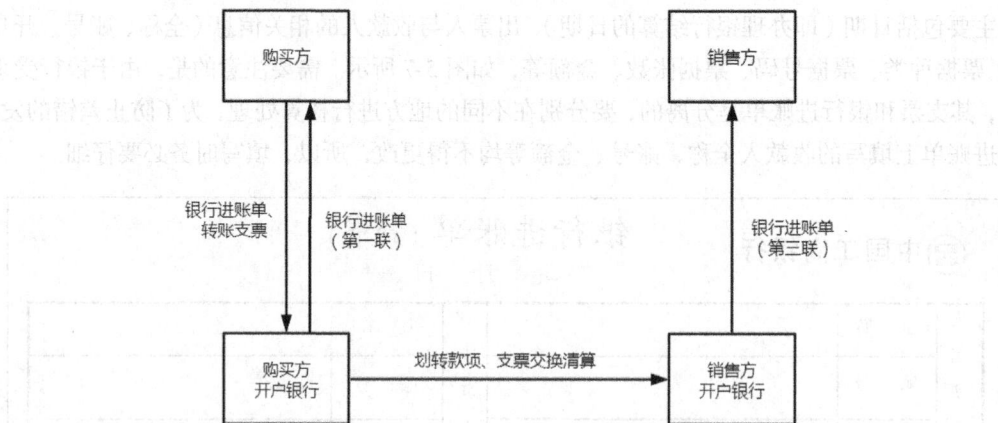

图 5-8　购买方委托开户银行划转支票票款的一般流程

（1）购买方签发转账支票，并交与开户银行。购买方按照应付的款项签发转账支票，加盖银行预留印鉴后，将支票与填制的银行进账单一并交与开户银行。

（2）银行受理转账支票。购买方开户银行收到购买方交来的转账支票与银行进账单，经审核无误后退回银行进账单的第一联，作为付款入账凭据。

（3）银行之间传递凭证，并办理划转手续。购买方开户银行根据转账支票与银行进账单等凭证将支票票款划转给销售方开户银行。

（4）收款人入账。销售方开户银行办妥进账手续后，将银行进账单第三联交给销售方，通知其入账。

📚 实务点拨

签发转账支票的上述两种方式中，由购买方开出支票时，应将销售方的全称、日期、金额、密码等项填写齐全，并在正面加盖购买方的银行预留印鉴，购买方开户银行即可办理转账，也称为"倒划账"。采用"倒划账"方式时，销售方可以派人与购买方的相关人员一起到银行查看转账的办理过程，这样可以有效保证资金结算的安全。

三、任务实训——办理转账支票结算

（1）2021 年 7 月 4 日，星辉公司由于支付运输费需要开具一张金额为 5 000 元的转账支票，该公司出纳人员王敏应按照以下步骤进行操作。

① 查看银行账户余额，确认余额大于 5 000 元后填写支票领用登记簿，记载使用该支票的具体情况，填好的支票领用登记簿如图 5-9 所示。

② 根据具体业务填写转账支票，填好的转账支票如图 5-10 所示。

③ 在转账支票上加盖银行预留印鉴，然后将其交与骏马公司相关的业务人员。

④ 将支票的存根联交给本单位的会计人员做账,然后根据审核无误的记账凭证登记银行存款日记账。

支票领用登记簿

日期	支票种类	领用数量/张	支票号码	用途	金额/元	领用人签字	备注
2021.7.4	转账支票	1	11402188	支付运费	5 000.00	王敏	

图 5-9　填好的支票领用登记簿

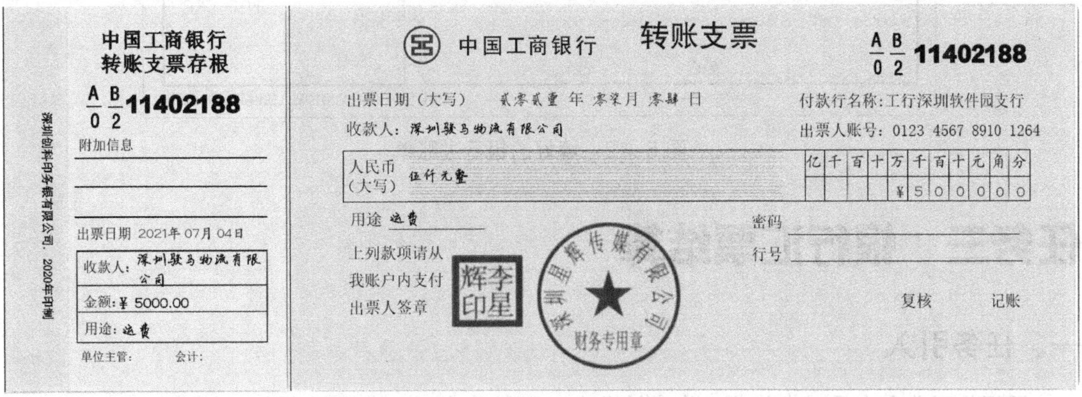

图 5-10　填好的转账支票

（2）骏马公司出纳人员收到业务人员交回的转账支票后，应在 7 月 14 日前到公司的开户银行将票款入账，应按照以下步骤处理。

① 审核收到的转账支票，并在支票背面进行背书，具体操作为：在"背书人签章"栏处签章，在"被背书人"栏处记载开户银行名称"中国工商银行股份有限公司深圳福田支行"，在票面处记载"委托收款"字样，并填写背书日期"2021 年 7 月 7 日"，如图 5-11 所示。

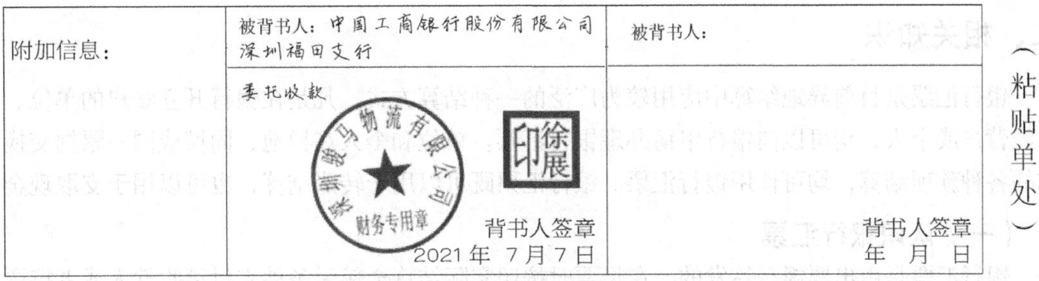

图 5-11　背书后的转账支票背面

② 填写银行进账单，填好的银行进账单如图 5-12 所示。

③ 将收到的转账支票与填好的银行进账单一并交给开户银行，办理转账手续。

④ 收到开户银行退回的银行进账单第一联和第三联，将其交给会计人员做账，然后根据审核无误的记账凭证登记银行存款日记账。

中国工商银行　**银行进账单**（回单）

2021年 7月 7日

出票人	全称	深圳星辉传媒有限公司	收款人	全称	深圳骏马物流有限公司
	账号	0123 4567 8910 1264		账号	2156 4847 2514 2158
	开户银行	中国工商银行软件园支行		开户银行	中国工商银行福田支行
金额	人民币（大写）	伍仟元整		亿千百十万千百十元角分	¥500000
票据种类	转账支票	票据张数			
票据号码	11402188			开户银行签章	
复核	记账				

此联是开户银行交给持票人的回单或收账通知

图 5-12　填好的银行进账单

任务三　银行汇票结算

一、任务引入

星辉公司业务人员近期将到上海商谈业务，预计将支付给上海受众商贸有限公司（以下简称“受众公司”）30 000 元的服务费。经协商，双方将采用银行汇票的结算方式。2021 年 7 月 2 日，星辉公司出纳人员王敏接到领导指示，要前往银行申请办理银行汇票。7 月 10 日，星辉公司与受众公司完成了交易，实际发生的服务费为 25 000 元，星辉公司经办人员将汇票交与受众公司。假设受众公司的账号为 1025270970790900100，开户银行为工行上海天山路支行。

请思考：（1）星辉公司出纳人员王敏应该如何处理该笔银行汇票结算业务？

（2）受众公司出纳人员应该如何处理该笔银行汇票结算业务？

二、相关知识

银行汇票是目前异地结算中应用较为广泛的一种结算方式。凡是在银行开立账户的单位、个体经营户或个人，均可以向银行申请办理银行汇票。单位和个人在异地、同城或同一票据交换区域的各种款项结算，均可使用银行汇票。银行汇票既可以用于转账结算，也可以用于支取现金。

（一）认识银行汇票

银行汇票是由出票银行签发的、在见票时按照实际结算金额无条件支付给收款人或者持票人的票据。

1. 银行汇票的当事人

银行汇票的当事人包括出票人、收款人和付款人。

（1）出票人。出票人是指签发汇票的银行。

（2）收款人。收款人是指从银行提取汇票时所汇款项的单位和个人。

（3）付款人。付款人是指负责向收款人支付款项的银行。银行汇票属于自付票据，即出票人和付款人都是同一家银行。

2. 银行汇票的联次

银行汇票一般一式四联,各联的名称和作用如下。

(1)第一联为卡片,由签发行在结清汇票时作汇出汇款付出传票。

(2)第二联为银行汇票(见图 5-13),与第三联解讫通知一并由汇款人自带,在兑付行兑付汇票后作银行往来账付出传票。

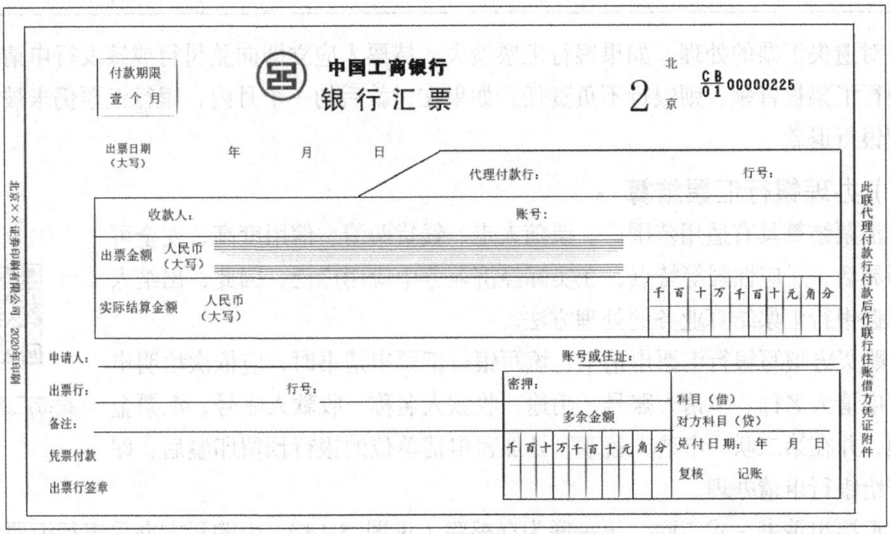

图 5-13　银行汇票的第二联

(3)第三联为解讫通知,在兑付行兑付后随报单寄签发行,由签发行作余款收入传票。

(4)第四联为多余款通知,在签发行结清多余款后交申请人。

3. 银行汇票结算的基本规定

出纳人员在办理汇票结算时,应当根据各银行的要求行事。虽然各个银行对于汇票结算的规定有所差异,但有关结算的基本规定还是类似的,主要有以下几点。

(1)银行汇票一律应当记名。购买方在办理银行汇票时,应在银行汇票申请书上详细写明兑换地点、收款人名称、账号、用途等事项。

(2)起点金额符合规定。使用银行汇票结算时;起点金额为 500 元。

(3)付款期限满足要求。银行汇票见票即付,付款期限为 1 个月,从汇票签发之日起计算,如果到期日遇到节假日则顺延。若银行汇票逾期,则兑付银行不予受理。

(4)银行汇票的记载事项。银行汇票上的必须记载的事项包括表明的"银行汇票"字样、无条件支付的承诺、出票金额、付款人名称、收款人名称、出票日期、出票人签章等。

(5)背书转让规定。银行汇票可以背书转让。

(6)结算方式。银行汇票主要适用于转账结算,填明"现金"字样的银行汇票可用于支取现金。

(7)多余款项领取的规定。使用银行汇票结算时,兑付行转账或付款后会将银行汇票第三联解讫通知送交汇票签发行,签发行会根据结算金额将多余款项收账通知交给付款方,付款方可凭此联领取多余款项。

实务点拨

一般情况下，单位使用银行汇票购货的情况较多，此时的货款金额可能不好明确估计，但是并不会出现“汇多用少”的情况。这是因为，单位使用银行汇票购货的，凡是金额在汇票金额之内的，都可以根据实际的金额办理支付，银行会自动退回实际办理金额小于汇票金额的差额。使用银行汇票购货也可以有效避免交易尾欠情况的发生。

（8）对遗失汇票的处理。如果银行汇票遗失，持票人应立即向兑付行或签发行申请挂失。挂失前若银行汇票被冒领，则银行不负责任。如果在付款后的一个月内，银行汇票仍未被冒领，则可以办理银行退款。

（二）办理银行汇票结算

银行汇票结算具有适用范围广、票随人走、钱货两清、信用度高、安全可靠、使用灵活、适应性强等特点，在实际经济业务中应用广泛，因此，出纳人员需要掌握银行汇票结算业务的处理方法。

银行汇票业务办理

（1）购买方填写银行汇票申请书。填写银行汇票申请书时，应依次填明申请日期、申请人名称、申请人账号、用途、收款人名称、收款人账号、汇票金额等事项，并在第二联“申请人盖章”处加盖申请单位的银行预留印鉴后，即可将其交给银行申请办理。

银行汇票申请书一式三联，第一联为存根联（见图 5-14），由购买方办妥银行汇票结算后据此来编制记账凭证；第二联为借方凭证，是出票银行办理银行汇票从购买方的存款账户中付出款项的凭证；第三联为贷方凭证，是出票银行办理银行汇票汇出汇款的凭证。

中国工商银行

银行汇票申请书

申请日期　　年　月　日　　　　第　　号

申请人		收款人												
账号或住址		账号或住址												
用途		代理付款行												
汇票金额	人民币（大写）	壹拾万肆仟元整		千	百	十	万	千	百	十	元	角	分	
备注		科目 对应科目 财务主管　　　经办												

第一联　存根联

图 5-14　银行汇票申请书第一联

实务点拨

填写银行汇票申请书时，申请人和收款人均为个人，并需要使用银行汇票向代理付款人支取现金的，申请人须在银行汇票申请书上填明代理付款人的名称，同时在“出票金额”栏处填写"现金"字样和汇票金额。申请人或者收款人为单位的，不得在银行汇票申请书上填写"现金"字样。

（2）向银行申请签发银行汇票。银行签发一份一式四联的银行汇票，用压数机压印出票金额，并将其中的第二联和第三联交给购买方的出纳人员。

（3）持票结算。购买方将银行汇票第二联和第三联交给销售方，销售方收到银行汇票后，应认真审核以下内容：银行汇票第二联和第三联是否齐全、汇票号码和记载的内容是否一致、收款人是否确为本单位人员、银行汇票是否在提示付款期内、必须记载的事项是否齐全、出票人签章是否符合规定、是否有压数机压印的出票金额、出票金额和出票日期以及收款人名称是否更改、更改的其他记载事项是否由原记载人签章证明。审核无误后，销售方应根据实际结算金额（不得超过汇票金额限制，超过限制的银行不予受理）办理款项结算，并将结算金额和多余的金额准确、清晰地填入银行汇票第二联和第三联中，然后在银行汇票第二联背面加盖银行预留印鉴。

实务点拨

对于全额解付的银行汇票，收款单位应在"多余金额"栏处填写"0"字样。银行汇票的实际结算金额不得更改，更改实际结算金额的银行汇票无效，因此填写金额时要务必仔细。

（4）兑付款项。销售方填写一份一式三联的银行进账单，并将银行汇票第二联、第三联及银行进账单一并交给开户银行办理入账手续，开户银行审核无误后退回银行进账单第一联。

银行汇票的结算流程如图 5-15 所示。

05

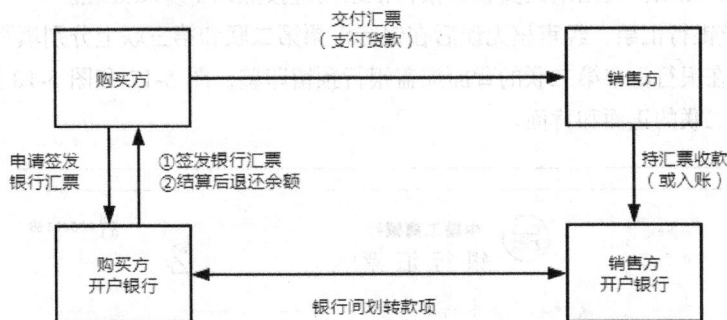

图 5-15 银行汇票的结算流程

三、任务实训——办理银行汇票结算

（1）2021 年 7 月 2 日，星辉公司向受众公司开具银行汇票，预计支付服务费 30 000 元。7 月 10 日，双方交易完成，实际发生服务费 25 000 元，王敏应按照以下流程处理该笔业务。

① 填写一份一式三联的银行汇票申请书，需要依次填明申请日期、申请人名称、申请人账号、用途、收款人名称、收款人账号、汇票金额等事项，并在第二联上加盖申请单位的银行预留印鉴，然后将其交给开户银行。填好的银行汇票申请书第一联如图 5-16 所示。

银行汇票申请书

中国工商银行

申请日期　2021年7月2日　　　　第0061号

申请人	深圳星辉传媒有限公司	收款人	上海受众商贸有限公司
账号或住址	0123456789101264	账号或住址	1025270970790900100
用途	服务费	代理付款行	工行上海天山路支行
汇票金额	人民币（大写）叁万元整	千 百 十 万 千 百 十 元 角 分	¥ 3 0 0 0 0 0 0
备注		科目 对应科目 财务主管　　　经办	

第一联 存根联

图 5-16　填好的银行汇票申请书第一联

② 开户银行受理星辉公司的申请并审核无误后，将从星辉公司账户中收取 30 000 元汇票款项以及相应手续费，然后签发银行汇票。王敏则会收到银行盖章后退回的银行汇票申请书第一联、银行汇票第二联银行汇票和第三联解讫通知。

③ 王敏将银行签发的银行汇票第二联和第三联交付业务经办人员，再将银行汇票申请书第一联交给会计人员做账，最后根据审核无误的记账凭证登记银行存款日记账。

④ 待收到本单位开户银行发送的银行汇票第四联多余款收账通知后，说明多余款项已入账，王敏应将银行汇票第四联交给会计人员编制记账凭证，然后根据审核无误的记账凭证登记银行存款日记账。

（2）星辉公司业务经办人员在与受众公司谈妥业务后，应将银行汇票第二联和第三联交给受众公司出纳人员，受众公司出纳人员收到银行汇票后应按照以下步骤处理。

① 认真审核银行汇票，经审核无误后在银行汇票第二联和第三联上分别填写实际结算金额、多余金额，然后在银行汇票第二联的背面加盖银行预留印鉴，图 5-17 和图 5-18 所示分别为填写后的银行汇票第二联的正面和背面。

付款期限 壹个月

中国工商银行
银行汇票　　2

北京 CB/01 00000155

出票日期（大写）　贰零贰壹 年 零柒 月 零贰日

代理付款行：工行上海天山路支行　　行号：0123 4567 8910 1264

收款人：上海受众商贸有限公司　　账号：1025270970790900100

出票金额　人民币（大写）叁万元整

实际结算金额	人民币（大写）贰万伍仟元整	千	百	十	万	千	百	十	元	角	分
				¥	2	5	0	0	0	0	0

申请人：深圳星辉传媒有限公司　　账号或住址：0123456789101264

出票行：工商银行软件园支行　行号：11467

密押：

备注：

凭票付款

出票行签章　（中国工商银行股份有限公司 汇票专用章）

多余金额										科目（借）
千	百	十	万	千	百	十	元	角	分	对方科目（贷）
		¥	5	0	0	0	0	0	0	兑付日期：年　月　日 复核　记账

此联代理付款行付款后作联行往账借方凭证附件

深圳炫彩证券印刷有限公司　2020年印制

图 5-17　银行汇票第二联正面

被背书人：	被背书人：	
上海爱众商贸有限公司 财务专用章　王柳印 背书人签章 2021 年 07 月 10 日	背书人签章 年　月　日	（贴粘单处）

图 5-18　银行汇票第二联背面

② 将填写好的银行进账单（见图 5-19）连同银行汇票第二联和第三联全部交付给兑付银行，办理兑付手续。

③ 收款金额 25 000 元入账后，将银行退回的银行进账单第三联交给会计人员编制记账凭证，然后根据审核无误的记账凭证登记银行存款日记账。

中国工商银行　银行进账单（回单）

2021 年　7 月　10 日

出票人	全　称	深圳星辉传媒有限公司	收款人	全　称	上海爱众商贸有限公司
	账　号	0123 4567 8910 1264		账　号	1025 2709 7079 0900 100
	开户银行	工行深圳软件园支行		开户银行	工行上海天山路支行
金额	人民币（大写）	贰万伍仟元整		亿千百十万千百十元角分	¥2500000
票据种类	银行汇票	票据张数			
票据号码	01352188				
复核　　记账				开户银行签章	

此联是开户银行交给持票人的回单或收账通知

图 5-19　银行进账单

任务四　商业汇票结算

一、任务引入

2021 年 7 月 16 日，星辉公司出纳人员王敏接到采购部小李带来的增值税专用发票发票联和抵扣联复印件、采购合同复印件。该增值税专用发票由东辰商贸有限公司（以下简称东辰公司）开出，发票上注明的材料价款为50 000元，增值税税额为6 500元。购销双方约定星辉公司以期限为3个月的银行承兑汇票进行结算，东辰公司收到银行承兑汇票后开始发货。假设东辰公司的账号为0123569823653363，开户银行为工行深圳龙华支行，地址为深圳市龙华区龙华街道2号。

请思考：（1）星辉公司出纳人员王敏应该如何处理该笔银行承兑汇票结算业务？

（2）东辰公司出纳人员应该如何处理该笔银行承兑汇票结算业务？

二、相关知识

商业汇票是票据中适用范围相对较窄的一种结算方式，各企业、事业单位之间只有根据购销合同进行的合法商品交易才能签发商业汇票，也只有在银行开立存款账户的法人或者其他组织才可以使用商业汇票。

（一）认识商业汇票

商业汇票是指由收款人或付款人（或承兑申请人）签发，经承兑人承兑，并于到期日向收款人或被背书人支付款项的票据，适用于同城或异地结算。

商业汇票采用一式三联凭证，第一联为卡片联，此联用作承兑行留存备查；第二联为银行承兑汇票正联，此联会随委托收款结算凭证一并寄给付款行用作借方凭证的附件，可用于背书转让；第三联为存根联，此联用作出票人存查。

1. 商业汇票的分类

（1）按承兑人的不同，商业汇票可分为商业承兑汇票（见图5-20）和银行承兑汇票。商业承兑汇票是指由收款人签发，经付款人承兑，或由付款人签发并承兑的汇票。商业承兑汇票由银行以外的付款人承兑。银行承兑汇票是指由收款人或承兑申请人签发，并由承兑申请人向开户银行申请，经银行审查后同意承兑的汇票。

商业承兑汇票 2

出票日期（大写） 年 月 日

CB/01 00000225

出票人全称		收款人	全 称	
出票人账号			账 号	
付款行全称			开户银行	
出票金额	人民币（大写）			亿 千 百 十 万 千 百 十 元 角 分
汇票到期日（大写）		付款人	行号	
承兑协议编号			地址	
本汇票请你行承兑，到期无条件付款。 出票人签章		本汇票已经本单位承兑，到期日由本行付款。 承兑人（盖章） 承兑日期 年 月 日 备注：		秘押 复核 记账

北京××证券印刷有限公司 2020年印制

此联收款人开户行随托收凭证寄付款作借方凭证附件

图5-20 商业承兑汇票

（2）按是否计息的不同，商业汇票可以分为带息商业汇票和不带息商业汇票。带息商业汇票是指在商业汇票到期时，承兑人必须按票面金额加上应计利息向收款人或被背书人支付票款的票据。不带息商业汇票是指商业汇票到期时，承兑人只需按票面金额（即面值）向收款人或被背书人支付票款的票据。

2. 商业汇票结算的基本规定

在办理商业汇票结算的过程中，出纳人员应遵循以下 8 点操作规定。

（1）商业汇票一律应当记名，允许背书转让。

（2）办理商业汇票结算时，必须以真实的交易关系和债权债务关系为前提。使用商业汇票进行结算的，应该是在银行开立存款账户的法人或组织。

案例分析

商业汇票不是谁都可以使用的

云帆科技公司接受了客户转让的一张银行承兑汇票，金额为 5 万元。因为云帆科技公司董事长蔡某欠姚某的钱，蔡某随即由公司将该汇票转让给好朋友姚某，姚某因为要购买汽车，于是又将该汇票转让给汽车 4S 店。该 4S 店出纳人员看到该汇票后拒绝接受。姚某认为 4S 店出纳人员故意刁难自己，于是向相关部门投诉。没想到相关部门在了解情况后，向姚某解释说 4S 店出纳人员的做法是正确的。

案例分析：银行承兑汇票是我国商业汇票的一种，而商业汇票的使用主体在我国仅限于在银行开立存款账户的法人以及其他组织，自然人不能使用商业汇票。本案例中，姚某作为自然人接受并转让银行承兑汇票，不符合《票据法》中关于商业汇票使用主体的规定。因此，该 4S 店拒绝接受该汇票的做法是正确的，否则将产生提示付款或背书转让的麻烦。

（3）签发商业汇票必须记载的项目包括表明"商业承兑汇票"或"银行承兑汇票"字样、无条件支付的委托、确定的金额、付款人名称、收款人名称、出票日期、出票人签章等。

（4）如果商业汇票上未记载付款日期，则为见票即付。

实务点拨

商业汇票的相对记载事项中包含"付款日期"项，其记载方法有以下 3 种：①定日付款的汇票付款期限自出票日起计算，并在汇票上记载具体的到期日；②出票后定期付款的汇票付款期限自出票日起按月计算，并在汇票上记载具体的到期日；③见票后定期付款的汇票付款期限自承兑或拒绝承兑日起按月计算，并在汇票上记载具体的到期日。

（5）对于商业汇票而言，其可以在出票时向付款人提示承兑后使用；也可以在出票后先使用，然后向付款人提示承兑。

（6）商业汇票的付款期限最长不超过 6 个月。商业汇票的提示付款期为自汇票到期日起 10 日内。

（7）持票人超过提示付款期限向代理付款银行提示付款不获付款的，必须在票据权利时效内向出票银行作出说明，并提供本人身份证件或单位证明，持银行汇票第二联和第三联向出票银行请求付款。

（8）商业汇票到期前，持票人若符合条件，则可以到银行申请贴现。

> **实务点拨**
>
> 贴现是指票据持票人在票据未到期前为获得现金向银行贴付一定利息而发生的票据转让行为。贴现是持票人向银行融通资金的一种方式。以不带息票据为例，办理贴现涉及的计算公式如下。
>
> 贴现利息=应收票据面值×贴现率×（贴现天数/360）。
>
> 贴现天数=贴现日到票据到期日实际天数-1。
>
> 实际收到金额=票据面值-贴现利息。

（二）办理商业汇票结算

商业承兑汇票与银行承兑汇票的承兑人不同，因此所涉及的结算环节也不同。

1. 银行承兑汇票的结算流程

银行承兑汇票的结算流程主要包括出票、申请承兑、送交银行承兑汇票、办理委托收款、办理收款5个环节。

（1）出票。购买方根据交易合同填写银行承兑汇票，并加盖银行预留印鉴。

（2）申请承兑。购买方持银行承兑汇票、相关增值税发票、购销合同等资料向其开户银行申请承兑。在此环节中，如果银行按照有关规定审查同意承兑，会与购买方签订一份一式三联的协议，然后将银行承兑汇票第二联和第三联交给购买方。

> **实务点拨**
>
> 购买方若要申请使用银行承兑汇票，则一般会在申请办理银行承兑汇票时按照票款金额的30%向开户银行划转保证金，待银行承兑汇票到期时，开户银行再将划转的保证金解付到购买方的银行结算账户中，并保证该账户的资金满足系统自动扣划需要。

（3）送交银行承兑汇票。购买方与销售方谈妥交易后，购买方会将其收到的银行承兑汇票第二联交给销售方。

（4）办理委托收款。销售方应在银行承兑汇票提示付款期内，在银行承兑汇票第二联背书并加盖银行预留印鉴后，填写一份一式五联的托收凭证和银行进账单，然后将银行承兑汇票第二联和第三联、托收凭证和银行进账单送交自己的开户银行。销售方开户银行经审核盖章后退回托收凭证第一联回单。

> **实务点拨**
>
> 托收凭证是出纳人员向银行办理委托收款手续时提交的记载出票人及收款人信息的书面资料，图5-21所示为托收凭证第一联的一般格式。

委电

托收凭证（回单） 1

委托日期： 年 月 日

付款人	全　称		收款人	全　称			
	账号或地址			账号或地址			
	开户银行			开户银行		行号	
委托金额	人民币（大写）				千 百 十 万 千 百 十 元 角 分		
					¥		
款项内容		委托收款凭证名称			附寄单证 张　数		
备注			款项收妥日期 年 月 日				
		电划			收款人开户银行盖章		
单位主管		会计		复核		记账	

图 5-21 托收凭证第一联

（5）办理收款。销售方开户银行向付款人开户银行发出委托收款的银行承兑汇票后，购买方开户银行应将银行承兑汇票留存，并将票款划给销售方开户银行，销售方开户银行按照汇票金额为销售方办理收款入账手续，并将委托收款凭证第四联收账通知单退还销售方。

银行承兑汇票的结算流程如图 5-22 所示。

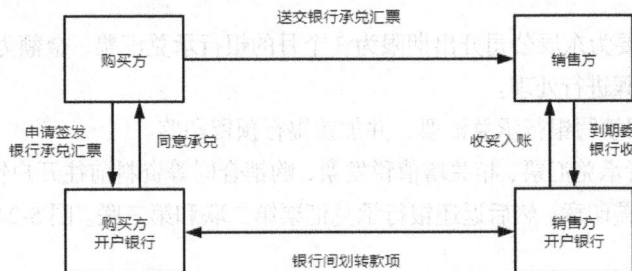

图 5-22 银行承兑汇票的结算流程

2. 商业承兑汇票的结算流程

单位在采购货物或接受劳务等情况下，会由购买方或销售方签发商业承兑汇票。商业承兑汇票的结算流程主要会涉及签发并承兑票据、委托银行收款、办理收款 3 个环节。

（1）签发并承兑票据。商业承兑汇票可以由购买方签发并承兑，也可以由销售方签发，然后将其交由承兑人（即购买方）承兑。购买方应在商业承兑汇票的第二联加盖银行预留印鉴，然后将其交给销售方。

（2）委托银行收款。销售方应在商业承兑汇票提示付款期内，在商业承兑汇票第二联背面加盖银行预留印鉴，然后连同已填写的一式五联委托收款凭证一并送交开户银行，经开户银行审核盖章后退回委托收款凭证第一联回单。

（3）办理收款。在该环节中，销售方开户银行会将收到的委托收款凭证和商业承兑汇票传递给购买方开户银行，购买方开户银行在收到委托付款凭证和商业承兑汇票后，会将委托收款凭证第五联传递给购买方，通知购买方付款。购买方付款成功，销售方开户银行会将委托收款凭证第四联收账通知退还销售方。

商业承兑汇票的结算流程如图 5-23 所示。

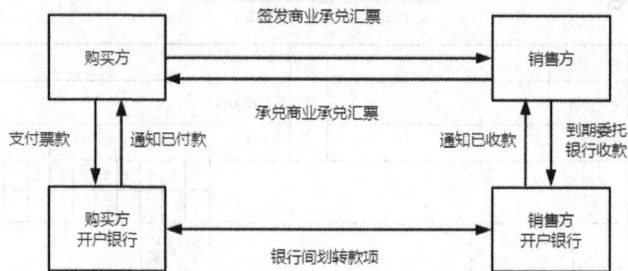

图 5-23　商业承兑汇票的结算流程

实务点拨

商业承兑汇票的付款人虽然是购买方自身，但其款项是通过单位的开户银行支付的，所以，在商业承兑汇票到期前，购买方应当将票款足额交存其开户银行，这样开户银行才能按期将票款划给销售方开户银行。

三、任务实训——办理银行承兑汇票结算

（1）星辉公司需要为东辰公司开出期限为 3 个月的银行承兑汇票，金额为 56 500 元。出纳人员王敏应按照以下步骤进行处理。

① 根据交易合同填写银行承兑汇票，并加盖银行预留印鉴。

② 持填好的银行承兑汇票、相关增值税发票、购销合同等资料前往开户银行申请承兑。经银行审查同意承兑后加盖印章，然后返还银行承兑汇票第二联和第三联。图 5-24 所示为承兑后的银行承兑汇票第二联。

图 5-24　银行承兑汇票第二联

③ 复印银行承兑汇票第二联，然后将承兑后的银行承兑汇票第二联原件交给采购员，持该联到东辰公司采购货物，其第三联留存。

④ 将银行承兑汇票第二联复印件及增值税专用发票交给会计人员编制记账凭证（该笔业务不涉及现金和银行存款，因此，不需要登记日记账）。

（2）东辰公司出纳人员在收到星辉公司开具的银行承兑汇票第二联后，应按以下步骤进行处理。

① 在该汇票提示付款期内（即 2021 年 10 月 15 日—25 日），在银行承兑汇票第二联背书并加盖银行预留印鉴，如图 5-25 所示。

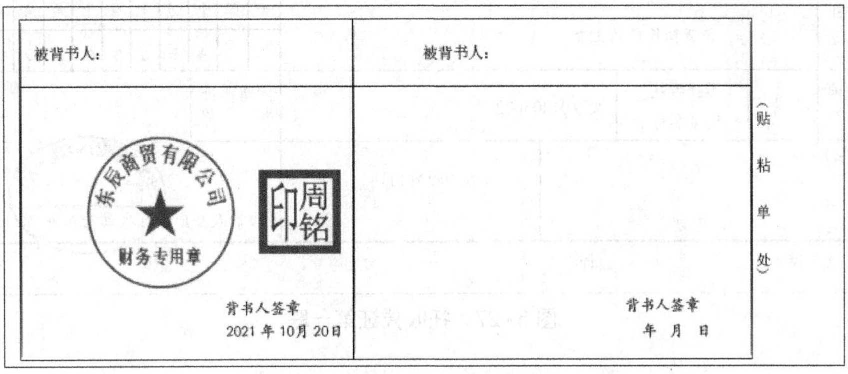

图 5-25　银行承兑汇票背书

② 填写一式五联的托收凭证和银行进账单（见图 5-26），然后将银行承兑汇票第二联和第三联、托收凭证和银行进账单送交自己的开户银行，并委托开户银行收款。

中国工商银行　银行进账单（回单）

2021 年 10 月 20 日

出票人	全　称	深圳星辉传媒有限公司	收款人	全　称	东辰商贸有限公司
	账　号	0123 4567 8910 1264		账　号	0123 5698 2365 3363
	开户银行	工行深圳软件园支行		开户银行	工行深圳龙华支行
金额	人民币（大写）	伍万陆仟伍佰元整		亿千百十万千百十元角分	¥ 5 6 5 0 0 0 0
票据种类	银行承兑汇票	票据张数			
票据号码	00000225			开户银行签章	
复核	记账				

此联是开户银行交给持票人的回单或收账通知

图 5-26　银行进账单

③ 经开户银行审核盖章后，取回托收凭证第一联回单，如图 5-27 所示。

④ 款项到账后，到开户银行取回托收凭证第四联收账通知单，并将其交给会计人员做账，然

后根据审核无误的记账凭证登记银行存款日记账。

委电　　托收凭证（回单）　1

委托日期：2021 年 10 月 20 日

付款人	全　称	深圳星辉传媒有限公司	收款人	全　称	东辰商贸有限公司
	账号或地址	0123456789101264		账号或地址	012356982365333
	开户银行	工行深圳软件园支行		开户银行	工行深圳龙华支行　行号
委托金额	人民币（大写）	伍万陆仟伍佰元整		千百十万千百十元角分	¥ 5 6 5 0 0 0 0
款项内容	货款	委托收款凭证名称	发票01005622	附寄单证张数	2
备注	电划	款项收妥日期　年　月　日		收款人开户银行盖章	中国工商银行深圳龙华支行 业务专用章

单位主管　　会计　　复核　　记账

图 5-27　托收凭证第一联

任务五　银行本票结算

一、任务引入

2021 年 7 月 12 日，星辉公司从广州鲁中家具有限公司（以下简称鲁中公司）处购买了一批办公家具，货款为 20 000 元，增值税为 2 600 元，双方协商此次交易采用银行本票结算方式。7 月 12 日，星辉公司出纳人员王敏前往银行办理银行本票，并将其交给银行业务人员。7 月 13 日，银行业务人员将银行本票交给鲁中公司的出纳人员。假设鲁中公司的账号为 102336954175233625，开户银行为工行广州东城支行。

请思考：（1）星辉公司出纳人员王敏应该如何处理该笔银行本票结算业务？

（2）鲁中公司出纳人员应该如何处理该笔银行本票结算业务？

二、相关知识

银行本票具有使用方便、见票即付、结算迅速、信誉度高、支付能力强等特点，因此在经济业务中的应用较为广泛。

（一）认识银行本票

银行本票是出票人签发的，承诺其在见票时无条件支付确定金额的款项给收款人或者持票人的一种票据。在我国，本票仅限于银行本票（银行出票、银行付款）。银行本票的一般格式如图 5-28 所示。

1. 银行本票的基本当事人

银行本票由银行签发且由银行付款，所以其基本当事人只有两个，即出票人和收款人。另外，也可以将银行本票的基本当事人理解为3个，即出票人、付款人和收款人，其出票人与付款人应为同一人。

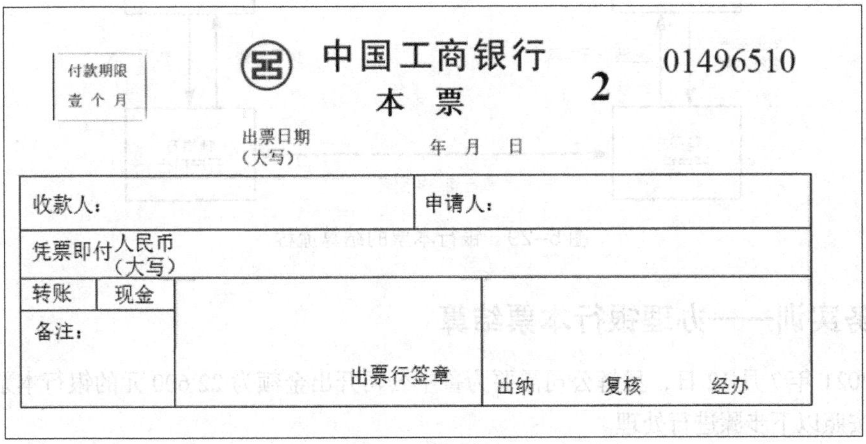
付款期限 壹个月

中国工商银行 本票 2 01496510

出票日期（大写） 年 月 日

收款人： 申请人：

凭票即付 人民币（大写）

转账 现金

备注：

出票行签章

出纳 复核 经办

图5–28 银行本票

2. 银行本票结算规定

银行本票按照其金额是否固定可分为不定额本票和定额本票，定额本票的面值分别有1 000元、5 000元、10 000元和50 000元。使用银行本票结算时应遵循以下规定。

（1）单位和个人在同一票据交换区域需要支付的各种款项，均可以使用银行本票。

（2）银行本票可用于转账，注明“现金”字样的银行本票可用于支取现金。以申请人或收款人为单位的，不得申请签发现金银行本票。

（3）银行本票见票即付。提示付款期限自出票日起不得超过2个月。持票人超过付款期限提示付款的，代理付款人将不予受理。

（4）银行本票的持票人若未按照规定期限提示见票，则会丧失对出票人以外的前手的追索权。

（5）若银行本票丧失，则失票人可凭人民法院出具的该失票人享有票据权利的证明向出票银行请求付款或退款。

（6）银行本票应当记载的内容包括标明其为“本票”字样、无条件支付的承诺、出票人签字、出票日期和地点、确定的金额、收款人或其指定代理人姓名等，未记载上述事项之一的银行本票无效。

（二）办理银行本票结算

银行本票业务的处理程序与银行汇票类似，其结算流程具体如下。

（1）申请签发本票。购买方填写银行本票申请书后加盖银行预留印鉴，并将其交给出票银行。

（2）出票。出票银行受理银行本票申请书，收妥款项后签发银行本票，并将银行本票第二联交给购买方。

（3）交付销售方。购买方将银行本票第二联交给本票上记明的收款人（即销售方）。

（4）提示付款。销售方在银行本票的提示付款期内向开户银行提示付款时，应在银行本票第二联背面签章，并将银行本票第二联和银行进账单送交开户银行，经银行审查无误后办理转账。

银行本票的结算流程如图5-29所示。

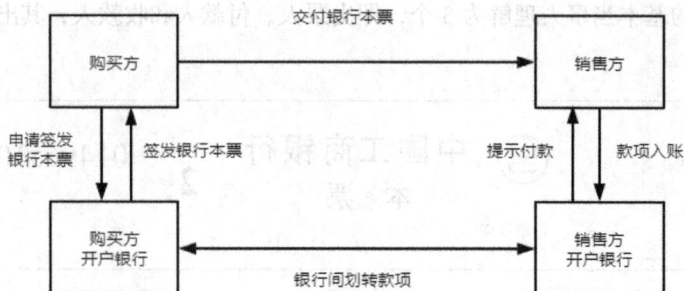

图 5-29　银行本票的结算流程

三、任务实训——办理银行本票结算

（1）2021 年 7 月 12 日，星辉公司需要为鲁中公司开出金额为 22 600 元的银行本票。出纳人员王敏应按照以下步骤进行处理。

① 填写银行本票申请书后加盖银行预留印鉴，然后将银行本票申请书交给开户银行。填好的银行本票申请书第一联如图 5-30 所示。

图 5-30　银行本票申请书第一联

② 待开户银行审核后签发银行本票，然后取回银行本票第二联（见图 5-31）及银行本票申请书第一联。

图 5-31　银行本票第二联

③ 将银行本票第二联交给单位采购人员办理采购，将银行本票申请书第一联交给会计人员编制记账凭证，然后根据审核无误的记账凭证登记银行存款日记账。

（2）2021 年 7 月 13 日，鲁中公司出纳人员在收到银行本票时，应按照以下步骤进行处理。

① 审核收到的银行本票，需要审核如下内容：收款人是否确定为本单位或本人，银行本票是否在提示付款期限内，必须记载的事项是否齐全，出票人签章是否符合规定，出票金额、出票日期、收款人名称是否更改，更改的其他事项是否由原出票人签章证明，背书是否连续等。

② 在银行本票第二联背面加盖银行预留印鉴，如图 5-32 所示。填制银行进账单，将填写好的银行进账单（见图 5-33）连同银行本票第二联一起交给自己的开户银行。

③ 将开户银行退回的银行进账单第一联交给会计人员编制记账凭证，然后根据审核无误的记账凭证登记银行存款日记账。

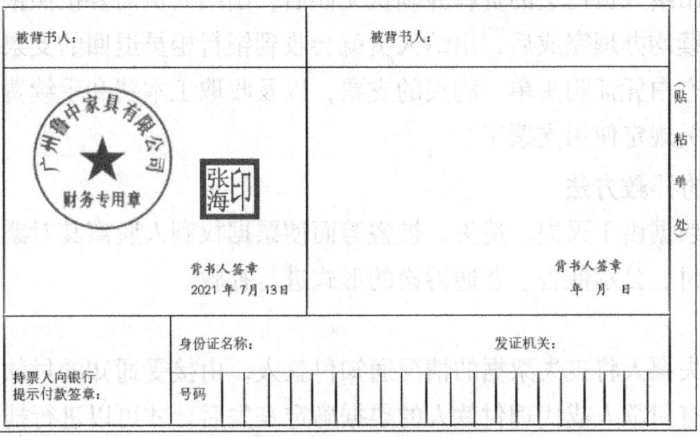
被背书人：

广州鲁中家具有限公司 财务专用章

张海印

背书人签章
2021 年 7 月 13 日

被背书人：

背书人签章
年　月　日

贴粘单处

持票人向银行提示付款签章：

身份证名称：　　发证机关：

号码

图 5-32　银行本票背面

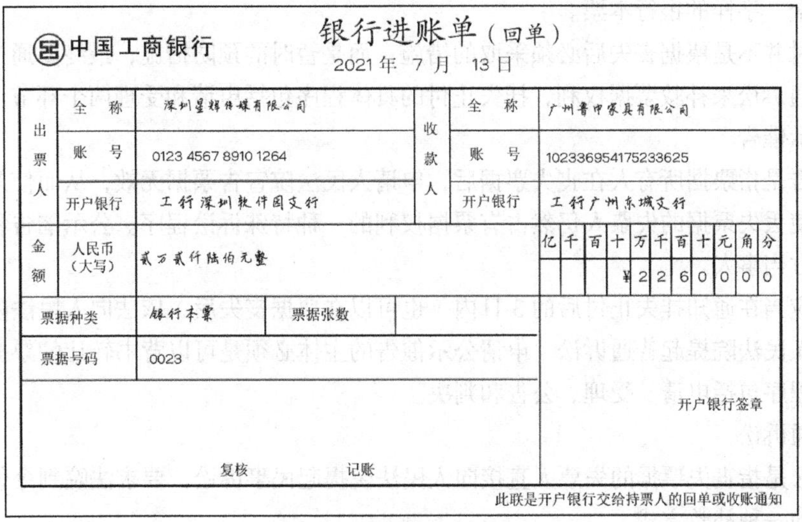
中国工商银行　　银行进账单（回单）

2021 年 7 月 13 日

出票人	全　称	深圳星辉传媒有限公司	收款人	全　称	广州鲁中家具有限公司
	账　号	0123 4567 8910 1264		账　号	102336954175233625
	开户银行	工行深圳软件园支行		开户银行	工行广州东城支行
金额	人民币（大写）	贰万贰仟陆佰元整		亿千百十万千百十元角分	¥2 2 6 0 0 0 0
票据种类	银行本票	票据张数			
票据号码	0023				

开户银行签章

复核　　记账

此联是开户银行交给持票人的回单或收账通知

图 5-33　银行进账单

拓展阅读——票据结算业务的经验总结

票据结算业务的处理步骤相对较复杂，需要多次到银行办手续、填单据，并与银行、对方单位进行接洽，很多出纳人员都觉得处理起来颇有难度。下面就将一些相关经验进行总结，以帮助出纳人员更好地掌握结算业务的处理方法。

1. 购买支票的方法

单位使用的支票需要到银行购买。"购买"并不是一般意义上的商品买卖，此处可理解为"领取"。

出纳人员在开户银行购买支票时，首先要填写一份由银行统一印制的空白凭证购买单，空白凭证购买单需要填写的事项通常有申请购买凭证单位的名称、银行账号、凭证种类、凭证数量、购买日期等。

出纳人员填写好空白凭证购买单的相关事项并加盖开户银行预留印鉴后，将其与开户银行的支票购买证一起交与银行柜员，然后再办理支票购买手续。

银行柜员审核出纳人员提交的资料并确认无误后，出纳人员需要按照银行的规定支付工本费和手续费。上述手续均办理完成后，出纳人员就会收到银行柜员退回的支票购买证、加盖"银行付讫"章的第二联空白凭证购买单、购买的支票，以及收取工本费和手续费的回单。至此，出纳人员就可以按照相关规定使用支票了。

2. 票据丧失的补救方法

票据丧失是指票据由于灭失、遗失、被盗等而使票据权利人脱离其对票据的占有，票据丧失后可以采取挂失止付、公示催告、普通诉讼的形式进行补救。

（1）挂失止付

挂失止付是指失票人将丧失票据的情况通知付款人，由接受通知的付款人审查后暂停支付的一种补救方式。只有付款人或代理付款人的票据确定丧失后，才可以进行挂失止付。挂失止付的范围具体包括：①已承兑的商业汇票；②支票；③填明"现金"字样和代理付款人的银行汇票；④填明"现金"字样的银行本票。

挂失止付并不是票据丧失后必须采取的措施，而是暂时的预防措施，最终要通过申请公示催告或提起普通诉讼来补救票据权利，挂失止付的具体程序包括申请和受理两个环节。

（2）公示催告

公示催告是指票据所有人在丧失票据后，申请人民法院宣告票据无效，从而使票据权利与票据相分离，使丢失票据的失票人仍然占有票据权利的一种特殊诉讼程序。公示催告程序只有申请人，没有对方当事人。

失票人应当在通知挂失止付后的3日内（也可以在票据丧失后）依法向人民法院申请公示催告，或者向人民法院提起普通诉讼。申请公示催告的主体必须是可以背书转让的票据的最后持票人，其具体程序包括申请、受理、公告和判决。

（3）普通诉讼

普通诉讼是指丧失票据的失票人直接向人民法院提起民事诉讼，要求法院判令付款人向其支付票据金额的一种补救方式。

3. 各种票据的使用特点

我国相关法律法规对各种票据的出票人、用途、适用地域和提示付款期有不同的规定，下面就将各种票据的使用特点加以比较、总结，以帮助出纳人员可以更好地使用，如表5-1所示。

表 5-1 各种票据的使用特点

项目	银行汇票	商业汇票	银行本票	支票
出票人	银行	单位	银行	单位、个人
用途	可用于转账,填明"现金"字样的也可提现	转账	可用于转账,注明"现金"字样的也可提现	可用于提现,也可用于转账
适用地域	异地	异地、同城	同城	同一票据交换区域
提示付款期	出票日起 1 个月	汇票到期日起 10 日内(付款期限最长不得超过 6 个月)	自出票日起最长不得超过 2 个月	出票日起 10 日内

巩固练习

一、单选题

1. 下列不属于票据基本当事人的是（ ）。

    A. 出票人　　　　B. 收款人　　　　C. 付款人　　　　D. 背书人

2. 在票据非当事人中,接受汇票出票人的付款委托,同意承担支付票款义务的人是（ ）。

    A. 出票人　　　　B. 背书人　　　　C. 承兑人　　　　D. 保证人

3. 甲公司持有一张商业汇票,到期后可委托开户银行向承兑人收取票款,则甲公司行使的票据权利是（ ）。

    A. 付款请求权　　　　　　　　　　B. 利益返还请求权

    C. 票据追索权　　　　　　　　　　D. 票据返还请求权

4. 下列各项中,不属于银行本票必须记载事项的是（ ）。

    A. 表明"银行本票"的字样　　　　B. 无条件支付的承诺

    C. 出票日期　　　　　　　　　　　D. 出票地

5. 汇票付款人承诺在汇票到期日支付汇票金额的票据行为被称为（ ）。

    A. 出票　　　　　B. 背书　　　　　C. 承兑　　　　　D. 保证

6. 下列各项中说法错误的是（ ）。

    A. 银行汇票的实际结算金额不得更改,更改实际结算金额后的汇票无效

    B. 持票人向银行提示付款时,必须同时提交银行汇票和解讫通知,若缺少其中任何一联,银行将不予受理

    C. 持票人超过提示付款期限向代理付款银行提示付款的,可以直接获得付款

    D. 未填明实际结算金额和多余金额或实际结算金额超过出票金额的,银行不予受理

7. 银行本票的提示付款期是指自出票日起（ ）内向付款人提示付款。

    A. 10 天　　　　　B. 1 个月　　　　C. 2 个月　　　　D. 6 个月

8. 支票的提示付款期限为自出票日起（ ）内。

    A. 3 日　　　　　B. 10 日　　　　　C. 15 日　　　　　D. 1 个月

9. 商业汇票的付款期限最长不得超过（ ）。

    A. 3 个月　　　　B. 6 个月　　　　C. 9 个月　　　　D. 12 个月

05

10. 下列不属于支票分类的是（   ）。

    A. 现金支票　　　　B. 转账支票　　　　C. 普通支票　　　　D. 商业支票

11. 下列关于票据结算相关规定的说法不正确的是（   ）。

    A. 票据具有支付、汇兑、信用、结算和融资的功能

    B. 票据的当事人分为基本当事人和非基本当事人

    C. 票据权利包括追索权和索赔权

    D. 以背书转让或以背书方式将一定的票据权利授予他人行使时，必须记载背书人名称

12. 下列关于转账支票的叙述，说法错误的是（   ）。

    A. 可用于转账

    B. 可背书转让

    C. 只能在付款人所在票据交换区域内使用

    D. 可用于支取现金

13. A 公司发现其持有 B 公司签发销售金额为 1 000 000 元的转账支票为空头支票后，可以向 B 公司要求赔偿的金额是（   ）元。

    A. 25 000　　　　B. 15 000　　　　C. 10 000　　　　D. 20 000

14. 在票据当事人中，为票据债务提供担保，由票据债务人以外的其他人担当的当事人被称为（   ）。

    A. 背书人　　　　B. 付款人　　　　C. 承兑人　　　　D. 保证人

15. 甲公司于 2021 年 3 月 12 日向乙公司购买了一批汽车轮胎，于是委托其开户银行于当日签发了一张价值 20 万元的银行汇票，乙公司收到银行汇票后应在（   ）前提示付款。

    A. 2021 年 3 月 22 日　　　　B. 2021 年 5 月 12 日

    C. 2021 年 4 月 12 日　　　　D. 2021 年 9 月 12 日

16. 根据《支付结算办法》的规定，银行汇票的付款人为（   ）。

    A. 出票银行　　B. 汇票的持有人　　C. 汇票的申请人　　D. 汇票的背书人

二、多选题

1. 只能用于转账，不能用于支取现金的支票有（   ）。

    A. 现金支票　　　　B. 转账支票　　　　C. 普通支票　　　　D. 划线支票

2. 我国相关法律规定的票据行为包括（   ）。

    A. 出票　　　　B. 背书　　　　C. 承兑　　　　D. 保证

3. 下列关于票据特征的表述，说法正确的有（   ）。

    A. 票据是债权凭证　　　　　　B. 票据是金钱凭证

    C. 票据是设权凭证　　　　　　D. 票据是文义证券

4. 根据《票据法》的规定，下列属于票据行为的有（   ）。

    A. 票据丧失后向银行挂失止付的行为

    B. 出票人签发票据并将其交付给收款人的行为

    C. 汇票付款人承诺在汇票到期日支付汇票金额并签章的行为

    D. 票据债务人以外的当事人，为担保特定债务人履行票据债务而在票据上记载有关事项并签章的行为

5. 票据债务人承担票据义务的情况包括（　　　）。

   A. 汇票承兑人因承兑而应承担的付款义务

   B. 本票出票人因出票而应承担的付款义务

   C. 支票付款人在与出票人有资金关系时应承担的付款义务

   D. 汇票、本票、支票的背书人，汇票、支票的出票人、保证人，在票据不获承兑或不获付款时承担的付款清偿义务

6. 下列关于票据权利不行使而消灭时效的表述，说法正确的有（　　　）。

   A. 持票人对见票即付的汇票、本票权利，自出票日起 1 年

   B. 持票人对支票出票人的权利，自出票日起 2 年

   C. 持票人对前手的追索权，自被拒绝承兑或者被拒绝付款之日起 6 个月

   D. 持票人对前手的再追索权，自清偿或者被提起诉讼之日起 3 个月

7. 下列关于支票的办理和使用要求，表述正确的有（　　　）。

   A. 出票人不得签发与其银行预留签章不符的支票

   B. 出票人签发空头支票的，银行应予以退票，并按票面金额处以 5%但不高于 1 000 元的罚款

   C. 持票人可以委托开户银行收款或直接向付款人提示付款

   D. 签发支票时应用碳素墨水或墨汁填写

8. 银行进账单需要填写的内容包括（　　　）。

   A. 票据种类　　　　B. 收款人名称　　　　C. 日期　　　　D. 金额

9. 票据权利包括（　　　）。

   A. 姓名权　　　　B. 付款请求权　　　　C. 收款请求权　　　　D. 追索权

10. 下列关于银行汇票的叙述，说法正确的有（　　　）。

   A. 单位和个人的各种款项结算均可使用银行汇票

   B. 银行汇票适用于异地、同城或统一票据交换区域

   C. 银行汇票只能用于转账

   D. 银行汇票的提示付款期限为自出票日起 1 个月

11. 下列不能使用银行本票的有（　　　）。

   A. 单位和个人在异地需要支付的各种款项

   B. 单位和个人在同城需要支付的各种款项

   C. 单位在同一票据交换区域需要支付的各种款项

   D. 个人在同一票据交换区域需要支付的各种款项

三、判断题

1. 票据上的非基本当事人在各种票据行为中都有自己特定的名称，所以，同一当事人可以有两个名称，即双重身份。（　　　）

2. 汇票上未记载付款日期的，应为见票即付。（　　　）

3. 支票的出票人名称可以授权补记，未补记前不得背书转让和提示付款。（　　　）

4. 银行汇票申请书的第三联为存根联，由购买方办妥银行汇票结算后据此来编制记账凭证。（　　　）

5. 个人不能使用银行汇票。 （　　）

6. 带息商业汇票的承兑人必须按票面金额加上应计利息向收款人或被背书人支付票款。
（　　）

7. 销售方应在银行承兑汇票提示付款期内前往开户银行办理委托收款。 （　　）

8. 汇票是出票人委托他人付款的委付证券，出票人的出票行为意味着付款人要承担付款义务。 （　　）

9. 某公司签发给李某一张票面金额为 10 万元的支票，但当时该公司在其开户银行的账面存款余额仅为 3 万元。次日李某持该支票到银行办理转账时，该公司账面存款余额为 10.5 万元，因此，该支票不是空头支票。 （　　）

10. 银行汇票的实际结算金额低于出票金额的，其多余金额由出票银行自行处理。 （　　）

四、实操题

1. 2021 年 10 月 2 日，行者旅游公司与北京天庆商贸有限公司（以下简称"天庆公司"）签订了一份购货合同，约定向其购买一批物品。10 月 4 日，行者旅游公司出纳人员开具了一张价值为 15 000 元的转账支票用于支付货款。当日，就将该张支票交与天庆公司的业务人员。

根据上述资料，填写转账支票。

2. 2021 年 10 月 5 日，行者旅游公司向其开户银行申请一笔金额为 150 000 元的银行汇票，用于支付北武有限公司的材料款（账户名为西武有限公司，账号为 02011194021603123，开户银行为工行北京宣武支行，地址为北京市西城区宣武门 22 号）。

根据上述资料，填写银行汇票申请书。

3. 2021 年 10 月 20 日，行者旅游公司收到晨光家电有限公司开具的一张金额为 120 000 元的银行汇票（见图 5-34），当日，两家公司就确认了实际的结算金额应为 104 000 元。

请简述该公司出纳人员的操作，并填写相关票据和凭证。

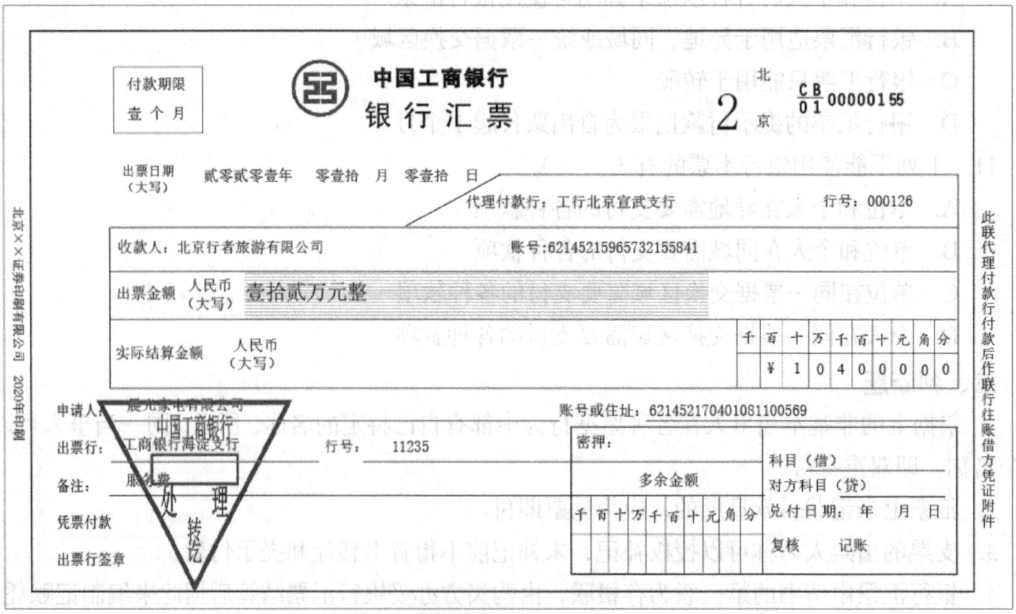

图 5-34　银行汇票

项目六
办理非票据结算

知识目标 ↓

- 掌握汇兑结算的办理程序和汇兑撤销、退汇的相关知识。
- 掌握委托收款结算的规定和办理程序。
- 掌握托收承付结算的规定和办理程序。
- 掌握信用卡的分类和有关规定。

能力目标 ↓

- 能够填写汇兑凭证、托收凭证和托收承付凭证。
- 能够处理汇兑结算、委托收款结算和托收承付结算业务。

素质目标 ↓

- 综合掌握各种结算方式，提升办理结算业务的能力，协助单位尽快收款，体现出纳人员的主人翁精神。
- 严格按照国家相关规定办理汇兑结算、委托收款结算、托收承付结算和信用卡结算业务，争取做到不逾期，避免为单位带来经济损失。

任务一　汇兑结算

一、任务引入

2021 年 8 月 6 日，星辉公司从四川瑞华商贸有限公司（以下简称"瑞华公司"）处购入一批拍摄设备，共计 20 000 元，双方约定采用银行汇兑方式进行结算。为了尽快结款，星辉公司决定采用电汇方式结算。2019 年 8 月 25 日，星辉公司派出纳人员王敏办理该笔款项的汇兑结算业务。假设瑞华公司的账号为 11121242089700055110，开户银行为工行成都青龙支行。

试根据上述资料，分析该项电汇结算业务所涉及的流程。

二、相关知识

汇兑是指汇款人委托银行将其款项支付给收款人的一种结算方式。单位和个人的各种款项结算，均可使用汇兑结算方式。汇兑便于汇款人向异地收款人主动付款，使用范围十分广泛。汇兑一般用于异地间结算，同城范围或同一票据交换区域内的结算，则不适用汇兑结算。总体来说，汇兑结算适用于各种经济业务的异地提现和结算。

（一）汇兑的分类

根据凭证传递方式的不同，汇兑可分为信汇和电汇两种。其中，信汇是以邮寄方式将汇款凭证转给外地收款人指定的汇入行；电汇则是以电报方式将汇款凭证转给外地收款人指定的汇入行。在这两种汇兑结算方式中，信汇费用较低，但速度相对较慢；而电汇速度较快，但手续费相对较高。由于计算机技术在银行系统中的广泛使用，目前一般采取电汇方式办理结算。

（二）办理汇兑结算

办理汇兑结算通常会历经签发汇兑凭证、银行受理、汇入处理 3 个环节。

（1）签发汇兑凭证。在本环节中，汇款人应按要求签发汇兑凭证并将其送交开户银行。签发的汇兑凭证必须记载下列事项：表明“信汇”或“电汇”的字样、无条件支付的委托、确定的金额、收款人全称、汇款人全称、汇款人汇出地点、收款人汇出地点、汇出行名称、汇入行名称、委托日期、汇出行签章等。图 6-1 所示为电汇凭证的一般格式。

中国工商银行　电汇凭证（回单）

□普通　□加急　　　　委托日期：　年　月　日

<table>
<tr><td rowspan="3">汇款人</td><td>全称</td><td></td><td rowspan="3">收款人</td><td>全称</td><td colspan="11"></td><td rowspan="7">此联汇出行给汇款人的回单</td></tr>
<tr><td>账号</td><td></td><td>账号</td><td colspan="11"></td></tr>
<tr><td>汇出地点</td><td>省　　市／县</td><td>汇出地点</td><td colspan="11">省　　市／县</td></tr>
<tr><td colspan="2">汇出行名称</td><td></td><td colspan="2">汇入行名称</td><td colspan="11"></td></tr>
<tr><td>金额</td><td colspan="4"></td><td>亿</td><td>千</td><td>百</td><td>十</td><td>万</td><td>千</td><td>百</td><td>十</td><td>元</td><td>角</td><td>分</td></tr>
<tr><td colspan="3" rowspan="2">汇出行签章</td><td colspan="2">票证安全码</td><td colspan="11"></td></tr>
<tr><td colspan="13">附加信息及用途：
复核：　　记账：</td></tr>
</table>

图 6-1　电汇凭证的一般格式

如果汇兑凭证上记载的收款人为个人，则收款人需要到汇入银行领取汇款，汇款方应在汇兑凭证上注明“留行待取”字样。对于留行待取的汇款，若需要指定单位收款人领取的，则应注明收款人的单位名称。信汇凭证凭收款人签章支取的，应在信汇凭证上预留其签章。如果汇款人确定不得转汇的，则应在汇兑凭证备注栏上注明“不得转让”字样。

汇款人和收款人均为个人，并需要在汇入银行支取现金的，应先在信汇、电汇凭证上的“汇款金额”大写金额栏中填写“现金”字样，再填写汇款金额。

实务点拨

与其他结算方式相比，汇兑不受金额起点的限制，即无论汇款金额是多少，均可以通过信汇和电汇方式进行结算。

案例分析

汇兑凭证的填写有讲究

2021年9月8日，北京东方天成有限公司（以下简称"天成公司"）的出纳人员持现金5万元和加盖了银行预留印鉴的电汇凭证到开户银行——工行北京玄武分行办理电汇业务。电汇凭证的付款人为天成公司，汇入行为工行南京城西支行，收款人为南京华亚商贸有限公司，大写金额栏为"现金伍万元整"。工行北京玄武分行的柜台人员认真审查了该电汇凭证后，要求天成公司出纳人员重新填写电汇凭证，并提醒其注意电汇凭证上的"汇款金额"大写金额栏不能填写"现金"二字。天成公司的出纳人员对此感到不解，因为自己以前办理私人电汇业务时填写的就是"现金"二字。

案例分析：根据《支付结算办法》的规定，采用汇兑结算方式进行结算时，如果汇款人和收款人均为个人，并需要在汇入银行支取现金的，应先在信汇、电汇凭证上的"汇款金额"大写金额栏中填写"现金"字样，再填写汇款金额。在本案例中，汇款人和收款人均为单位，二者之间的资金汇兑应转账结算，汇款人天成公司的汇出款项应通过其银行结算账户支付，而不能直接交付现金。因此，出纳人员在填写汇兑凭证时要注意一些细节，例如分清汇款人、收款人是个人还是单位，尽量避免重新填写。

（2）银行受理。汇款人的开户银行（汇出银行）收到汇款人签发的汇兑凭证后，应当进行认真审查。汇出银行审查的汇兑凭证内容包括：填写的汇兑凭证内容是否齐全、正确；汇款人账户内是否有足够支付的余额；汇款人的印章是否与银行预留印鉴相符等。经审查无误后，汇出银行应及时向汇入银行办理汇款，并向汇款人签发汇款回单。需要注意的是，汇款回单只能作为汇出银行受理汇款的依据，不能作为该笔汇款已转入收款人账户的证明。

（3）汇入处理。汇入银行接收汇出银行的汇兑凭证后，应先审查汇兑凭证上联行专用章与联行报单印章是否一致，经审查无误后，再根据收款人的不同情况进行审查并办理付款手续，其中，办理付款手续的情况主要有以下5种。

① 汇入银行对开立存款账户的收款人，应将汇款直接转入收款人账户，并向其发出收账通知，收账通知是银行将款项确已汇入收款人账户的凭据。

实务点拨

若汇款人采用信汇方式的，则汇入银行应在信汇凭证第四联加盖办讫章作为收账通知。若汇款单位采用电汇方式的，则汇入银行应编制电子汇划收款补充报单，并在第三联加盖办讫章作为收账通知。

② 未在银行开立存款账户的收款人，凭信汇、电汇的取款通知或留行待取的，在向汇入银行支取款项时，必须交验本人的身份证件，并在信汇、电汇凭证上注明证件名称、号码及发证机关，然后在"收款人签盖章处"签章。信汇凭签章支取的，收款人的签章必须与预留信汇凭证上的签章相符。经银行审查无误后，将会以收款人的姓名开立应解汇款及临时存款账户，需要注意的是，该账户只付不收，付完清户，不计付利息。

③ 如果收款人需要委托他人向汇入银行支取款项的，则应在取款通知上签章，并注明本人身份证件名称、号码、发证机关、代理字样以及代理人姓名等。代理人代理取款时，也应在取款通知上签章，并注明其身份证件名称、号码及发证机关，同时交验代理人和被代理人的身份证件。

④ 如果收款人办理转账支付的，则应由原收款人向银行填制支款凭证，并由本人交验其身份证件办理支付款项。该账户的款项只能转入单位或个体工商户的存款账户，严禁转入储蓄和银行卡账户。

⑤ 如果收款人办理转汇的，则应由原收款人向银行填制信汇、电汇凭证，并由本人交验身份证件，转汇的收款人必须是原收款人。原汇入银行必须在信汇、电汇凭证上注明"转汇"字样。

办理汇兑结算的基本程序如图 6-2 所示。

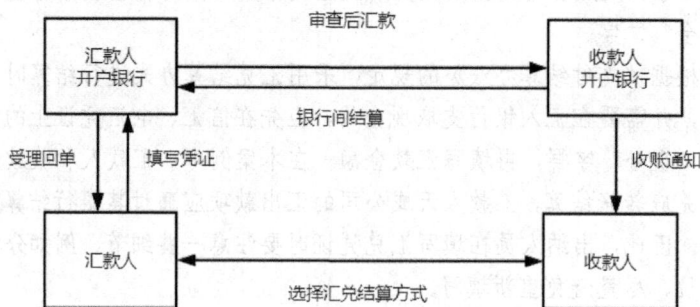

图 6-2　办理汇兑结算的基本程序

（三）汇兑的撤销和退汇

办理汇兑后，汇款人还可以申请撤销汇兑或退汇。

1. 汇兑的撤销

汇兑的撤销是指汇款人针对汇出银行尚未汇出的款项，向汇出银行申请撤销的行为。汇款人申请撤销汇款的前提必须是该款项尚未从汇出银行汇出。汇款人申请撤销汇兑时，应出具正式函件或本人身份证件及原信汇、电汇回单。汇出银行只有在查明未汇出款项，并收回原信汇、电汇回单时，方可办理撤销手续，但转汇银行不得受理汇款人或汇出银行对汇款的撤销。

2. 汇兑的退汇

汇兑的退汇是指汇款人对汇出银行已经汇出的款项申请退回汇款的行为。汇款人申请退汇的前提必须是该款项已从汇出银行汇出。

（1）对在汇入银行开立存款账户的收款人而言，可由汇款人与收款人自行联系退汇。也就是说，如果汇款人与收款人不能达成一致退汇意见，则不能办理退汇。

（2）对在汇入银行未开立存款账户的收款人而言，经汇入银行核实汇款确未支付，并将款项退回汇出银行后，方可办理退汇，但转汇银行不得受理汇款人或汇出银行对汇款的退汇。

（3）汇入银行对于收款人拒绝接受的汇款而言，应立即办理退汇。

（4）汇入银行对于向收款人发出取款通知，但经过 2 个月后仍无法交付的汇款而言，应该主动办理退汇。

三、任务实训——分析汇兑结算业务流程

2021 年 8 月 6 日，星辉公司从瑞华公司处购入一批拍摄设备，共计 20 000 元，采用电汇方式

结算。2021 年 8 月 25 日，星辉公司派出纳人员王敏办理该笔款项的汇兑结算业务。王敏应按照以下步骤进行处理。

（1）按照相关要求填写电汇凭证，并加盖银行预留印鉴（见图 6-3），然后将其送交开户银行。

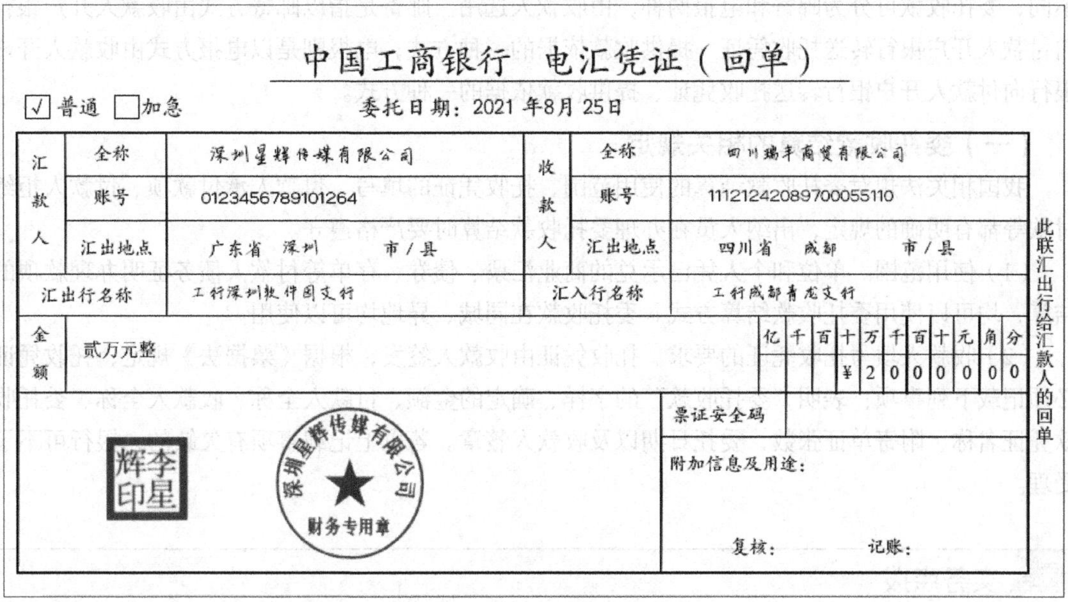
中国工商银行　电汇凭证（回单）

√普通　□加急　　委托日期：2021 年8月 25日

汇款人	全称	深圳星辉传媒有限公司	收款人	全称	四川瑞丰商贸有限公司
	账号	012345678910l264		账号	11121242089700055110
	汇出地点	广东省　深圳　市／县		汇出地点	四川省　成都　市／县
汇出行名称		工行深圳软件园支行	汇入行名称		工行成都青龙支行
金额		贰万元整		亿千百十万千百十元角分	¥2000000
				票证安全码	
				附加信息及用途：	
				复核：　记账：	

图 6-3　填好的电汇凭证

（2）星辉公司开户银行受理并审核电汇凭证无误后，从星辉公司账户中划拨等额款项并收取相应手续费，同时，通过电报、电传方式授权其向瑞华公司解付该笔款项。

（3）转账手续办理完成后，星辉公司开户银行在电汇凭证回单联上加盖“转讫”章，然后将该联凭证退还王敏。

（4）瑞华公司开户银行收到星辉公司开户银行的电报或电传，经核对密押无误后，通知瑞华公司收款。

（5）瑞华公司出纳人员收到收款通知后办理收款手续，并在汇兑凭证收款联上盖章后将其交与开户银行。

（6）瑞华公司开户银行解付汇款到瑞华公司账户。

任务二　委托收款结算

一、任务引入

2021 年 8 月 9 日，星辉公司为上海四方有限公司提供广告服务，开出增值税专用发票，其含税服务费为 22 600 元，星辉公司委托开户银行进行收款。假设上海四方有限公司的账号为 51325236969337664，开户行为工行上海中山南路支行。

请问，星辉公司出纳人员王敏应该如何办理这笔委托收款结算业务？

二、相关知识

委托收款是指收款人委托银行向付款人收取款项的一种结算方式。根据结算款项的划回方式不同，委托收款可分为邮寄和电报两种，由收款人选用。邮寄是指以邮寄方式由收款人开户银行向付款人开户银行转送托收凭证、提供收款依据的一种方式；电报则是以电报方式由收款人开户银行向付款人开户银行转送托收凭证、提供收款依据的一种方式。

（一）委托收款结算的相关规定

我国相关法规对委托收款结算的使用范围、托收凭证的填写、付款人承付款项、付款人拒绝付款等都有明确的规定，出纳人员在办理委托收款结算时要严格遵守。

（1）使用范围。单位和个人凭已承兑的商业汇票、债券、存单等付款人债务证明办理款项的结算，均可以使用委托收款结算方式。委托收款在同城、异地均可以使用。

（2）收款人填写托收凭证的要求。托收凭证由收款人签发，根据《票据法》规定，托收凭证必须记载下列事项：表明"委托收款"的字样、确定的金额、付款人全称、收款人全称、委托收款凭证名称、附寄单证张数、委托日期以及收款人签章。若以上记载事项有欠缺的，银行可不予受理。

> **实务点拨**
>
> 托收凭证一式五联，第一联是回单，是收款单位开户银行给收款单位的回单联；第二联是贷方凭证，是收款单位委托开户银行办理托收款项后的贷方凭证联；第三联是借方凭证，是付款单位开户银行支付货款的借方凭证联；第四联是收账通知，是收款单位开户银行在款项收妥后，交给付款单位的收账通知联；第五联是承付支款通知，是付款单位开户银行通知付款单位按期承付货款的承付通知联。

委托收款以银行以外的单位为付款人的，托收凭证中必须记载付款人开户银行名称；以银行以外的单位或在银行开立存款账户的个人为收款人的，托收凭证中必须记载收款人开户银行名称；以未在银行开立存款账户的个人为收款人的，托收凭证中必须记载被委托银行名称。

（3）付款人承付款项的规定。以银行为付款人的，银行应在当日将款项主动支付给收款人；以单位为付款人的，银行在通知付款人后，付款人应于接到通知的当日书面通知银行付款。付款人未在接到通知日的次日起3日内通知银行付款的，视同付款人同意付款，银行应于付款人接到通知日的次日起第4日上午开始营业时将款项划给收款人。

> **实务点拨**
>
> 银行在办理划款业务时，付款人存款账户不足支付的，应通过被委托银行向收款人发出未付款项通知书。

（4）付款人拒绝付款的规定。付款人审查有关债务证明后，对收款人委托收取的款项需要拒绝付款的，可以办理拒绝付款。

① 以银行为付款人的，应在收到委托收款及债务证明的次日起3日内出具拒绝证明，连同有

关债务证明、凭证一并寄给被委托银行，再由被委托银行将其转交收款人。

② 以单位为付款人的，应在付款人接到通知日的次日起 3 日内出具拒绝证明，持有债务证明的，应将其送交开户银行，然后银行将拒绝证明、债务证明和有关凭证一并寄给被委托银行，再由被委托银行将其转交收款人。

📚 **实务点拨**

收款人收取公用事业费，必须具有收付双方事先签订的经济合同，由付款人向开户银行授权，并经开户银行同意，报经中国人民银行当地分支行批准后，则可以使用同城特约委托收款。

（二）办理委托收款结算

办理委托收款结算同样会涉及收款人、收款人开户银行、付款人、付款人开户银行 4 方当事人。委托收款结算的程序如图 6-4 所示。

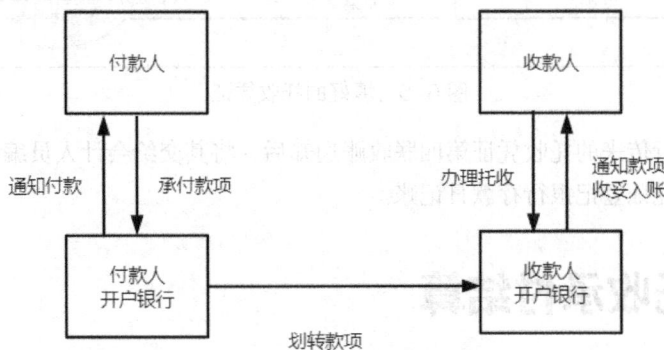

图 6-4　委托收款结算的程序

（1）收款人办理委托收款业务时，应当填写一式五联的托收凭证，在托收凭证第二联加盖银行预留印鉴后，将托收凭证连同水电费结算单、话费单等债务证明一同提交至开户银行。

（2）经审核无误后，收款人开户银行将托收凭证第一联退给收款人。

（3）付款人接到自己的开户银行寄送的托收凭证第五联付款通知后，办理相应的付款手续（若拒付，则办理拒付手续）。

（4）付款人开户银行和收款人开户银行之间划转款项，收款人开户银行收到款项后向收款人寄送托收凭证第四联收账通知。

三、任务实训——办理委托收款结算

2021 年 8 月 9 日，星辉公司为上海四方有限公司提供服务，对方需要支付含税服务费 22 600 元。星辉公司委托自己的开户银行进行收款。王敏应按以下步骤进行办理。

（1）填写一式五联的托收凭证，并在第二联收款人签章处加盖单位的银行预留印鉴，如图 6-5 所示。

（2）将填好的托收凭证连同增值税发票等资料一并交付开户银行。

（3）待银行受理并审核后，取回加盖银行印鉴的托收凭证第一联，然后将其交给会计人员编制记账凭证。

委电　　托收凭证（贷方凭证）2

委托日期：2021 年 8 月 9 日

付款人	全称	上海四方有限公司	收款人	全称	深圳星辉传媒有限公司
	账号或地址	5132523696933764		账号或地址	0123456789101264
	开户银行	工行上海中山南路分行		开户银行	工行深圳软件园支行　行号
委托金额	人民币（大写）贰万贰仟陆佰元整		千 百 十 万 千 百 十 元 角 分		￥ 2 2 6 0 0 0 0
款项内容	服务费	委托收款凭证名称	发票02105321	附寄单证张数	1
备注	电划	收款人签章（辉李印星；深圳星辉传媒有限公司 财务专用章）		收款人开户银行盖章（中国工商银行深圳软件园支行 业务专用章）	

单位主管　　会计　　复核　　记账

图 6-5　填好的托收凭证

（4）待收到银行传来的托收凭证第四联收账通知后，将其交给会计人员编制记账凭证，并根据审核无误的记账凭证登记银行存款日记账。

任务三　托收承付结算

一、任务引入

2021 年 8 月 23 日，星辉公司为异地的上海希光有限公司（以下简称“希光公司”）提供广告服务，开出增值税专用发票，其含税服务费为 130 000 元。8 月 24 日，领导安排王敏到银行办理托收承付结算。假设希光公司的账号为 416230233696336，开户银行为工行上海中山南路支行。

请问，王敏应该如何办理这笔托收承付结算业务？

二、相关知识

托收承付，可以分为“托收”和“承付”两个阶段，即付款人首先要委托银行去收款，然后待对方承认付款后才能成功办理，该方式不仅要求多，而且限制条件也多。

（一）认识托收承付

托收承付是指根据购销合同，由收款人发货后委托银行向异地付款人收取款项，由付款人向银行承付的一种结算方式。

1. 使用托收承付结算的条件

使用托收承付的结算方式处理经济业务时，必须符合以下 6 点条件。

（1）使用托收承付结算方式的收款单位和付款单位必须是国有企业、供销合作社以及经营管理较好，并经开户银行审查同意的城乡集体所有制工业企业。

（2）办理托收承付结算的款项必须是商品交易以及因商品交易而产生劳务供应的款项。代销、寄销、赊销商品的款项均不得办理托收承付结算。

（3）托收承付结算的金额起点为1万元，新华书店系统每笔的金额起点为1 000元。

（4）必须签有符合《合同法》的购销合同，并明确使用异地托收承付的结算方式。

（5）收款人办理托收，必须具有证明商品已发运的证件。

（6）收付双方必须尊重合同和讲信用。如果收款人对同一付款人发货托收累计3次收不回货款的，收款人开户银行应暂停收款人向付款人办理托收；付款人累计3次提出无理由拒付的，付款人开户银行应暂停其向外办理托收。

2. 托收承付凭证

托收承付凭证必须记载的事项包括：表明“托收承付”的字样、确定的金额、付款人的全称和账号、收款人的全称和账号、付款人的开户银行名称、收款人的开户银行名称、附寄单证张数或册数、合同名称号码、委托日期、收款人开户银行盖章等。托收承付凭证上欠缺记载上列事项之一的，银行可不予受理。

实务点拨

收付双方使用托收承付结算方式时，应在合同上明确使用托收承付结算款项的划回方法。划回方法分为邮寄和电报两种，由收款人选用。

邮寄和电报的结算凭证均为一式五联。第一联回单，是收款人开户银行交给收款人的回单，如图6-6所示；第二联委托凭证，是收款人委托开户银行办理托收款项后的收款凭证；第三联支票凭证，是付款人向开户银行支付货款的支款凭证；第四联收款通知，是收款人开户银行在款项收妥后交给收款人的收款通知；第五联承付（支款）通知，是付款人开户银行通知付款人按期承付货款的承付（支款）通知。

托收承付　结算凭证（回单）　**1**　第　号　托收号码：

年　月　日

<table>
<tr><td rowspan="3">收款单位</td><td>全　称</td><td colspan="2"></td><td rowspan="3">付款单位</td><td>全　称</td><td colspan="10"></td></tr>
<tr><td>账　号</td><td colspan="2"></td><td>账　号</td><td colspan="10"></td></tr>
<tr><td>开户银行</td><td colspan="2"></td><td>开户银行</td><td colspan="2"></td><td colspan="8">行号</td></tr>
<tr><td rowspan="2">托收金额</td><td colspan="5" rowspan="2">人民币（大写）</td><td>千</td><td>百</td><td>十</td><td>万</td><td>千</td><td>百</td><td>十</td><td>元</td><td>角</td><td>分</td></tr>
<tr><td></td><td></td><td></td><td></td><td></td><td></td><td></td><td></td><td></td><td></td></tr>
<tr><td colspan="3">附　件</td><td colspan="4">商 品 发 运 情 况</td><td colspan="9">合 同 名 称 号 码</td></tr>
<tr><td colspan="2">附寄单证张数或册数</td><td></td><td colspan="4"></td><td colspan="9"></td></tr>
<tr><td colspan="4">备注

电划</td><td colspan="4">款项收妥日期
年　月　日</td><td colspan="8">收款人开户银行盖章</td></tr>
</table>

单位主管　会计　复核　记账

图6-6　托收承付凭证第一联

（二）托收承付结算的相关规定

出纳人员在办理托收承付结算时，需要严格遵守以下4条规定。

1. 托收

托收是指收款人按照签订的购销合同发货后，委托银行办理托收的行为。

（1）收款人应将托收承付凭证并附发运证件或其他符合托收承付结算要求的有关证明和交易单证送交银行。

（2）收款人开户银行接到托收承付凭证及其附件后，应当按照托收的范围、条件和托收承付凭证记载的要求认真进行审查，必要时，还应查验收、付款人签订的购销合同。

2. 承付

承付是指付款单位在承付期限内，向银行承认付款的行为。办理承付要遵守以下4点规定。

（1）付款人开户银行收到托收承付凭证及其附件后，应当及时通知付款人付款，付款人应在承付期内审查核对、安排资金。承付货款分为验单付款和验货付款两种，由收付双方商量选用，并在合同中明确规定。

（2）验单付款的承付期为3天，从付款人开户银行发出承付通知的次日（承付期内遇法定休假日顺延）起计算；验货付款的承付期为10天，从运输部门向付款人发出提货通知的次日起计算。

（3）付款人在承付期内未向银行表示拒绝付款的，银行即视作承付，并在承付期满的次日（遇法定休假日顺延）上午银行开始营业时，将款项划给收款人。

（4）无论是验单付款还是验货付款，付款人都可以在承付期内提前向银行表示承付，并通知银行提前付款，银行收到通知后应立即办理划款。

3. 逾期付款

逾期付款是指付款人在承付期满日银行营业终了时，如无足够资金支付不足部分，即为逾期未付款项，将按逾期付款处理。

4. 拒绝付款

拒绝付款是指付款人在承付期内，可向银行提出全部或部分拒绝付款，具体情形包括以下7种。

（1）没有签订购销合同或购销合同未明确托收承付结算方式的款项。

（2）未经双方事先达成协议，收款人提前交货或因逾期交货而付款人不再需要该项货物的款项。

（3）未按合同规定的到货地址发货的款项。

（4）代销、寄销、赊销商品的款项。

（5）验单付款，发现所列货物的品种、规格、数量、价格与合同规定不符，或货物已到，经查验货物与合同规定或发货清单不符的款项。

（6）验货付款，经查验货物与合同规定或与发货清单不符的款项。

（7）货款已经支付或计算有错误的款项。

付款人对以上情况提出拒绝付款时，必须填写拒绝付款理由书并签章，注明拒绝付款的理由，涉及合同的应引证合同上的有关条款。若属于商品质量问题，则需要提供商品检验部门的检验证明；若属于商品数量问题，则需要提供数量问题的证明及其有关数量的记录；若属于外贸部门进口商品，则应当提供国家商品检验或运输等部门出具的证明。

5. 重办托收

　　重办托收是指收款人对被无理由拒绝付款的托收款项，在收到退回的结算凭证及其所附单证后，需要委托银行重办托收。经开户银行审查，确属无理由拒绝付款的，可以重办托收。

（三）办理托收承付结算

　　托收承付结算涉及收款人开户银行、收款人、付款人开户银行、付款人 4 方当事人，即由收款人委托收款人开户银行办理托收，然后由付款人开户银行通知付款人承付，具体的流程如下。

　　（1）收款人按照签订的购销合同发货后，应当填制托收承付凭证，并在第二联上加盖银行预留印鉴，连同发运单据及其他相关凭证一并送交开户银行。经银行审核无误后，退回盖有银行印鉴的托收承付凭证第一联。

　　（2）收款人开户银行通知付款人开户银行后，付款人开户银行即可通知付款人付款。付款人按照与银行协议的方式取得托收承付凭证及其附件后，应在承付期内进行审核并安排资金，然后根据合同条款中确定的验单付款或验货付款的承付方式办理货款承付。

　　（3）付款人开户银行将款项划转给收款人开户银行，待收款人银行收到款项后，向收款人发出收款通知。

　　托收承付结算的基本流程如图 6-7 所示。

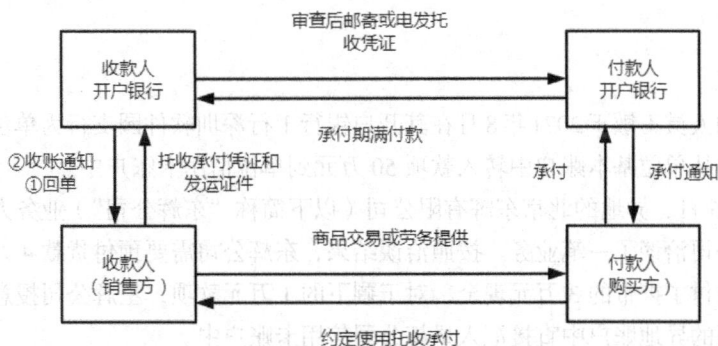

图 6-7　托收承付结算的基本流程

三、任务实训——办理托收承付结算

　　2021 年 8 月 23 日，星辉公司为希光公司提供广告服务，开出增值税专用发票，其含税服务费为 1 300 000 元。8 月 24 日，领导安排王敏到银行办理托收承付结算，具体步骤如下。

　　（1）填制托收承付凭证，并在第二联上加盖银行预留印鉴，连同发运单据及其他相关凭证一并送交开户银行。

（2）经银行审核无误后，退回盖有银行印鉴的托收承付凭证第一联（见图6-8），然后将退回的托收承付第一联交给会计人员编制记账凭证。

（3）待收到开户银行发出的托收承付凭证第四联收款通知后，将其交给会计人员编制记账凭证，然后根据审核无误的记账凭证登记银行存款日记账。

托收承付	结算凭证（回单）	1	第 26 号 托收号码：111011235

2021 年 8 月 24 日

收款单位	全 称	深圳星辉传媒有限公司	付款单位	全 称	上海寿光有限公司
	账 号	0123456789101264		账 号	416230233696336
	开户银行	工行深圳软件园支行		开户银行	工行上海中山南路支行	行号

托收金额	人民币（大写）	壹佰叁拾万元整	千 百 十 万 千 百 十 元 角 分
			¥ 1 3 0 0 0 0 0 0 0

附 件	商 品 发 运 情 况	合 同 名 称 号 码
附寄单证张数或册数 　2		2021080311

备注	款项收妥日期 年 月 日	
电划	收款人开户银行盖章	

单位主管　　会计　　复核　　记账

图6-8 托收承付凭证第一联

任务四　信用卡结算

一、任务引入

星辉公司出纳人员王敏于2021年8月在其开户银行工行深圳软件园支行为单位开立了一个单位信用卡账户，并从单位基本账户中转入款项50万元到单位信用卡账户中。

2021年9月6日，异地的北京东辉有限公司（以下简称"东辉公司"）业务人员随身携带现金3万元与星辉公司洽谈了一笔业务。按照洽谈结果，东辉公司需要预付货款4万元，东辉公司的业务人员当即交付了携带的3万元现金，对于剩下的1万元款项，星辉公司授意东辉公司的业务人员从东辉公司的异地账户中直接汇入星辉公司信用卡账户中。

2021年9月16日，星辉公司单位信用卡账户中收到了东辉公司的1万元预付货款，同日，王敏到工行深圳软件园支行将单位信用卡账户中的3万元转入该公司总经理在工行深圳龙华支行开立的个人卡账户。

请分析，上述案例中哪些做法违反了信用卡业务管理的有关规定？

二、相关知识

信用卡是指商业银行向个人和单位发行的，凭此向特约单位购物、消费和向银行存取现金，同时具有消费信用的特制载体卡片。

（一）信用卡的分类

信用卡按是否向发卡银行交存备用金的不同，可分为贷记卡和准贷记卡两类。贷记卡是指发卡银行给予持卡人一定的信用额度，持卡人可在信用额度内先消费后还款的一种信用卡。准贷记卡是指持卡人先按发卡银行的要求交存一定金额的备用金，当备用金账户余额不足支付时，可在发卡银行规定的信用额度内透支的一种信用卡。

（二）信用卡的有关规定

信用卡在我国经济业务中的应用十分广泛，它具有一定的信用额度，可以先消费后还款，相当于为持卡人获取了一笔小额无息贷款，这对于单位的现金流是十分有利的。由于单位信用卡经常会交给单位的经办人员使用，而这些人员不一定了解信用卡的有关规定，所以，出纳人员要担负应有的责任，积极主动地对使用信用卡的相关人员进行提醒，因为信用卡使用一旦违规，轻则影响单位的信用，重则使单位遭受处罚。

（1）凡在我国境内金融机构开立基本存款账户的单位可申领单位信用卡（以下简称"单位"卡）。单位申领信用卡时，应按规定填写申请表，连同有关资料一并送交发卡银行。符合条件并按银行要求交存一定金额的备用金后，银行将为申领人开立信用卡存款账户，并发放信用卡。单位信用卡可申领若干张，持卡人资格可由申领单位法定代表人或其委托的代理人书面指定或注销。

（2）信用卡备用金存款利息应按照中国人民银行规定的活期存款利率及计息办法计算。

（3）信用卡仅限于合法持卡人本人使用，持卡人不得出租或转借信用卡。

（4）单位卡不得用于 10 万元以上的商品交易、劳务供应款项的结算，单位卡一律不得支取现金。单位卡在使用过程中，需要向其账户续存资金的，一律从其基本存款账户转账存入，个人卡账户的资金以其持有的现金存入或以工资性款项及属于个人的劳务报酬收入转账存入。严禁将单位款项存入个人卡账户。

（5）金卡的信用卡透支额最高不得超过 1 万元，普通卡的信用卡透支额最高不得超过 5 000 元。信用卡透支期限最长为 60 天。

（6）信用卡透支利息自签单日或银行记账日起 15 日内按日息 0.5‰计算；超过 15 日的，按日息 1‰计算；超过 30 日或透支金额超过规定限额的，按日息 1.5‰计算。透支计息不分段，按最后期限或者最高透支额的最高利率档次计息。

（7）持卡人使用信用卡时不得发生恶意透支。恶意透支是指持卡人超过规定限额或规定期限，并且经发卡银行催收无效的透支行为。

实务点拨

持卡人凭信用卡在发卡银行或代理银行交存现金的，银行经审查并收妥现金后，在存款单上压卡，然后将存款单回单联及信用卡交给持卡人。

（8）持卡人不需要继续使用信用卡的，应持信用卡主动到发卡银行办理销户。销户时，单位卡账户余额可转入其基本存款账户，但不得提取现金。持卡人还清透支本息后，属于以下情况之一的，可以办理销户。

① 信用卡有效期满 45 天后，持卡人不更换新卡的。

② 信用卡挂失满 45 天后，没有附属卡又不更换新卡的。

③ 信用卡被列入止付名单，发卡银行已收回其信用卡 45 天的。

④ 持卡人死亡，发卡银行已收回其信用卡 45 天的。

⑤ 持卡人要求销户或担保人撤销担保，并已交回全部信用卡 45 天的。

⑥ 信用卡账户两年（含）以上未发生交易的。

⑦ 持卡人违反其他规定，发卡银行认为应该取消其持卡资格的。

（9）信用卡丧失，持卡人应立即持本人身份证件或其他有效证明，按规定提供有关情况，向发卡银行或代办银行申请挂失。发卡银行或代办银行审核后，即可办理挂失手续。

三、任务实训——分析信用卡结算中的不合规操作

（1）根据规定，单位信用卡账户的资金一律从其基本存款账户转账存入，不得存取现金，不得将销货收入存入单位信用卡账户。东辉公司业务人员将预付货款 1 万元（销售收入实现后便成为销货收入的部分款项）汇入星辉公司的单位信用卡中，该行为违背了上述规定。

（2）个人卡账户的资金以其持有的现金存入或以工资性款项、属于个人的合法劳务报酬、投资回报等收入转账存入，但严禁将单位的款项存入个人卡账户。王敏将单位信用卡账户中的 3 万元转入该公司总经理在银行开立的个人卡账户，该行为违背了此规定，属于公款私存，应追究其责任。

拓展阅读——托收承付逾期处理的赔偿金规定

付款人在托收承付的承付期满日银行营业终了时，如无足够资金支付，其不足部分即为逾期未付款项，按逾期付款处理。逾期付款的付款人应按规定支付赔偿金。

1. 赔偿金的计算

付款人开户银行对付款人逾期支付的款项，应当根据逾期付款金额和逾期天数按每天 0.5‰ 计算逾期付款赔偿金。

逾期付款天数从承付期满日起计算。承付期满日银行营业终了时，付款人如无足够资金支付，其不足部分应当算作逾期 1 天，计算 1 天的赔偿金；在承付期满的次日（如遇法定休假日，则逾期付款赔偿金的天数计算相应顺延，但在以后遇法定休假日时应当照算逾期天数）银行营业终了时，仍无足够资金支付，其不足部分应当算作逾期 2 天，计算 2 天的赔偿金；以此类推。

银行审查拒绝付款期间，不能算作付款人逾期付款，但对无理由的拒绝付款而增加银行审查时间的，应从承付期满日起计算逾期付款赔偿金。

2. 赔偿金的扣付

赔偿金由付款人开户银行定期扣付，每月计算一次，于次月 3 日内单独划给收款人。在月内有部分付款的，其赔偿金随同部分支付的款项划给收款人，对尚未支付的款项，月终再计算赔偿金，于次月 3 日内划给收款人；次月又有部分付款时，则从当月 3 日起计算赔偿金，随同部分支付的款项划给收款人，对尚未支付的款项，从当月 3 日起至月终再计算赔偿金，于第 3 月 3 日内划给收款人。第 3 月仍有部分付款的，应按照上述方法计扣赔偿金。

赔偿金的扣付列为单位销货收入扣款顺序的首位。付款人账户余额不足全额支付时，应排列

在工资之前，并对该账户采取"只收不付"的控制办法，待一次足额扣付赔偿金后，才准予办理其他款项的支付，因此产生的经济后果，由付款人自行负责。

巩固练习

一、单选题

1. 采用验单付款方式办理异地托收承付结算时，付款承付期为（　　）天。
   A. 2　　　　　　B. 3　　　　　　C. 4　　　　　　D. 10

2. 贷记卡透支按月计收复利，准贷记卡透支按月计收单利，透支利率为（　　）。
   A. 日利率千分之三　　　　　　　　B. 年利率万分之五
   C. 日利率万分之五　　　　　　　　D. 月利率万分之五

3. 收取公用事业费宜采取（　　）的结算方式。
   A. 委托付款　　B. 托收承付　　C. 商业汇票　　D. 委托收款

4. 下列关于托收承付结算方式的表述正确的是（　　）。
   A. 代销、寄销、赊销商品的款项，不得托收承付结算
   B. 托收承付结算每笔的金额起点是 500 元
   C. 任何企业之间的商品交易款项均可以采取托收承付方式结算
   D. 托收承付结算方式中，验单付款的承付期为 10 天，验货付款的承付期为 3 天

5. 根据支付结算法律制度的规定，下列关于汇兑的表述不正确的是（　　）。
   A. 汇兑分为信汇和电汇两种
   B. 汇兑每笔的金额起点为 1 万元
   C. 汇兑适用于单位和个人各种款项的结算
   D. 汇兑是指汇款人委托银行将其款项支付给收款人的一种结算方式

6. 下列不属于当事人签发托收凭证时必须记载的事项有（　　）。
   A. 表明"委托收款"的字样　　　　B. 确定的金额
   C. 付款日期　　　　　　　　　　　D. 收款人签章

7. 委托收款以（　　）为付款人的，银行应在当日将款项主动支付给收款人。
   A. 银行　　　　　B. 单位　　　　　C. 公司　　　　　D. 企业

8. 根据规定，每笔结算金额起点为 1 万元的结算方式为（　　）。
   A. 信用卡　　B. 汇兑　　　　C. 委托收款　　　D. 托收承付

9. 2021 年 3 月 2 日，甲公司销售给乙公司一批办公设备，双方协商采取托收承付验货付款方式办理货款结算。3 月 5 日，运输公司向乙公司发出提货单，乙公司在承付期内未向其开户银行表示拒绝付款。已知 3 月 8 日、9 日、15 日和 16 日为法定休假日。则乙公司开户银行向甲公司划拨货款的日期为（　　）。
   A. 3 月 6 日　　B. 3 月 9 日　　C. 3 月 16 日　　D. 3 月 17 日

10. 根据支付结算法律制度的规定，汇款人委托银行将其款项支付给收款人的结算方式是（　　）。
   A. 汇兑结算方式　　　　　　　　　B. 信用证结算方式
   C. 托收承付结算方式　　　　　　　D. 委托收款结算方式

06

11. 甲、乙均为国有企业，甲向乙购买一批货物，约定采用托收承付验货付款方式办理货款结算。2021年3月1日，乙办理完发货手续后，发出货物；3月2日，乙到开户行办理托收手续；3月10日，铁路部门向甲发出提货通知；3月14日，甲向开户行表示承付，通知银行付款。则承付期的起算时间是（　　）。

    A. 3月2日　　　　B. 3月3日　　　　C. 3月11日　　　　D. 3月15日

12. 下列表述的情形中，不能向银行提出全部或部分拒绝付款的是（　　）。

    A. 没有签订购销合同或购销合同未明确托收承付结算方式的款项

    B. 验货付款，经查验货物与合同规定或与发货清单不符的款项

    C. 经双方事先达成协议，收款人提前交货或因逾期交货而付款人不再需要该项货物的款项

    D. 代销、寄销、赊销商品的款项

13. 下列关于托收承付结算方式使用要求的表述不正确的是（　　）。

    A. 托收承付只能用于异地结算

    B. 收付双方使用托收承付结算方式时必须签有合法的购销合同

    C. 收款人对同一付款人发货托收累计3次收不回货款的，收款人开户银行应暂停收款人办理的所有托收业务

    D. 付款人累计3次提出无理由拒付的，付款人开户银行应暂停其向外办理托收业务

14. 下列关于委托收款的表述不符合法律规定的是（　　）。

    A. 委托收款以银行以外的单位为付款人的，凭证上必须记载付款人开户银行名称

    B. 办理委托收款时应向银行提交托收凭证和有关的债务证明

    C. 以单位为付款人的，银行应当在当日将款项主动支付给收款人

    D. 付款人审查有关债务证明后，需要拒绝付款的，可以办理拒绝付款

15. 某企业2021年2月1日收到银行的委托收款通知，若该企业对收款人委托收取的款项需要拒绝付款，则应当在（　　）内出具拒绝证明。

    A. 2月1日—3日　　　　　　　　　B. 2月2日—4日

    C. 2月1日—10日　　　　　　　　D. 2月2日—11日

二、多选题

1. 汇款人签发汇兑凭证时，必须记载的事项有（　　）。

    A. 无条件支付的委托　　　　　　B. 确定的金额

    C. 汇入地点、汇入行名称　　　　D. 汇款人签章

2. 根据《支付结算办法》的规定，下列支付结算的种类中没有金额起点限制的有（　　）。

    A. 委托收款　　B. 支票　　C. 托收承付　　　D. 汇兑

3. 下列关于托收承付结算方式的说法正确的有（　　）。

    A. 收付双方使用托收承付结算时必须签有购销合同

    B. 购销合同上必须注明使用托收承付结算方式

    C. 付款人累计3次提出无理由拒付的，付款人开户银行应暂停其向外办理托收

    D. 收款人对同一付款人发货托收累计2次收不回货款的，收款人开户银行应暂停收款人向该付款人办理托收

4. 下列关于信用卡的透支利息的说法正确的有（　　）。

    A. 透支期限在15日内，按日息万分之五计算

B. 透支期限超过 15 日，按日息万分之十五计算

C. 透支期限超过 30 日，按日息万分之十五计算

D. 透支利息不分段计算

5. 下列关于汇兑的说法正确的有（   ）。

A. 汇款回单是该笔汇款已转入收款人账户的证明

B. 汇款人可以对汇出银行尚未汇出的款项申请撤销

C. 汇款人也可以对汇出银行已经汇出的款项申请退汇

D. 对在汇入银行开立存款账户的收款人而言，可由汇款人与收款人自行联系退汇

6. 下列关于汇兑的说法正确的有（   ）。

A. 汇兑是指汇款人委托银行将其款项支付给收款人的一种结算方式

B. 汇兑结算适用于各种经济内容的异地提现和结算

C. 汇兑分为电汇和信汇两种

D. 由汇款人决定汇兑的类型

7. 办理汇兑的程序主要有（   ）。

A. 签发汇兑凭证   B. 汇出处理   C. 银行受理   D. 汇入处理

8. 根据规定，汇款人申请撤销汇款时必须符合的条件有（   ）。

A. 该款项尚未从汇出银行汇出   B. 汇款人应出具正式函件

C. 汇款人持本人身份证件   D. 汇款人持原信汇、电汇回单

9. 下列情形中，可以办理退汇的有（   ）。

A. 汇入银行对于收款人拒绝接受的汇款

B. 汇入银行对于向收款人发出取款通知，经过 2 个月无法交付的汇款

C. 对在汇入银行开立存款账户的收款人，汇款人与收款人达成一致意见的

D. 对在汇入银行未开立存款账户的收款人，经汇入银行核实汇款已经支付的

10. 单位和个人凭已承兑的（   ）等付款人债务证明办理款项的结算的，均可以使用委托收款结算方式。

A. 商业承兑汇票   B. 银行承兑汇票

C. 债券   D. 存单

11. 下列企业中，可以在银行办理托收承付结算方式的有（   ）。

A. 股份有限公司   B. 国有独资企业

C. 有限责任公司   D. 供销合作社

12. 下列业务中，国有企业之间不能采用托收承付结算方式的有（   ）。

A. 商品寄销   B. 由商品交易产生的劳务供应

C. 商品赊销   D. 商品代销

13. 根据银行结算法律制度的规定，下列关于委托收款结算方式的表述正确的有（   ）。

A. 银行在单位办理划款时，付款人存款账户不足支付的，应通知付款人交足存款

B. 单位凭已承兑的商业汇票办理款项结算时，可以使用委托收款结算方式

C. 以银行以外的单位为存款人的，托收凭证上必须记载付款人开户银行名称

D. 委托收款仅限于异地使用

三、判断题

1. 委托收款同城、异地均可使用，不受金额起点的限制。　　　　　（　　　）
2. 托收凭证若欠缺付款人名称，则银行不予受理。　　　　　　　　（　　　）
3. 委托收款以未在银行开立存款账户的个人为收款人的，托收凭证上必须记载委托银行名称。

　　　　　　　　　　　　　　　　　　　　　　　　　　　　　（　　　）

4. 在办理汇兑业务时，汇款人对汇出银行尚未汇出的款项可以申请撤销。（　　　）
5. 汇款人申请撤销尚未汇出的款项时，需出具正式函件或本人身份证件及原信、电汇回单。

　　　　　　　　　　　　　　　　　　　　　　　　　　　　　（　　　）

6. 采用汇兑结算方式的，汇款回单可以作为该笔汇款已转入收款人账户的证明。（　　　）
7. 个体工商户和个人均不能通过托收承付结算方式进行结算。　　　（　　　）
8. 委托收款以单位为付款人的，银行应在当日将款项主动支付给收款人。（　　　）
9. 确定的金额、付款人名称和收款人名称均属于签发委托收款托收凭证时必须记载的事项。

　　　　　　　　　　　　　　　　　　　　　　　　　　　　　（　　　）

10. 托收凭证第三联收账通知，是收款单位开户银行在款项收妥后，给付款单位的收账通知联。　　　　　　　　　　　　　　　　　　　　　　　　　　　　（　　　）

11. 单位信用卡不得用于 20 万元以上的商品交易、劳务供应款项的结算，单位信用卡一律不得支取现金。　　　　　　　　　　　　　　　　　　　　　　　　（　　　）

四、实操题

1. 2021 年 8 月 9 日，行者旅游公司从位于天津的北方恒丰商贸公司处购入一批货物，含税货款为 11 300 元。请问，行者旅游公司出纳人员应如何办理该笔电汇结算？假设北方恒丰商贸公司的开户银行为工行天津第一支行，账号为 201002369635478。

2. 2021 年 10 月 20 日，南京慕言商贸有限公司（以下简称"慕言公司"）向行者旅游公司销售一批办公桌椅，价款为 56 500 元，货已发出，慕言公司将通过委托收款方式收取该批货款。慕言公司的银行账号为 82388299256011，开户银行为工行南京科技支行。慕言公司开出的增值税专用发票发票号为"01255623"。

根据上述资料，请为慕言公司填写一张托收凭证。

项目七
管理外汇

知识目标 ↓

- 熟悉外汇的含义、汇率的标价方式和分类等相关知识。
- 掌握外汇账户的相关知识。
- 掌握汇款、信用证、托收、银行保函等外汇结算的相关知识。

能力目标 ↓

- 掌握开设外汇账户的相关规定。
- 掌握汇款、信用证、托收、银行保函等外汇结算的结算流程。

素质目标 ↓

- 熟悉外汇的相关规定，依法办理外汇业务。
- 在与外商或外国银行办理外汇业务时，应遵守商业信用，维护国家形象。

任务一　了解外汇及外汇账户

一、任务引入

经过长时间的筹备，2021 年 8 月，星辉公司的境外业务正式开展，该境外业务主要是向美国的旅游企业提供广告服务。为了收取该业务的服务费，星辉公司需要开设外汇账户，这个任务就落到出纳人员王敏的头上。王敏之前没有接触过外汇出纳业务，也不知道外汇账户的相关规定，于是，她直接拿着营业执照、银行预留印鉴等资料就前往银行办理开设外汇账户的手续，但银行工作人员却拒绝了王敏的办理请求。

请问，王敏应该怎样办理外汇账户？

二、相关知识

按照国家规定，我国企业应按照国家外汇管理和结汇、购汇制度的规定和相关文件办理外汇出纳业务。对于出纳人员来说，管理外汇是政策性很强的工作，只有熟悉国家外汇管理制度以及外汇业务的处理方法，才能及时办理结汇、购汇、付汇等业务，进而避免国家外汇损失，为确保国家的经济安全贡献自己的力量。

（一）外汇的含义

外汇具有动态和静态两方面的意义，动态的外汇是指货币在各国（地区）间的流动以及把一个国家（地区）的货币兑换成另一个国家（地区）的货币，借以清偿国际债权、债务关系的一种专门性经营活动，是国际汇兑的简称。静态的外汇是指以外币表示的可用于对外支付的金融资产。

《中华人民共和国外汇管理条例》规定："外汇，是指下列以外币表示的可以用作国际清偿的支付手段和资产：（一）外币现钞，包括纸币、铸币；（二）外币支付凭证或者支付工具，包括票据、银行存款凭证、银行卡等；（三）外币有价证券，包括债券、股票等；（四）特别提款权；（五）其他外汇资产。"

🌱 实务点拨

特别提款权（Special Drawing Right，SDR）又称"纸黄金"，由国际货币基金组织于1969年创造，可用于偿还国际货币基金组织债务、弥补会员国政府之间国际收支逆差的一种账面资产，其本质是一种储备资产和记账单位，不是有形的货币，要换成其他货币才能使用。

（二）汇率的标价方式和分类

汇率又称汇价，是指一国（地区）货币以另一国（地区）货币表示的价格，即两国货币间的比价，通常用两种货币之间的兑换比例来表示。例如，EUR/USD=1.1425，表示一欧元等于1.1425美元，其中，欧元称为单位货币，美元称为计价货币。

1. 汇率的标价方式

在进行外汇折算时，根据选择计价货币的标准不同，可以分为直接标价法和间接标价法两种标价方法。

（1）直接标价法。直接标价法又称应付标价法，是以一定单位（1、100、1 000、10 000）的外国货币（以下简称外币）为标准计算应付出多少单位的本国货币（以下简称本币），相当于计算购买一定单位外币时应付多少本币，所以也被称为应付标价法。目前，世界上大多数国家或地区采用的都是直接标价法。例如，100美元=648.53元人民币，即表示要兑换100美元时应付648.53元人民币。

在直接标价法下，外币的数额固定不变，本币的数额随外币和本币的币值发生变化。若一定单位的外币所折合的本币数额多于前期，则说明外币的币值上升或本币的币值下跌，这样的情形称作外汇汇率上升；相反，如果使用比原来更少的本币就能兑换到同一数额的外币，则说明外币的币值下跌或本币的币值上升，这样的情形称作外汇汇率下跌。由此可以看出，在直接标价法下，外币的价值与汇率的涨跌成正比。

（2）间接标价法。间接标价法又称应收标价法，是以一定单位（如1个单位）的本国（地区）货币为标准来计算应收若干单位的外国（地区）货币。目前的国际外汇市场上，欧元、英镑、澳元等采用间接标价法。例如，1英镑=1.364 2美元，即表示1英镑可兑换1.364 2美元。

在间接标价法下，本币的数额保持不变，外币的数额随着本币币值的变化而变化。如果一定数额的本币能兑换的外币数额比前期少，则表明外币币值上升、本币币值下跌，这样的情形称作外汇汇率上升；反之，如果一定数额的本币能兑换的外币数额比前期多，则表明外币币值下跌、本币币值上升，这样的情形称作外汇汇率下跌。由此可以看出，在间接标价法下，外币的价值和汇率的涨跌成反比。

2. 汇率的分类

按照不同的标准，汇率可以分为不同的类别。

（1）按汇率制度的不同，汇率可以划分为固定汇率和浮动汇率。固定汇率即外汇汇率基本固定，汇率的波动幅度局限在一个较小的范围之内。浮动汇率即汇率不予固定，随着外汇市场的供求变化而自由波动，波动幅度没有上下限。

（2）按银行买卖外汇的角度不同，汇率可以划分为买入汇率、卖出汇率和中间汇率。买入汇率又称买入价，是银行从持汇人手中买入外汇时所使用的汇率，即银行买入一定数量的外汇时需要支付的本币，通常适用于出口商与银行间的外汇交易。卖出汇率又称卖出价，是银行向购汇人卖出外汇时所使用的汇率，即银行卖出一定数量的外汇时需要收回的本币，通常适用于进口商与银行间的外汇交易。中间汇率是买入汇率和卖出汇率的算术平均数（即买入汇率和卖出汇率之和除以2），国家外汇管理局公布的外汇牌价一般采用中间汇率。

📖 实务点拨

在我国，外汇买卖一般集中在商业银行和政策性单位之间，它们通过赚取外汇买入价和卖出价的差额获取利润，一般为千分之一到千分之五。

（3）按外汇交割期限长短的不同，汇率可以划分为即期汇率和远期汇率。即期汇率又称现汇汇率，是指买卖双方完成交易后，在两个营业日内办理外汇交割时所采用的汇率，即期汇率的高低由即期外汇市场上交易货币的供求状况来决定。远期汇率又称期汇汇率，是指买卖双方预先签订合约，约定在未来某一日期按照协议交割时所使用的汇率，它通常用于外汇交易套期保值业务和外汇约定套期保值业务，以避免外汇汇率变动风险和投机性交易。就买卖差价而言，远期汇率一般大于即期汇率。

（4）按外汇交易支付通知方式的不同，汇率可以划分为电汇汇率、信汇汇率和票汇汇率。电汇汇率是指经营外汇业务的本国银行在卖出外汇后，立即以电报委托其境外分支机构或代理银行付款给收款人时所使用的汇率，电汇汇率一般高于信汇汇率、票汇汇率，由于不受利息因素的干扰，也无外汇风险。目前，电汇汇率是外汇市场的基准汇率，也是计算其他各种汇率的基础。信汇汇率是指经营外汇业务的本国银行在卖出外汇后，开具付款委托书，用信函的方式邮寄给境外分支机构或代理银行，委托其将汇款付给当地收款人时所采用的汇率。票汇汇率是指经营外汇业务的本国银行在卖出外汇后，开立一张由其境外分支机构或代理银行付款的汇票交给收款人，由其自带或寄往境外取款时所采用的汇率。

（三）开设外汇账户

外汇账户是指境内机构、驻华机构、个人按照有关账户管理规定在经批准经营外汇存款业务的银行和非银行金融机构中开立可以自由兑换货币的账户。按账户的不同功能来划分，外汇账户可分为用于经常项目项下频繁收支结算的外汇结算账户（如中资企业外汇结算账户、外商投资企业外汇结算账户）和用于存放特定外汇收入或用于特定外汇支出的专项账户（如境外捐助账户、

07

还贷专户、临时账户等）。

按照《外汇账户管理暂行办法》的规定，不同的外汇，其办理开户的手续各不相同。

（1）下列外汇，开户单位可以向国家外汇管理局（以下简称"外汇局"）提出申请，持外汇局核发的《外汇账户使用证》到开户银行办理开户手续。

① 经营境外承包工程、向境外提供劳务、技术合作及其他服务业务的公司，在上述业务项目进行过程中收到的业务往来外汇。

② 从事代理对外或境外业务的机构代收待付的外汇。

③ 暂收待付或暂收待结项下的外汇，包括境外汇入的投标保证金、履约保证金、先收后支的转口贸易收汇、邮电部门办理国际汇兑业务的外汇汇兑款、一类旅行社收取的国外旅游机构预付的外汇、铁路部门办理境外保价运输业务收取的外汇、海关收取的外汇保证金、抵押金等。

④ 保险机构受理外汇风险、需向境外分保以及尚未结算的保费。

⑤ 捐赠协议规定用于境外支付的捐赠外汇。

> **实务点拨**
>
> 上述外汇开户时，开户单位应向外汇局申请领取《外汇账户使用证》。申请时必须持有下列材料：申请开立账户的报告、企事业单位持市场监督管理部门颁发的营业执照（社会团体持民政部门颁发的社团登记证、其他单位持国家授权机关批准成立的有效批件）、外汇局要求提供的其他有关材料等。外汇局审核通过后，将发放《外汇账户使用证》，并注明账户的币种、收支范围、使用期限及相应的结汇方式。

（2）下列外汇，开户单位可以持有效凭证直接到开户银行办理开户手续。

① 外商投资企业的外汇，持外汇局核发的《外商投资企业外汇登记证》。

② 境外借款、发行外币债券取得的外汇，持外汇局核发的《外债登记证》或者《外汇（转）贷款登记证》。

③ 驻外机构的外汇，持机构设立批准部门的批准文件或者投资意向书。

（3）下列外汇，开户单位须持经批准的文件向外汇局提出申请，持外汇局核发的《开户通知》到开户银行办理开户手续。

① 经国家批准专项用于偿还境内外外汇债务的外汇。

② 经批准对境外法人、自然人发行股票取得的外汇。

按照规定，开立外汇账户的境内机构、驻华机构，应当在注册或者登记所在地开户银行办理开户。需要在境内其他地区开立外汇账户的，应当持注册或者登记所在地外汇局的核准文件及有关材料向开户所在地外汇局申请，并按照规定办理开户手续。境内机构在境外开立外汇账户的，须向外汇局提出申请，经批准后方可在境外开户。

> **实务点拨**
>
> 开户单位向银行办理开户手续时，除了持有上述有关材料，还应填制开户申请书，经银行审查同意后方可办理开户。

（四）使用外汇账户

开户单位使用外汇账户时，应当严格遵循以下规定。

（1）通过境外借款、发行外币债券取得的外汇和经批准对境外法人、自然人发行股票取得的外汇所开立的账户，其收入应严格限于该项限定外汇。

（2）专项用于偿还境内外外汇债务的外汇开立的账户，只能用于支付债务本息，不得用于其他外汇款项的支付，其账户余额不得超过下两期应当偿还的本息总额，其收付须逐笔经外汇管理局核准。

（3）开户单位不得出租、出借或者串用外汇账户，不得利用外汇账户非法代其他单位或个人收付、保存或者转让外汇。

（4）外汇账户必须每年参加年检，年检时间为每年的1～4月，账户的具体检查工作由开户单位委托的会计师事务所（从外汇局指定的会计师事务所名单中选择）进行。

（五）变更外汇账户

出于各种原因需要变更外汇账户的开户单位，可以按规定持有关材料向开户银行提出变更申请，经银行审查同意后方可办理变更手续。

按照规定，凡是应先向外汇局提出申请、凭外汇局核发的《外汇账户使用证》到银行开户的外汇账户，需要变更《外汇账户使用证》内容（如账户的币种、收支范围、使用期限以及相应的结汇方式等）的，须持相应的材料向外汇局提出变更申请，办理变更手续。待变更《外汇账户使用证》后，再前往银行办理变更外汇账户的手续。

> **实务点拨**
>
> 需要注意的是，不是所有外汇账户的收支范围都可以变更。账户的收支范围中，境外借款、发行外币债券取得的外汇、经批准专项用于偿还境内外外汇债务的外汇以及经批准对境外法人、自然人发行股票取得的外汇开立的外汇账户，不得变更其账户的收支范围。

（六）撤销外汇账户

一般而言，外汇账户可以由开户单位出于自身原因正常撤销，也可以由于违规操作被外汇局勒令撤销。

（1）正常撤销。由于使用期满等正常原因需要撤销外汇账户的开户单位，应持闭户情况说明、《开立外汇账户批准书》及《外汇账户使用证》到外汇局办理备案，外汇局收回《外汇账户使用证》后核发《撤销外汇账户通知书》，开户单位凭《撤销外汇账户通知书》到银行办理撤销账户手续。开户单位应在账户撤销后10个工作日内将银行清户材料送交外汇局。

境内机构按照规定撤销账户时，其外汇余额应全部结汇，属于外商投资企业外方投资者的，可以将其转移或汇出。账户撤销后，开户单位应当将《外汇账户使用证》《外债登记证》和《外汇（转）贷款登记证》退回外汇管理局。

对于经批准在境外开立的外汇账户，当其使用期满时，开户单位应在30日内向外汇局提出已注销境外账户说明，将余额调回境内，并提交销户清账单。需要延期使用境外账户的，须在到期前30天内向外汇局提出申请。

（2）因违规被勒令撤销。境内机构有违反下列外汇账户管理规定行为之一的，由外汇局责令改正，撤销外汇账户，通报批评，并处 5 万元以上 30 万元以下的罚款。

① 擅自在境内开立外汇账户的。

② 出借、串用、转让外汇账户的。

③ 擅自改变外汇账户使用范围的。

④ 擅自超出外汇局核定的外汇账户最高金额、使用期限使用外汇账户的。

⑤ 违反其他有关外汇账户管理规定的。

此外，外汇局在年检或现场检查中发现开户单位有情节较重的违规使用账户的行为时，可勒令开户银行撤销该违规账户，开户银行可凭外汇局出具的《撤销外汇账户通知书》或相关文件办理销户手续。开户单位应在接到银行闭户证明 10 天内持银行闭户材料、《开立外汇账户批准书》和《外汇账户使用证》到外汇局注销账户。

三、任务实训——开设外汇账户

星辉公司为美国的旅游公司提供广告服务后，为了收取服务费，需要开设外汇账户。由于星辉公司属于向境外提供服务的公司，并收到了相关业务的往来外汇，因此，星辉公司的出纳人员王敏需要按照以下步骤开设外汇账户。

（1）准备申请开立账户的报告、营业执照以及外汇局要求提供的其他有关材料，然后向外汇局申请领取《外汇账户使用证》，外汇局审核通过后，会对星辉公司账户的币种、收支范围、使用期限及相应的结汇方式做出明确规定。

（2）持外汇局核发的《外汇账户使用证》到开户银行办理开户手续。

任务二　外汇结算

一、任务引入

2021 年 9 月 23 日，星辉公司向新加坡的山纳有限公司采购一批拍摄设备，并需要向山纳有限公司支付货款折合人民币 500 000 元。双方约定通过电汇进行结算。公司领导安排出纳人员王敏前往花旗银行深圳分行办理该笔电汇结算业务。

试分析该笔电汇结算业务的流程。

二、相关知识

随着我国居民消费水平的提升以及工业制造能力的增强，越来越多的企业开始参与到国际贸易中，此行为一方面体现了我国日益强大的综合国力，另一方面也对我国企业的外汇结算办理能力提出了挑战。由于外汇结算会涉及与境外银行、企业打交道，并且还需要使用外语、了解相关国际贸易准则，结算流程也相对较为复杂，对于办理外汇结算的出纳人员也是一大挑战。因此，出纳人员有必要认真学习外汇结算相关知识，以增强自己的综合能力。

（一）汇款结算

汇款是指付款人、债务人要求所在国（地区）银行通过其在境外的分支机构或代理行，把款项付给收款人的一种结算方式。汇款属于"单纯付款"，是建立在买卖双方相互提供信用基础上的支付方式，交易中可以货到付款，也可以预付货款，银行对贸易中的货物及与其相关单据不承担责任。

1. 汇款的当事人

汇款的当事人包括汇款人、收款人、汇出行和汇入行。

（1）汇款人。汇款人是委托汇出行将款项汇交收款人的当事人，在国际贸易中，汇款人一般是进口商或债务人。

（2）收款人。收款人是接受汇款人所汇款项的当事人，在国际贸易中，收款人一般为出口商或债权人。

（3）汇出行。汇出行是应汇款人委托汇出款项的银行，通常是汇款人所在地银行。

（4）汇入行。汇入行是接受汇出行委托，向收款人解付汇入款项的银行，通常是收款人所在地银行。同时，汇入行应是汇出行的联行或代理行。

2. 汇款的分类

根据汇款使用的支付工具不同，汇款可以分为电汇、信汇和票汇3种。

（1）电汇。电汇是指汇款人将一定款项交存汇款银行后，汇款银行通过电报或电传方式给目的地分行或代理银行（汇入行），指示出口地某一银行（其分行或代理行）作为汇入行，向收款人支付一定金额的一种汇款方式。电汇方式解付速度较快，安全性较高，是现在常用的汇款方式。

（2）信汇。信汇是指汇款人向当地银行交付本国货币后，由银行开具付款委托书，用航空将其邮寄给境外分行或代理银行，从而办理付出外汇业务的一种汇款方式。信汇费用较低，但速度较慢。

（3）票汇。票汇是指汇出行应汇款人的申请，代汇款人开立以其分行或代理银行为解付行的银行即期汇票，收款人持票取款的一种汇款方式。在票汇汇款方式中，汇票可以由汇款人自行携带或邮寄，还可以通过背书把票据转让他人，汇票持票人可以将汇票卖给汇出行的任何一家代理行，具有很强的灵活性。

实务点拨

一般来说，电汇成本较高，适用于金额大、收款时间紧迫的汇款；信汇方式目前已经较少使用；票汇方式虽然具有较强的灵活性，但存在汇票丢失或毁损的风险，容易因背书转让而陷入汇票纠纷，仅适用于金额较小、收款时间不紧迫的汇款。

3. 汇款结算流程

电汇、信汇、票汇由于支付工具不同，其结算流程也有所差别。

（1）电汇。电汇通过电报或电传的方式传递信息，结算流程相对比较简单，如图7-1所示，具体步骤如下。

① 汇款人填写汇款申请书，交存所汇款项及相关费用给汇出行。汇款申请书上必须写明汇款货币名称、金额，收款人名称、地址，收款人的开户行名称、地址、账号，以及相关境外费用的承担者等信息。

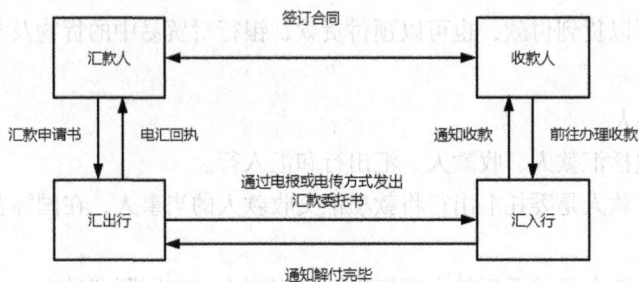

图 7-1 电汇结算流程

案例分析

汇款申请书填写要准确

2021 年 3 月，汇款人甲公司出纳人员在填写完汇款申请书后，前往上海某银行 B 支行办理汇款，汇款的主要内容是向境外的乙公司汇出一笔美元。然而 B 支行工作人员在审查时发现，汇款申请书中的"收款银行"一栏只简略地填写了收款银行——D 银行的名称，并没有写明具体的城市名和国家名。由于 D 银行在世界各地拥有众多的分支机构，B 支行工作人员一时间无法执行该汇款指令，于是通过电话询问了甲公司出纳人员，后者由于将乙公司与其他公司混淆，误说该笔汇款的收款银行是日本的 D 银行，于是，工作人员即以 D 银行日本分行作为收款人向境外账户行发出了付款指令。一段时间后，收款人乙公司反映未收到该笔款项，甲公司出纳人员这才找到 B 支行查明原因，结果发现该笔汇款已被退回。经核实后发现，该笔款项的收款银行应该是新加坡的 D 银行，因此，甲公司出纳人员只能重新办理汇款手续。由于耽误了汇款时间，乙公司对此很不满，甲公司的商业信用也因此受到了严重影响。

案例分析：本案例中，该笔款项之所以没有成功解付，其原因在于甲公司出纳人员没有准确地向汇入行提供收款银行的地址和名称。因此，汇款人应该意识到准确填写汇款申请书的重要性，汇款申请书上的收款人或收款银行详细地址（包括城市名称和国家名称）更不能填错或漏填。银行的工作人员也应该认真审查汇款申请书，如果发现汇款申请书填写不全时，务必退回请其重新填写，避免因汇错地址导致收款人收不到款的情况发生。

---

② 汇出行接受汇款申请书，收妥款项，将汇款回执退给汇款人。

③ 汇出行按照汇款申请书的内容，用电报或电传方式向汇入行发出汇款委托书，委托汇入行支付相应金额给收款人，同时调拨该笔款项给汇入行。

④ 汇入行收到汇款委托书并收妥款项后，通知收款人取款。

⑤ 收款人持相关证件或资料前往汇入行办理取款，并在收款人收据上签字，汇入行核对无误后向收款人支付汇款。

⑥ 汇入行将付讫借记通知书寄给汇出行，通知汇出行汇款支付完毕。

（2）信汇。信汇与电汇的结算流程大体类似，区别主要在于：在信汇结算中，汇款人填写汇款申请书后，汇出行将通过航空邮寄的方式将汇款委托书交给汇入行；在电汇结算中，汇出行根据汇款申请书的内容，将用电报或电传的方式向汇入行发出汇款委托书。

（3）票汇。票汇结算涉及票据，结算流程相对比较复杂，如图 7-2 所示，具体步骤如下。

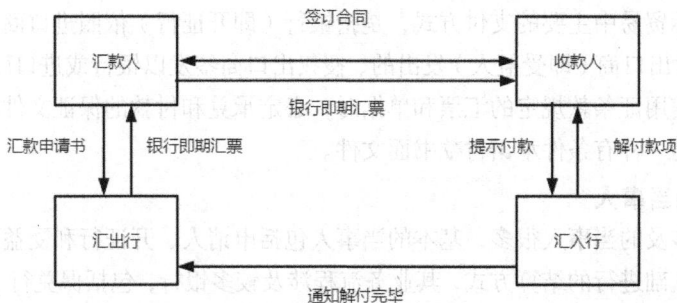

图 7-2 票汇结算流程

① 汇款人填写汇款申请书，明确使用的票汇方式，然后连同所汇款项及相关费用一起交给汇出行。

② 汇出行接受汇款人申请，收妥款项，然后开立以汇入行为付款人的银行即期汇票并交给汇款人。

③ 汇款人自行将银行即期汇票寄给收款人。

④ 收款人持银行即期汇票前往汇入行，要求其付款。

⑤ 汇入行凭银行即期汇票解付给收款人，并将付讫借记通知书寄给汇出行，通知汇出行款项已成功解付。

> **思考与讨论:**
> 单位在使用汇款结算时会面临哪些风险？可以采取哪些措施进行风险防范？

📋 案例分析

选择汇款结算要谨慎

2021 年 6 月，我国一家出口企业 A 公司与某国进口企业 B 公司之间达成协议，双方签订了一份进出口贸易合同。合同中明确约定：A 公司向 B 公司出口货物，B 公司须在装运月份前 15 天（即 6 月 15 日前）通过电汇的方式支付货款。然而 B 公司并没有采用电汇的方式付款，而是于 6 月 11 日从邮局寄来银行汇票一张。为保证按期交货，A 公司收到银行汇票后即刻将货物托运，同时委托当地的 C 银行代收票款。没想到 1 个月后，A 公司接到了 C 银行的通知，告知该汇票系伪造，已被退票。此时，A 公司托运的货物已抵达 B 公司所在城市的目的港，并被 B 公司凭 A 公司之前自行寄去的单据提走。A 公司立马展开了追偿，然而处在异国的 B 公司早已不见踪影，因此 A 公司遭受了严重的损失。

案例分析: 在这个案例中，B 公司的不诚信以及 A 公司的大意都是导致损失出现的原因。B 公司随意将支付方式从电汇结算改为票汇结算，此举没有引起 A 公司的警觉，A 公司也没有仔细鉴别汇票的真伪，就贸然安排了货物托运并自行寄单。由于汇款依托的是商业信用，收款人能够收到货款完全取决于汇款人的信用，因此，选择汇款结算方式时要谨慎，交易双方都应对彼此较为熟悉、信任。同时，对于票汇结算方式而言，收款人应注意以下问题：如果票据中规定的付款行不是自己所在地银行，就需要将票据交当地银行，委托其向付款行代收票款。同时，除了要防止汇款人出具假票据，还要注意票据的有效付款期限。

（二）信用证结算

在国际贸易活动中，买卖双方可能不了解对方的信用情况，从而对交易风险有所顾忌，此时就可以通过信用证结算来解决这一问题，以两家银行作为买卖双方的保证人，代为收款交单。

信用证是国际贸易中主要的支付方式，是指银行（即开证行）依照进口商（即开证申请人）的要求和指示，对出口商（即受益人）发出的、授权出口商签发以银行或进口商为付款人的汇票，保证在交来符合信用证条款规定的汇票和单据时，必定承兑和付款的保证文件。通俗地说，信用证就是银行开立的一种有条件承诺付款书面文件。

1. 信用证的当事人

信用证结算涉及的当事人很多，基本的当事人包括申请人、开证行和受益人。此外，信用证是以银行信用为基础进行的结算方式，其业务流程涉及较多银行，包括保兑行、通知行、付款行、承兑行、偿付行等。

（1）申请人。申请人是国际贸易中的进口商，又被称为开证人、付款人或委托人，是向开证行申请开立信用证的当事人。

（2）开证行。开证行是应申请人的要求向受益人开立信用证的银行，该银行一般是申请人的开户银行。开证行在信用证项下的付款责任不受开证行与申请人或申请人与受益人之间产生的纠纷约束，开证行不得以申请人无力付款或货物不符合合同规定为由拒付。开证行的付款是终局性的，付款后对受益人没有追索的权利。

（3）受益人。受益人是开证行在信用证中授权使用和执行信用证并享受信用证所赋予的权益的人，一般为出口商。

（4）保兑行。保兑行是应证行或受益人的请求，在开证行的付款保证之外对信用证进行保证付款的银行。保兑行承担与开证行相同的付款责任，通常由通知行担任，也可以由开证行指定的其他银行担任。

（5）通知行。通知行是应开证行的要求将信用证通知给受益人的银行，通常是开证行在受益人所在地的分行或代理行。通知行应负责审核信用证的表面真实性。

（6）付款行。付款行是开证行在承兑信用证中指定并授权向受益人承担（无追索权）付款责任的银行。付款行可以是开证行，也可以是开证行指定的另一家银行。

（7）承兑行。承兑行是对远期信用证下受益人签发的远期汇票进行承兑，并承担到期付款责任的银行。在远期信用证项下，承兑行可以是开证行本身，也可以是开证行指定的另一家银行。

（8）偿付行。偿付行是开证行指定的对被指定银行（付款行、承兑行或议付行）进行偿付的银行。

2. 信用证的分类

信用证可以从不同的角度进行分类，其分类标准主要有以下几种。

（1）按信用证项下的汇票是否附有货运单据，信用证可分为跟单信用证和光票信用证。跟单信用证是指凭跟单汇票或仅凭单据进行付款的信用证，广泛地应用于贸易结算。光票信用证是指不附单据，凭受益人出具的汇票进行付款的信用证。光票信用证结算风险较大，很少用于贸易结算，通常只开给信用较好的公司，或仅用于结算贸易从属费用。

（2）按开证行所负责任的不同，信用证可分为可撤销信用证和不可撤销信用证。可撤销信用证是指在开证之后，开证行无须事先征得受益人同意就有权修改或者撤销其条款的信用证。对于受益人而言，可撤销信用证没有任何付款保障。不可撤销信用证是指未经开证行、保兑行（如有）以及受益人同意，既不能撤销也不能修改的信用证。不可撤销信用证有开证行确定的付款保证，比较可靠。

（3）按有无另一家银行加以保证兑付，信用证可分为保兑信用证和不保兑信用证。保兑信用证是指经开证行以外的另一家银行加具保兑的信用证。保兑信用证一定是不可撤销信用证，其受益人往往需要额外支付一笔高昂的保兑费用。不保兑信用证是指未经另一家银行加保、由开证行独自承担付款责任的信用证。在实际的国际贸易中，不保兑信用证的使用更为广泛。

（4）根据付款时间的不同，信用证可分为即期付款信用证、延期付款信用证、假远期信用证。即期付款信用证是指开证行或付款行收到符合信用证条款的汇票和单据后，立即履行付款责任的信用证。延期付款信用证是指开证行或指定的付款行收到与信用证条款相符的单据后，在将来某个日期履行付款责任的信用证。假远期信用证是受益人凭此开立远期汇票可以经银行承兑后进行贴现而即刻得到票款的信用证。

3. 信用证结算流程

信用证结算流程相对比较复杂，申请人申请开证后，需要经过一个或多个银行的中介后，才能将相应款项支付给受益人，具体包括以下步骤。

（1）进出口业务的买卖双方签订贸易合同，并在贸易合同中确定采用信用证结算方式。

（2）申请人（进口商）填写开证申请书，连同合同、形式发票、海关提供的进口许可证（或开立信用证的说明）、营业执照及营业执照副本复印件等资料一并交给开证行，要求开证行开立以出口商为受益人的信用证。

（3）开证行签发信用证。

（4）通知行将信用证通知给受益人。

实务点拨

有时在开证行的要求下，通知行还会对信用证进行保证付款，成为保兑行，使受益人取得开证行和保兑行的双重独立付款保证。

（5）受益人收到信用证，审核信用证与贸易合同相符后，按照信用证的要求装运货物，同时取得相关单据。

（6）受益人在信用证有效期内将信用证要求的全套单据提交到被指定银行（通知行或保兑行）。

（7）若受益人提交的单据完全符合信用证的规定，则单据的种类、份数、名称、出单时间等应和信用证条款相吻合，被指定银行应对受益人提交的单据议付或付款，然后将全套单据寄往开证行。

（8）开证行收到单据并审核无误后，对被指定银行进行偿付。开证行也可以授权另一家银行对被指定银行进行偿付。

（9）开证行通知申请人付款。

（10）开证申请人付款后取回相关单据，凭单据提取货物。

（三）托收结算

托收是出口商（委托人）为向境外进口商（付款人）收取货款，开具汇票委托出口地银行通过其在进口地银行的联行或代理行向进口商收款的一种结算方式。

1. 托收的当事人

托收的当事人主要有委托人、托收行、代收行和付款人。

（1）委托人。委托方，又称出票人，一般是出口商，是托收业务中委托银行办理托收的一方。

（2）托收行。托收行，又称寄单行，是受委托人委托办理托收的银行。

（3）代收行。代收行是接受托收银行的委托向付款人收取货款的进口地银行，通常是托收行在付款人所在地的联行或代理行。

（4）付款人。付款人，又称受票人，一般是进口商，是代收行在汇票上注明向其提示单据并请其付款的一方。

2. 托收的种类

一般而言，托收分为跟单托收和光票托收两种。

（1）跟单托收。跟单托收是指委托人将金融票据连同商业单据或不带金融单据的商业单据交予银行，由其向付款人收取款项的一种托收方式，其中，金融票据主要指汇票。

实务点拨

某些国家（地区）会对汇票征收印花税，因此，为了减免印花税负担，某些跨境企业内部及相互信任的企业之间会采用不带金融票据的托收方式。

跟单托收又可以分为即期付款交单（即交付单据）、远期付款交单、承兑交单。

① 即期付款交单是指委托人开出的是即期汇票，付款人见票即付交单的一种交单方式。

② 远期付款交单是指委托人开出的是远期汇票，付款人向银行承兑于汇票到期日付款交单的一种交单方式。

③ 承兑交单是指代收行在付款人承兑远期汇票后，把货运单据交给付款人，于汇票到期日由付款人付款的一种交单方式。

（2）光票托收。光票托收是指出口商委托银行收取款项时，仅提供汇票等金融票据而不附带任何货运单据（如发票、运输单据、保险单）的一种托收方式。光票托收一般用于收取金额不大的款项，包括货款的尾数、代垫费用、样品费、佣金、索赔以及贸易从属费用等，目前在日常业务中已较少使用。

3. 跟单托收结算流程

跟单托收结算是当前应用较为广泛的一种托收结算方式，其具体步骤如下。

（1）委托人和付款人订立国际货物买卖合同，在合同中明确规定采用托收方式支付货款。

（2）委托人立即按照合同的规定备货、装运，然后收到运输公司签发的提单。

实务点拨

在对外贸易中，提单是运输公司承运货物时签发给发货人的一种凭证，作为承运人和托运人之间处理运输双方权利与义务的依据。

（3）委托人填好汇票、准备好相关单据后，填写托收申请书，然后将托收申请书与汇票一起交给托收行，同时托收行将回执交给委托人。

（4）托收行收到委托人提交的托收申请书和汇票后，应进行严格审查，选择并确定代收行。根据托收申请书填制托收指示，并将填好的托收指示与汇票一起寄给代收行。

（5）代收行收到托收指示并审核无误后，若愿意按照托收指示行事，则应立即填制代收通知书，以通知付款人付款。

（6）付款人接到通知后，应立即到银行审核单据。审核无误后，付款人应向代收行付款（或承兑后到期付款），然后代收行将单据交给进口商。

（7）付款人凭提单提取货物。

（8）代收行将收妥的货款划转给托收行，并向托收行发出贷记通知。

（9）托收行收到贷记通知书后，把货款转入委托人账户。

（四）银行保函结算

银行保函，又称银行保证书，是指银行应委托人的请求作为担保人向受益人开立的书面信用担保凭证，保证在委托人未向受益人履行某项义务时，承担一定金额、一定时限范围内的某种支付或经济赔偿责任的一种结算方式。银行保函非常灵活，是目前外汇结算中不可或缺的一种国际结算方式。

> **实务点拨**
>
> 国际经济交往除了国际贸易，还包括国际工程承包、项目融资、基础设施招标等。这些经济活动期限长、涉及金额大，风险大，交易条件复杂，不便于使用信用证结算，而银行保函则能较好地适用于这些情况。

1. 银行保函的当事人

银行保函的当事人主要有委托人、受益人和担保人。

（1）委托人。委托人，又称申请人，是指银行提出申请要求开立保函的一方，一般是投标人（投标保函）、债务人（还款保函）、出口商（出口保函）等。

（2）受益人。受益人是指收到保函并据此有权在委托人违约后向担保人提出索偿并获取赔偿的一方，一般为招标人（投标保函）、债权人（还款保函）、进口商（出口保函）等。

（3）担保人。担保人是指受委托人委托开立保函，并在保函中许诺的当事人。

2. 银行保函的分类

根据银行保函在基础合同中所起作用和担保人承担担保责任的不同，银行保函可以分为以下7种。

（1）借款保函。借款保函是指银行应借款人（委托人）的要求向贷款行所做出的一种旨在保证借款人按照借款合约的规定按期向贷款方归还所借款项本息的付款保证承诺。也就是说，若借款人未按约定按时偿还借款本息，担保行将代借款人偿还借款本息。

（2）融资租赁保函。融资租赁保函是指银行应承租人（委托人）的请求向出租人所做出的一种旨在保证承租人按期向出租人支付租金的付款保证承诺。

（3）补偿贸易保函。补偿贸易保函是指在补偿贸易合同项下，银行应设备或技术引进方（委托人）的请求作为担保人，向设备或技术提供方（受益人）出具的一种付款保证承诺，保证委托人设备或技术引进后一定时期内，将以其所生产的产成品或产成品外销所得来抵偿所引进设备或技术的价款。

（4）投标保函。投标保函是指银行应投标人请求向招标人做出的一种付款保证承诺，保证投标人在报价的有效期内不中途撤销投标或片面修改投标条件，中标后也不拒绝签约。

（5）履约保函。履约保函是指银行应供货方或劳务承包方（委托人）的请求而向买方或业主方（受益人）做出的一种付款保证承诺。履约保函可以在工程承包、来料加工、进出口贸易、融资租赁以及质量维修等领域中应用，其担保金额较高。

（6）预付款保函。预付款保函又称还款保函或定金保函，是指银行应供货方或劳务承包方（委托人）的请求向买方或业主方（受益人）做出的一种付款保证承诺，保证若委托人未能履约或未能全部按合同规定使用预付款时，负责向受益人返还保函规定金额的预付款。

（7）付款保函。付款保函是指银行应买方或业主（委托人）请求的向卖方或承包方（受益人）所出具的一种旨在保证贷款支付或承包工程进度款支付的付款保证承诺。

此外，银行保函还包括质量保函、预留金保函、维修金保函、关税保函、透支保函以及保释金保函等。

3. 银行保函结算的业务流程

一笔银行保函结算的基本业务流程大致分为以下4个环节：委托人向担保人申请开立保函、担保人审查后开出保函、受益人凭银行保函索赔、担保人对委托人进行追索。其中，后两个环节只有在委托人出现违约时才会涉及。

（1）委托人向担保人申请开立保函。委托人与受益人签订合同或协议后，应填写保函申请书，准备营业执照、标书、合同、契约和协议等（副本）等相关资料一起交给银行（担保人），同时缴存保证金或提供抵押物、反担保（保障担保人承担担保责任后对债务人的追偿权）文件等。

📚 实务点拨

保函申请书是作为担保人的银行凭此开出保函并明确委托人法律义务的依据。其主要内容包括担保人、申请人、受益人的名称和地址，合同、标书或协议的名称、号码及日期，合同或协议项下商品或项目的名称、数量，保函的币种、金额，保函的种类、有效期（包括生效日期和失效日期），发送方式（电报或邮寄），开立方式（是直接开给受益人还是由通知行通知、转开行转开或经保兑行保兑）等。

（2）担保人审查后开出银行保函。担保人在收到委托人的保函申请书之后，要进行全面、严格的审查，具体审查内容包括所申请的保函内容是否在《担保法》规定的担保业务范围内，保函申请书的内容是否填写清楚、准确、完整，相关签章是否齐全、正确，相关资料是否真实、准确、完整，保函所涉及项目的合法性、可行性、效益情况，反担保及抵押情况等。经审查无误后，担保人便可根据保函申请书的要求开立保函。

（3）受益人凭银行保函索赔。在受益人完成了合同规定的义务，获得了索取合同价款的权利，并且委托人出现违约行为时，受益人才能向担保人索偿。担保人要严格审核索偿文件及其他所要求的单据，若单据与银行保函完全一致，则应立即向受益人付款。

（4）担保人对委托人进行追索。在向受益人赔付后，担保人有权向委托人索偿，如果委托人不能立即偿还担保人已支付的款项，则担保人有权处置抵押物或保证金。

三、任务实训——分析电汇结算流程

2021年9月23日，星辉公司向新加坡的山纳有限公司采购一批拍摄设备，需要向山纳有限公司支付货款折合人民币 500 000 元。双方约定通过电汇的方式进行结算。该笔电汇结算的流程如下。

（1）首先，星辉公司出纳人员王敏需要填写汇款申请书，写明汇款货币名称、金额、收款人名称地址、收款人的开户行名称、地址、账号，以及相关境外费用的承担者等信息。然后，将填好的汇款申请书和所汇款项 500 000 元及相关手续费交给花旗银行深圳分行。

（2）花旗银行深圳分行接受汇款申请书并收妥款项后，将汇款回执退给王敏。

（3）花旗银行深圳分行使用电报的方式向花旗银行新加坡分行发出汇款委托书，委托花旗银行新加坡分行支付相应金额给山纳有限公司，同时调拨该笔款项给花旗银行新加坡分行。

（4）花旗银行新加坡分行收到汇款委托书并收妥款项后，通知山纳有限公司取款。

（5）山纳有限公司持相关证件或资料前往花旗银行新加坡分行办理取款。

（6）花旗银行新加坡分行将付讫借记通知书寄给花旗银行深圳分行，通知花旗银行深圳分行汇款支付完毕。

拓展阅读——托收结算的风险与防范

托收结算依托的是商业信用，银行在传递单据的过程中，不负责对单据是否齐全、是否符合合同的规定进行审查，在收取款项的过程中，也不保证付款人一定付款，可以说银行不提供任何信用和担保。因此，出口商在采用托收结算时，往往会存在较大的风险。面对这些风险，出口商可以采取一定方法进行防范。

1. 出口商面临的风险

出口商面临的风险主要有以下 5 点。

（1）进口地的市场风险。出口商发运货物后，若遇到进口地货价下跌的情况，进口商有可能会以单据上所载货物的规格、包装、交货期限等项内容不符合合同规定为借口要求出口商减价，否则不予付款。

（2）进口商的经营风险。进口商如果经营不善，可能会导致财务状况恶化甚至破产倒闭，并丧失偿付能力，从而使得出口商难以收回款项。

（3）进口商的信用风险。在承兑交单方式下，进口商先凭承兑汇票取得单据，在汇票到期时拒付，出口商虽可以凭汇票要求其承担法律责任，但此时的进口商很可能已经没有支付能力（破产、倒闭）了，从而使得出口商遭受损失。

（4）进口国的法律风险。货物到达目的地时，一些进口商还没有办妥货物进口许可手续，从而使得货物被禁止进口或被当地海关没收。

（5）代收行的信用风险。一些自身信用不好或经营不佳的代收行从进口商处收到货款后，有可能会故意不及时或不将货款划拨给托收行，从而使得出口商收不到或较长时间收不到货款。

2. 出口商的风险防范措施

面对上述风险，出口商可以积极地采取以下措施进行防范。

（1）调查进口商的信用情况。出口商应该细致、全面、经常性地对进口商的信用情况展开调查，并根据进口商的具体情况确定相应的授信额度（信用度高的进口商，其额度也高），确保发货货款金额不超过授信额度。同时，当进口商的信用情况发生变化时，其授信额度也要及时进行调整。

（2）了解进口地的市场动态。出口商应及时了解出口商品在进口地的市场动态，若商品滞销，则应对采用托收结算方式的进口商采取谨慎态度，并调高对进口商信用的要求。

（3）熟悉进口地的贸易和外汇相关法规。出口商应与进口商达成协议，约定只有在确定进口商已获进口地有关当局的进口许可和审批的外汇后再发货，避免发生货物到达目的地后被处罚没收，或进口商较长时间都无法收到外汇的情况。

（4）谨慎选择代收行。虽然代收行不承担付款和担保责任，但代收行需要向付款人提示付款以及催收货款。如果代收行信用良好，将有利于保证国际惯例的遵守以及收款工作的进行，从而降低收款的风险。

（5）投保出口信用保险。投保出口信用保险后，出口商如果遇到进口商无力或不按期支付货款、违约拒收货物或因进口国实行外汇和贸易管制等情况而造成损失，保险公司会给予相应的赔偿。

巩固练习

一、单选题

1. 信汇、电汇、票汇是以（　　）为标准进行分类的。
　　A. 结算工具与资金的流向关系　　　B. 使用的支付工具不同
　　C. 使用的商业汇票不同　　　　　　D. 证实方式不同

2. 票汇结算的信用基础是汇款人与收款人之间的商业信用，办理该业务应使用（　　）汇票。
　　A. 商业即期　　　B. 银行即期　　　C. 商业承兑　　　D. 银行远期

3. 汇款人与汇出行之间是（　　）的关系。
　　A. 委托与被委托　　B. 代理　　　C. 账户往来　　　D. 债权债务

4. 下列各项结算方式中，取款较为灵活的是（　　）。
　　A. 信汇　　　B. 票汇　　　C. 电汇　　　D. 邮寄

5. 汇款人在汇出行办理汇款时要填写（　　），它是汇款人与汇出行之间的契约。
　　A. 汇票通知书　　B. 支付委托书　　C. 汇款申请书　　D. 电报证实书

6. （　　）是指汇款人将一定款项交存汇款银行，汇款银行通过电报或电传的方式给目的地的分行或代理银行，指示出口地某一银行（其分行或代理行）作为汇入行，向收款人支付一定金额的一种汇款方式。
　　A. 信汇　　　B. 票汇　　　C. 电汇　　　D. 邮寄

7. 收款较快，但费用较高的汇款方式是（　　）。
　　A. 电汇　　　B. 信汇　　　C. 票汇　　　D. 付款交单

8. 托收的当事人有（　　）。
　　A. 委托人、托收行、代收行、付款人　　B. 委托人、付款人、持票人、背书人
　　C. 委托人、背书人、被背书人、收款人　　D. 正当持票人、委托人、保证人、付款人

9. 承兑交单结算方式下应开立的汇票是（　　）。
　　A. 即期汇票　　B. 远期汇票　　C. 银行汇票　　D. 银行承兑汇票

10. 托收业务中，汇票的付款人是（　　）。
　　A. 出口商　　　B. 进口商　　　C. 托收行　　　D. 代收行

11. 在信用证项下，付款后对受益人没有追索款项权利的是（　　）。

    A. 开证行　　　　　　B. 议付行　　　　　　C. 付款行　　　　　　D. 保兑行

12. 当受益人按信用证规定要求开证行付款时，开证行应在（　　）履行付款义务。

    A. 征得进口商同意后　　　　　　　　B. 货物到达后

    C. 货物检验合格后　　　　　　　　　D. 单据审核无误后

13. 担保人在收到委托人的保函申请书之后，要进行全面、严格的审查，下列不属于应审查的内容是（　　）。

    A. 所申请的保函内容是否在《担保法》规定的担保业务范围内

    B. 相关签章是否齐全、正确

    C. 保函所涉及项目的合法性、可行性、效益情况

    D. 背书是否连续

二、多选题

1. 汇款方式通常会涉及的当事人包括（　　）。

    A. 汇入行　　　　　　B. 汇款人　　　　　　C. 承兑人　　　　　　D. 汇出行

2. 汇率的标价方式包括（　　）。

    A. 直接标价法　　　　B. 间接标价法　　　　C. 中间标价法　　　　D. 平均标价法

3. 按外汇交割期限长短的不同，汇率可以划分为（　　）。

    A. 固定汇率　　　　　B. 远期汇率　　　　　C. 即期汇率　　　　　D. 浮动汇率

4. 开户单位可以持有效凭证直接到开户银行办理开户手续的外汇有（　　）。

    A. 外商投资企业的外汇

    B. 境外借款、发行外币债券取得的外汇

    C. 驻外机构的外汇

    D. 从事代理对外或境外业务的机构代收待付的外汇

5. 在国际贸易中，常采用的结算方式主要包括（　　）。

    A. 汇款　　　　　　　B. 信用证　　　　　　C. 托收　　　　　　　D. 银行保函

6. 光票托收一般用于收取（　　）。

    A. 货款的尾数　　　　B. 代垫费用　　　　　C. 样品费　　　　　　D. 佣金

7. 保函申请书的主要内容包括（　　）。

    A. 受益人的名称和地址　　　　　　　B. 保函的币种、金额

    C. 保函的种类、有效期　　　　　　　D. 合同或协议项下商品或项目的名称

8. 下列关于外汇账户的说法正确的有（　　）。

    A. 凡是应先向外汇局提出申请、凭外汇局核发的《外汇账户使用证》到银行开户的外汇账户，需要变更《外汇账户使用证》内容（如账户的币种、收支范围、使用期限以及相应的结汇方式的），须持相应的材料向外汇局提出申请，办理变更手续

    B. 开户单位不得出租、出借或者串用外汇账户，不得利用外汇账户非法代其他单位或个人收付、保存或者转让外汇

    C. 外汇账户必须每年参加年检，年检时间为每年的 6～9 月

    D. 通过境外借款、发行外币债券取得外汇和经批准对外法人、自然人发行股票取得的外汇所开立的账户，其收入应严格限于该限定外汇

07

9. 根据保函在基础合同中所起作用和担保人承担担保责任的不同，保函可以分为（   ）。

    A. 借款保函   B. 补偿贸易保函   C. 预付款保函   D. 融资租赁保函

10. 下列各项境内机构的行为中，会导致境内机构被外汇局责令改正，撤销外汇账户，并处以罚款的有（   ）。

    A. 擅自在境内开立外汇账户的

    B. 出借、串用、转让外汇账户的

    C. 擅自改变外汇账户使用范围的

    D. 擅自超出外汇局核定的外汇账户最高金额、使用期限使用外汇账户的

三、判断题

1. 票汇中使用的汇票是银行即期汇票，因此，结算基础是银行信用。（   ）

2. 通常而言，票汇结算方式下收款人收妥资金的时间比使用电汇方式的时间要短。（   ）

3. 托收是出口商将开具的汇票交给所在地银行，委托该行通过其在进口地的分行或代理行向进口商收取货款的一种结算方式，因此，在委托人收不到货款时银行要负责任。（   ）

4. 光票托收是委托人不带金融单据的商业单据交予银行，由其代为向付款人收取款项的一种托收方式。（   ）

5. 信用证是银行开立的一种无条件承诺付款书面文件。（   ）

6. 在信用证结算下，通知行是应开证行的要求将信用证通知给受益人的银行。它通常是开证行在申请人所在地的分行或代理行。（   ）

7. 投标保函是指银行应投标人请求向招标人做出的一种付款保证承诺，保证投标人中标后也不拒绝签约。（   ）

8. 在直接标价法下，本币的数额保持不变，外币的数额随着本币币值的变化而变化。如果一定数额的本币能兑换的外币数额比前期少，则表明外币的币值上升、本币的币值下跌，这样的情形称作外汇汇率上升。（   ）

9. 境外借款、发行外币债券取得的外汇和经批准专项用于偿还境内外外汇债务的外汇以及经批准对境外法人、自然人发行股票取得的外汇开立的外汇账户，可以变更其账户的收支范围。（   ）

07

项目八

费用报销

知识目标 ↓

- 熟悉费用报销的基本要求。
- 了解发票种类和发票非法行为及其处罚的相关知识。
- 掌握常用费用报销凭证的相关知识和处理费用报销业务的一般流程。

能力目标 ↓

- 能够鉴别发票真伪。
- 能够审核费用报销凭证并处理费用报销业务。

素质目标 ↓

- 认真鉴别发票真伪，面对发票非法行为坚守准则，绝不妥协。
- 严格审核费用报销凭证，出现疑点时应主动追问，尽职尽责。

任务一 了解费用报销

一、任务引入

2021 年 8 月 5 日，销售部小田拿着费用报销凭证和 3 张 8 月份的餐饮费发票到出纳人员王敏处报销部门 5 月份的聚餐费用。王敏一看发票日期，就发出了疑问："怎么隔了这么久才来报销？公司规定，聚餐费用必须在当月完成报销，而且发票是 8 月份开的，你报销的是 5 月份的聚餐费用，说明你的发票不是在聚餐消费时获得的。"小田回答道："不好意思，聚餐时忘记要发票了，后来就想了别的办法，拿别的发票来代替，您通融通融。"王敏不为所动，直接将费用报销凭证退还小田，并拒绝办理该业务。

请问，王敏拒绝办理该笔费用报销业务的根据是什么？

二、相关知识

费用报销从字面上看，即将费用开列清单，报请上级核销。很多人认为出纳是一个管"钱"

的岗位，而费用报销则是属于会计人员需要处理的工作，这其实是一种误解。作为单位资金收付的经手人，出纳人员肯定要对每一笔由自己办理的收支业务负责，而费用报销实质就是资金的收付过程，因此，处理费用报销业务也是出纳的本职工作之一。因此，出纳人员有必要了解费用报销的基本知识，包括单位日常费用类型、费用报销的类型及费用报销的基本要求。

（一）单位日常费用类型

单位所从事的业务内容不同，其在经营活动中发生的费用类型也有所差异，但无论单位规模是大是小、业务范围是宽是窄、组织结构是复杂还是简单，其常发生的费用是大致相同的，主要包括以下 5 类。

（1）差旅费。差旅费即单位内部人员因出差处理公务而产生的交通费、住宿费、餐饮费，以及其他合理支出形成的费用。

（2）办公费。办公费是单位日常中比较常见的一类费用，所涵盖的内容较多，多为单位日常经营支出，如购买办公用品支出、购买报纸杂志支出、通信费支出、水电费支出、工商年检费支出、快递费支出、购买小型办公设备支出、办理专业证件的工本费支出、印制印章支出、办公设备日常维护支出等。

（3）招待费。招待费就是通常所说的"业务招待费"，它是单位为生产、经营业务的合理需要而支付的应酬费用，如因生产经营需要而发生的宴请或餐费支出、纪念品或礼品支出、旅游支出等。

（4）培训费。培训费可以理解为"职工教育经费"，即单位为职工学习先进技术和提高文化水平而支付的费用。

（5）补贴费用。补贴费用就是单位为员工提供的各类补贴，如交通补贴、通信补贴、出差补贴、就餐补贴、房租补贴等。

实务点拨

上述费用只是单位报销费用中的一部分，同一项费用，由于分类标准不同，可能被划分为不同的类别。另外，不同的单位可能对同一类费用的命名也有所不同，所以，出纳人员在判断某类费用时，应关注其实质而不是名称。

（二）费用报销涉及的情况

根据公司管理制度或业务规定的不同，出纳人员处理费用报销业务时主要会涉及以下两种情况：一种是先预支业务经办人员一定资金，然后再根据支出情况进行费用报销处理；另一种是不预支业务经办人员资金，由经办人员自己垫支或赊购，然后再根据垫支或赊购情况进行费用报销处理。

上述两种情况中，第一种情况会产生一个预支的环节，这就需要出纳人员在预支和报销环节把好关，做好报销与审核工作。

（三）费用报销的基本要求

费用报销业务不仅关系到单位的财产收支，还关系到员工个人的经济利益，所以，为了避免在报销业务中出现不必要的争执，出纳人员在办理费用报销业务时，应严格遵循单位的财务制度要求，确保业务真实、数字准确、责任明确。通常情况下，办理费用报销业务应满足以下 5 点基本要求。

（1）按照审核权限批准。单位发生的任何请购或者支出行为，都应该严格按照管理制度的规定获得审批，即必须在事前获得相关责任人的书面批准。

（2）及时处理。在出纳实务中，出纳人员可以以周为单位，将本周需报销的费用凭证粘贴在一起，然后汇总进行费用报销，这仅限于一周内的费用，不得跨周处理，也不得将几周的费用凭证粘贴到一起来报销。通常情况下，当月发生的费用应尽量在当月完成报销，最晚不得超过发生月份的次月。如果逾期，须经相关负责人批准之后才能予以报销。

（3）金额无误。出纳人员办理报销业务时不得出现金额错误的情况，即不能出现填写错误或计算错误等情况。

（4）明确责任。任何一笔费用报销都需要明确到具体的责任人，单位员工只要报销费用，就需要在相关凭证单上签字，表示对相关单据所记载的事项以及金额完全同意。同时，应附上日期，以明确相关当事人的责任。

（5）明确报销方式。对于单位员工的报销费用，可以视具体情况采取现金或转账的形式来发放。一般情况下，大金额的费用报销尽可能采用转账的方式付款。

三、任务实训——分析拒绝办理费用报销业务的原因

2021 年 8 月 5 日，销售部小田拿着 3 张 8 月份的餐饮费发票报销部门 5 月份的聚餐费用，出纳人员王敏拒绝办理该笔费用报销的原因有两点。第一，费用报销要按照单位的相关制度执行，星辉公司规定，部门聚餐费用只能在当月报销，因此 5 月份的部门聚餐费用不能在 8 月份报销。其次，小田用其他消费的发票来代替，该行为不能说明销售部 5 月份聚餐的实际花费金额，其真实性存疑，因此王敏的做法是有根据的。

任务二　鉴别发票真伪并粘贴发票

一、任务引入

2021 年 8 月 15 日，出纳人员王敏收到一张增值税专用发票，其内容为报销餐饮费 2 120 元，其中所附发票如图 8-1 所示。王敏经过仔细鉴别后，认为该发票的逻辑有问题，有虚开发票的嫌疑。

请问，王敏是如何做出这样的判断的？

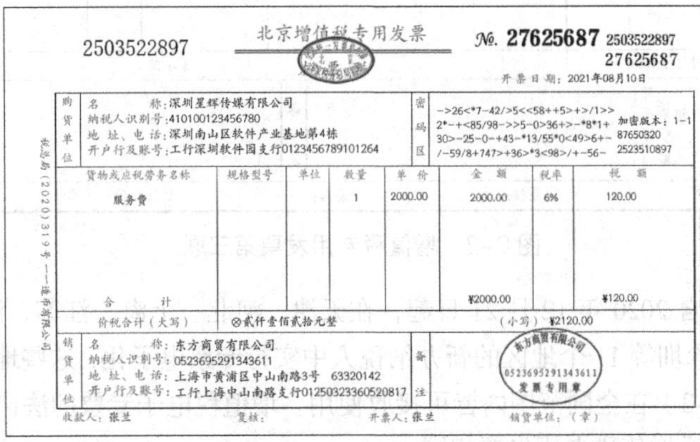
2503522897　北京增值税专用发票　№. 27625687　2503522897　27625687

开票日期：2021年08月10日

购货单位	名称：深圳星辉传媒有限公司 纳税人识别号：410100123456780 地址、电话：深圳南山区软件产业基地第4栋 开户行及账号：工行深圳软件园支行0123456789101264	密码区	->26<*7-42/>5<<58++5>+>/1>> 2*-+<85/98->>5-0>36+>-*8*1+ 30>-25-0-+43-*13/55*0<49>6+- /-59/8+747>+36>*3<98>/+-56-	加密版本：1-1 87650320 2523510897

货物或应税劳务名称	规格型号	单位	数量	单价	金额	税率	税额
服务费			1	2000.00	2000.00	6%	120.00
合计					¥2000.00		¥120.00
价税合计（大写）	⊗贰仟壹佰贰拾元整				（小写）¥2120.00		

销货单位	名称：东方商贸有限公司 纳税人识别号：052369529134361l 地址、电话：上海市黄浦区中山南路3号　63320142 开户行及账号：工行上海中山南路支行01250323360520817	备注	东方商贸有限公司 0523695291343611 发票专用章

收款人：张兰　复核：　开票人：张兰　销货单位：（章）

税总函（2020）319号——途币有限公司

第三联：发票联　购买方记账凭证

图 8-1　报销所附发票

二、相关知识

出纳人员办理费用报销业务时需要经手各类发票，这些发票大多是从外部单位取得的，这就需要出纳人员掌握发票的有关知识。

（一）了解发票的种类

《中华人民共和国发票管理办法》及其实施细则规定：发票，是指在购销商品、提供或者接受服务以及从事其他经营活动中，开具、收取的收付款凭证。在出纳实务中，发票主要包括增值税专用发票、增值税普通发票、通用定额发票、通用机打发票和通用手工发票、机动车销售统一发票、二手车销售统一发票等。

1. 增值税专用发票

增值税专用发票是增值税纳税人在销售货物或者提供应税劳务时开具的发票，是购买方支付增值税额并按照增值税有关规定据以抵扣增值税进项税额的凭证。增值税专用发票由国家税务总局监制，增值税一般纳税人和小规模纳税人均可开具。增值税专用发票不仅是购销双方收付款的凭证，而且可以用作购买方（增值税一般纳税人）扣除增值税的凭证，因此不仅具有商事凭证的作用，而且具备完税凭证的作用。

增值税专用发票由基本联次或者基本联次附加其他联次构成，分为三联版和六联版两种，纳税人可根据自己的实际情况选择。三联版的增值税专用发票中，第一联为记账联，作为销货方销售的记账凭证；第二联为抵扣联，作为购货方报送主管税务机关认证和留存备查的凭证；第三联为发票联（见图 8-2），作为购货方付款的记账凭证。六联版的增值税专用发票中，第一联为记账联；第二联为抵扣联；第三联为发票联；第四至第六联为附联。

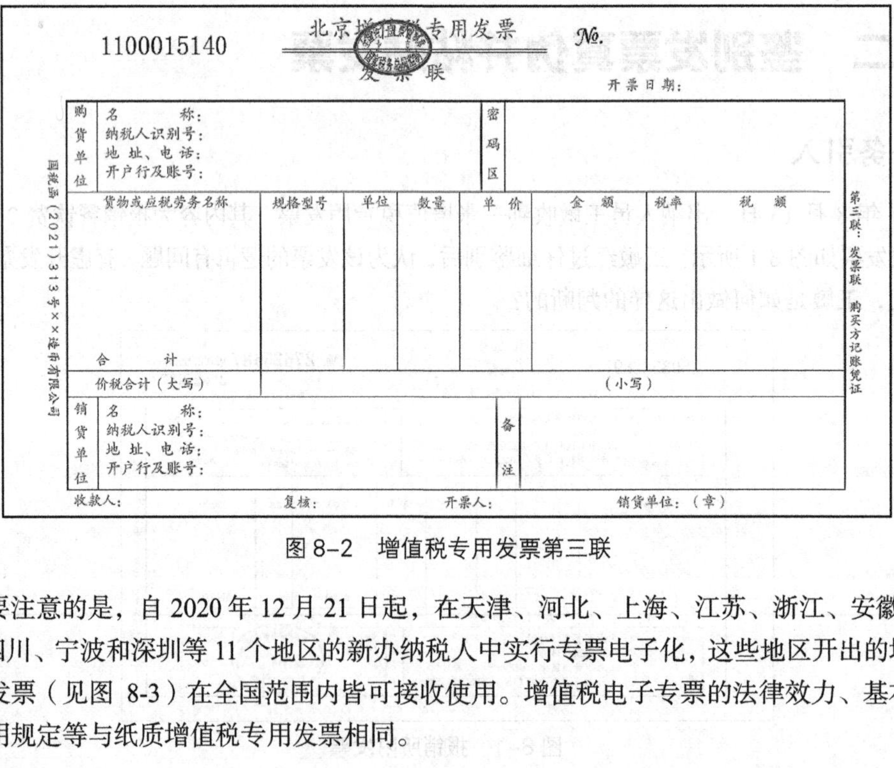
1100015140　北京增值税专用发票　№
发票联
开票日期：

购货单位	名　称： 纳税人识别号： 地 址、电 话： 开户行及账号：				密码区			
货物或应税劳务名称	规格型号	单位	数量	单价	金　额	税率	税　额	
合　计								
价税合计（大写）					（小写）			
销货单位	名　称： 纳税人识别号： 地 址、电 话： 开户行及账号：				备注			

收款人：　复核：　开票人：　销货单位：（章）

国税函〔2021〕313号××造币有限公司

第三联：发票联　购买方记账凭证

图 8-2　增值税专用发票第三联

需要注意的是，自 2020 年 12 月 21 日起，在天津、河北、上海、江苏、浙江、安徽、广东、重庆、四川、宁波和深圳等 11 个地区的新办纳税人中实行专票电子化，这些地区开出的增值税电子专用发票（见图 8-3）在全国范围内皆可接收使用。增值税电子专票的法律效力、基本用途、基本使用规定等与纸质增值税专用发票相同。

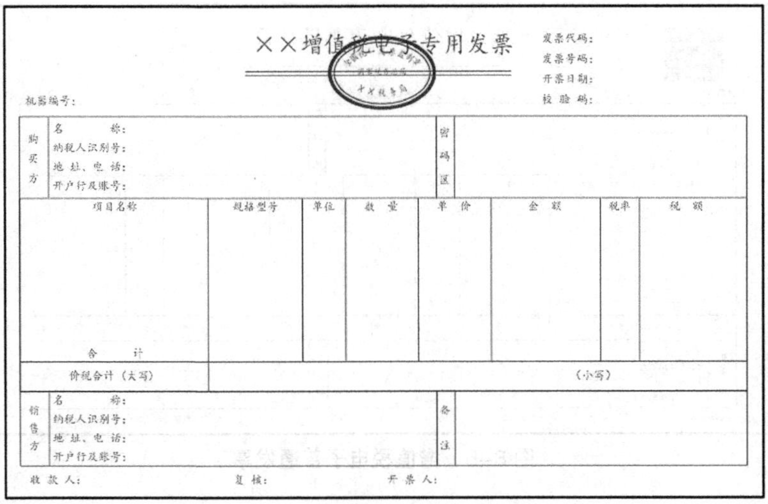
××增值税电子专用发票
发票代码：
发票号码：
开票日期：
校验码：
机器编号：

购买方	名称： 纳税人识别号： 地址、电话： 开户行及账号：	密码区					
项目名称	规格型号	单位	数量	单价	金额	税率	税额
合计							
价税合计（大写）					（小写）		
销售方	名称： 纳税人识别号： 地址、电话： 开户行及账号：	备注					

收款人：　复核：　开票人：

图 8-3　增值税电子专用发票

2. 增值税普通发票

增值税普通发票是增值税纳税人在销售货物或者提供应税劳务、服务时，通过增值税税控系统开具的普通发票。增值税普通发票分为增值税普通发票（折叠票）、增值税电子普通发票和增值税普通发票（卷票）。需要注意的是，增值税普通发票除税法规定的经营项目外，都不能抵扣进项税。

（1）增值税普通发票（折叠票）。增值税普通发票（折叠票）由基本联次或者基本联次附加其他联次构成，分为两联版和五联版两种。基本联次为两联的，其第一联为记账联（见图 8-4），是销售方记账凭证；第二联为发票联，是购买方记账凭证。其他联次用途可由纳税人自行确定。纳税人可根据自己的实际情况选择两联版或者五联版。

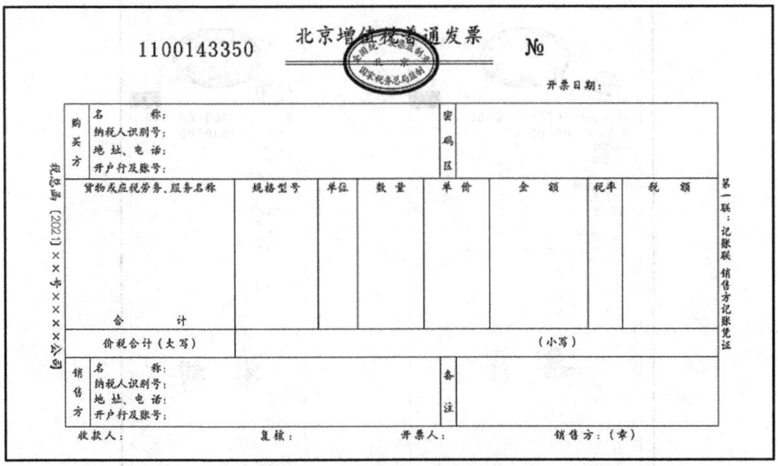
北京增值税普通发票
1100143350　№
开票日期：

购买方	名称： 纳税人识别号： 地址、电话： 开户行及账号：	密码区					
货物或应税劳务、服务名称	规格型号	单位	数量	单价	金额	税率	税额
合计							
价税合计（大写）					（小写）		
销售方	名称： 纳税人识别号： 地址、电话： 开户行及账号：	备注					

收款人：　复核：　开票人：　销售方：（章）
税总函〔2021〕××号××××公司
第一联：记账联　销售方记账凭证

图 8-4　增值税普通发票（折叠票）第一联

（2）增值税电子普通发票。增值税电子普通发票采用税务局统一规定的形式，发票号码采用全国统一编码和统一防伪技术，并附有电子税局的签名机制，如图 8-5 所示。

如果开票方和受票方需要纸质发票的，可以自行打印增值税电子普通发票的版式文件，其法律效力、基本用途、基本使用规定等与税务机关监制的增值税普通发票相同。

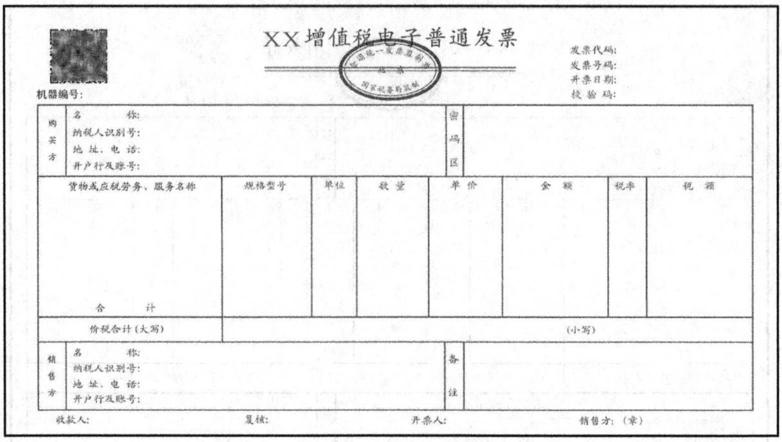

图 8-5　增值税电子普通发票

实务点拨

根据《财政部 国家档案局关于规范电子会计凭证报销入账归档的通知》（财会〔2020〕6号）的规定，电子会计凭证与纸质会计凭证具有同等法律效力，单位以电子会计凭证的纸质打印件作为报销入账归档依据的，必须同时保存打印该纸质件的电子会计凭证。因此，相关人员在使用电子发票报销入账时需要同时提供纸质打印件和电子版文件。

（3）增值税普通发票（卷票）。增值税普通发票（卷票）由纳税人自愿选择是否使用，重点在生活性服务业纳税人中推广使用。增值税普通发票（卷票）为定长发票，其发票宽度有 76mm 和 57mm 两种，长度固定为 177.8mm，如图 8-6 所示。

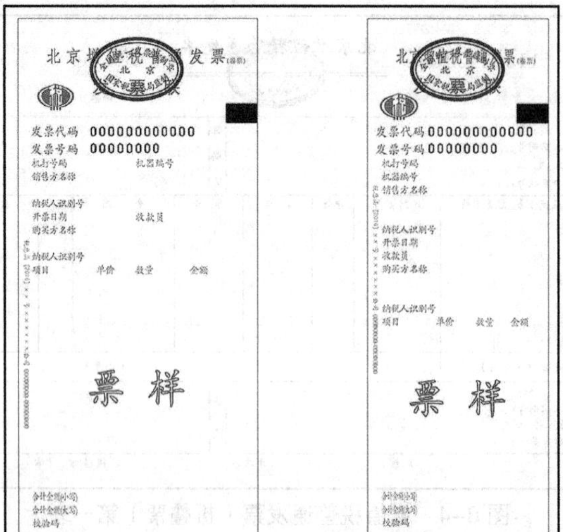

图 8-6　增值税普通发票（卷票）

增值税普通发票（卷票）基本联次为一联，即"发票联"，印制的基本内容包括发票名称、发票监制章、发票联、发票代码、发票号码、黑标定位符和二维码等。其中，二维码中包含发票代码和发票号码信息，用于发票查验时的快速扫描录入。

3. 通用定额发票

通用定额发票主要适用于定期定额征收的个体工商户和收取停车费的纳税人，是税务部门专门印制的、不用填开的、有固定数额的发票（见图 8-7），即通常所说的"手撕票"。例如洗车、停车时使用的发票，目前最大面额为 20 元。

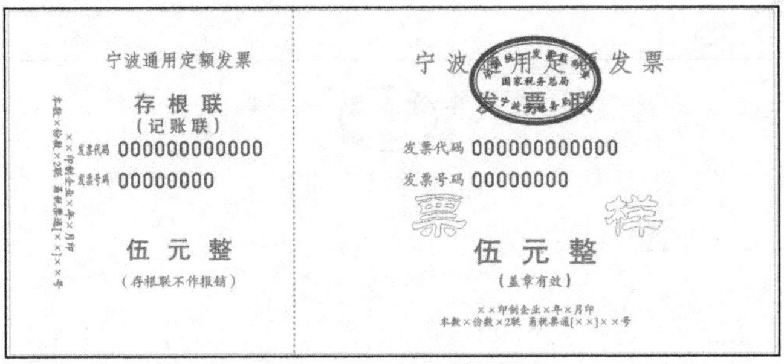

图 8-7 通用定额发票

4. 通用机打发票和通用手工发票

通用机打发票（见图 8-8）和通用手工发票（见图 8-9）主要适用于起征点以下的小规模纳税人。各省市通用机打发票的规格不同，部分省市已经取消了通用手工发票。

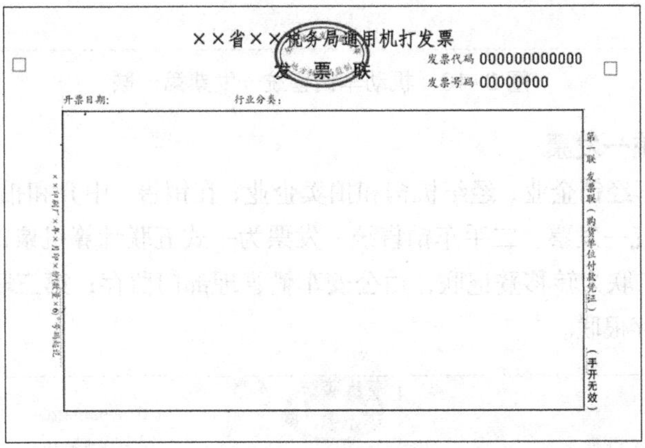

图 8-8 通用机打发票

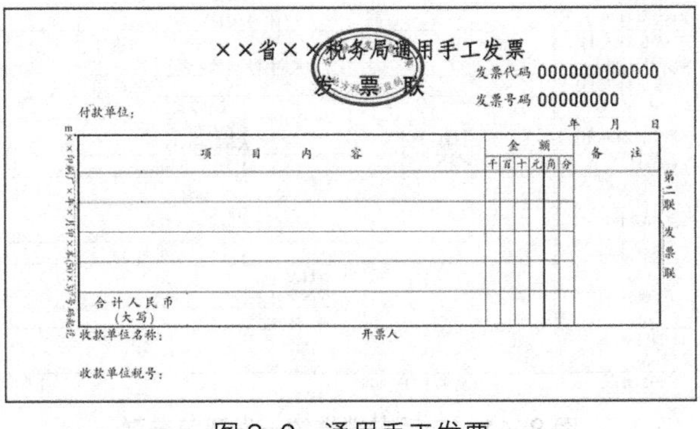

图 8-9 通用手工发票

08

5. 机动车销售统一发票

机动车销售统一发票适用于从事机动车零售业务（不包括销售旧机动车）的纳税人。

机动车销售统一发票为计算机六联式发票，其中，第一联发票联为购货单位付款凭证（见图8-10），印色为棕色；第二联抵扣联为购货单位扣税凭证，印色为绿色；第三联报税联由车购税征收单位留存，印色为紫色；第四联注册登记联由车辆登记单位留存，印色为蓝色；第五联记账联为销货单位记账凭证，印色为红色；第六联存根联由销货单位留存，印色为黑色。发票代码、发票号码印色均为黑色。

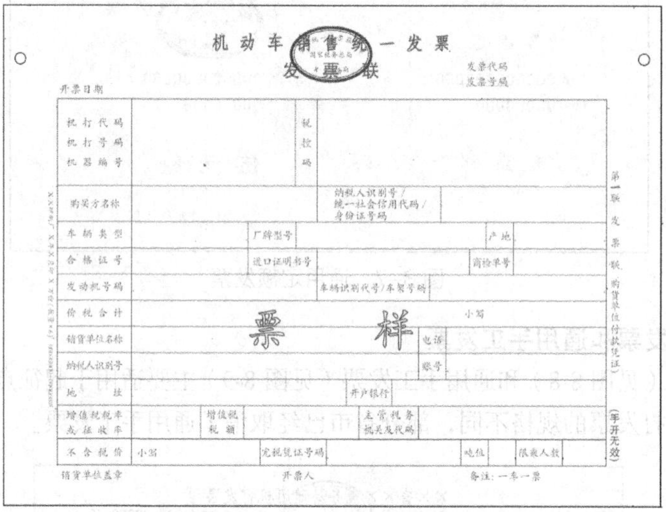

图 8-10 机动车销售统一发票第一联

6. 二手车销售统一发票

根据规定，二手车经销企业、经纪机构和拍卖企业，在销售、中介和拍卖二手车收取款项时，必须开具二手车销售统一发票。二手车销售统一发票为一式五联计算机票，其中，第一联为发票联（见图 8-11）；第二联为转移登记联，由公安车辆管理部门留存；第三联为出入库联；第四联为记账联；第五联为存根联。

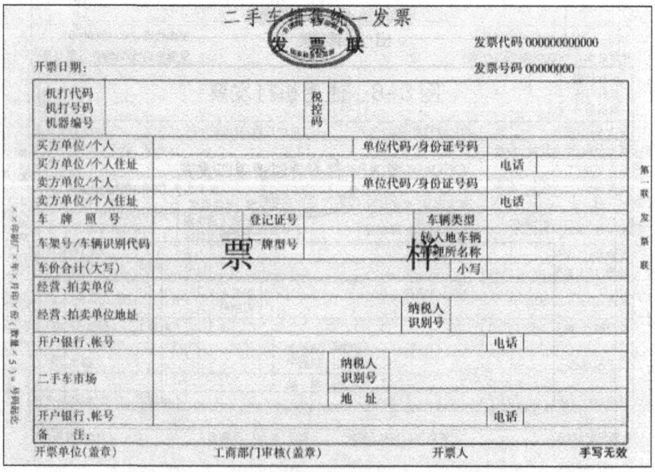

图 8-11 二手车销售统一发票第一联

　　除了上述 6 种发票，我国的发票还包括出租车发票、客运定额发票、火车票、飞机行程单、门票等。

（二）鉴别虚开发票和虚假发票

　　在审核各类发票时，出纳人员应持谨慎的态度，多从实践中总结经验，然后将其运用在日常工作中。不合格发票主要包括两类，一类是虚开发票，即发票票面是真实的，但所反映的经济业务是虚假的；另一类是虚假发票。

1. 鉴别虚开发票

　　鉴别虚开发票有以下 5 种方法。

　　（1）关注税务机关代开发票的情况。在虚开的发票中，有一部分发票是由税务机关代开的，名目多为运费、租车费、培训费、雇工费等，如果某个单位报销的凭证中由税务机关代开的发票较多，出纳人员应当关注其是否存在虚假业务。

　　（2）检查逻辑的合理性。出纳人员在审核报销单据时，要时刻注意其是否合理，因为部分虚开的发票常常不符合逻辑。当出现以下 7 种情况时，出纳人员应关注其是否存在虚假业务。

　　① 相同单位或不同单位出现发票号码连号。

　　② 不同单位出具的发票明显为一人填写。

　　③ 多次出现开票日期在前的发票号码大于开票日期在后的发票号码。

　　④ 发票出具单位的经营项目与发票开具的业务内容不合逻辑。

　　⑤ 针对一项经济业务连开多张发票。

　　⑥ 多张餐饮及差旅发票的间隔时间较长，并属于不同的地域，票据的新旧程度也不同，却在同一次出差活动中进行报销。

　　⑦ 发票的金额为整数，没有零头，或几张发票的合计金额正好是一个整数。这可能是由于报销人将一些虚假的经济业务拼凑在一起而形成的，出纳人员如果仔细检查，就会发现存在畸高或畸低、畸多或畸少的数据。

　　（3）检查业务合同。业务合同在一定程度上体现了经济业务的真实性，因此，出纳人员可以从业务合同入手进行检查，一方面检查业务合同内容与签章是否完整，另一方面将发票记载的货物或服务品名、数量、单价与合同内容进行核对，查验是否一致，若不完整或不一致，则说明有疑点。

　　（4）检查开票方的身份资质。出纳人员可以取得开票方的营业执照复印件，并通过国家企业信用信息公示系统查询开票方的名称、营业执照号码、经营范围，核对其与发票中的相关信息是否一致。对于经营范围与发票中记载的产品或服务明显不符的，例如农产品流通企业销售家具，或者家电企业提供法律咨询服务等，出纳人员要特别加以关注，必要时可以要求对方提供相关证明。

　　（5）检查货物流向、资金流向。所有虚开发票都存在缺少货物流向、资金流向或货物、资金流向与发票流向不一致的情况。在货物流向方面，出纳人员可以要求相关人员提供运输单据复印件等凭证，以检查货物流向是否属实；在资金流向方面，出纳人员可以查询单位是否与开票方有

08

资金往来。

2. 鉴别虚假发票

虚假发票即私印、伪造的发票。鉴别虚假发票可以采用的方法包括外观鉴别法、专业工具鉴别法、电话查询鉴别法和网络查询鉴别法等。

（1）外观鉴别法。出纳人员可以通过观察发票的外观鉴别虚假发票，具体分为以下5个方面。

① 纸质差异。真发票采用特殊防伪纸张制成，具有光滑、有韧性、边缘整齐等特点。而虚假发票的纸张质地较差，一般表现为纸张硬脆、粗糙、边缘切割不齐等。

② 字体印刷。真发票上的号码由进口机器和油墨喷制而成，颜色黑且清晰，通过放大镜观察，可以看到其号码由很多分离小黑点组成。而虚假发票的字体一般颜色较淡且有虚影。

③ 发票监制章。真发票上方正中央的发票监制章内圆线采用微缩技术印制，通过高倍放大镜观察，可以清晰地看到内圆线由多组"GJSHWZJJZH"（即"国家税务总局监制"拼音声母缩写）组成。而虚假票无法做到这一点。

④ 发票水印。真发票采用黑白水印防伪专用纸印制，用手触摸水印处，能明显感受到油润的凹凸质感，在背光条件下，税徽图案的浅色水印清晰可见。而虚假发票上的水印凹凸感不强，税徽图案模糊。

⑤ 刮擦奖区覆盖层。与真发票相比，虚假发票的刮擦奖区覆盖层较薄，质地硬滑，不易刮出隐藏的文字，或者刮出的文字比较模糊等。

（2）专业工具鉴别法。出纳人员可以使用红外激光专用鉴别笔进行辨别，在紫外灯照射下，真发票票面上每隔一定距离会显现出发光金属条，而虚假发票无此发光金属条。

（3）电话查询鉴别法。出纳人员可以拨打各地的税务服务热线，按照语音提示进入"发票查询"后，即可输入"发票代码""发票号码""密码"进行查询。

（4）网络查询鉴别法。出纳人员可以进入国家税务总局全国增值税发票查验平台（见图8-12），输入发票代码、发票号码、开票日期、开具金额（不含税）、验证码进行查询。

图8-12 国家税务总局全国增值税发票查验平台首页

（三）发票的非法行为及其处罚

在办理费用报销的过程中，出纳人员应加强对发票的审核，检查其是否存在非法行为。发票的非法行为主要包括虚开发票的行为，非法制造发票、出售非法制造的发票以及非法出售发票的行为，非法购买发票以及非法持有发票的行为。

1. 虚开发票的行为

行为人的以下4种行为为虚开发票的行为。

（1）为他人开具与实际经营业务情况不符的发票。

（2）为自己开具与实际经营业务情况不符的发票。

（3）让他人为自己开具与实际经营业务情况不符的发票。

（4）介绍他人开具与实际经营业务情况不符的发票。

对于有上述虚开发票行为之一的，应没收违法所得；虚开金额在1万元及以下的，可以并处5万元以下的罚款；虚开金额超过1万元的，可以并处5万元以上50万元以下的罚款。

2. 非法制造发票、出售非法制造的发票以及非法出售发票的行为

对于有非法制造发票、出售非法制造的发票以及非法出售发票行为的行为人，应没收违法所得，并处1万元以上5万元以下的罚款；情节严重的，可以并处5万元以上50万元以下的罚款。

3. 非法购买发票以及非法持有发票的行为

知道或者应当知道发票属于私自印制、伪造、变造、非法取得或者废止的发票而依然受让、开具、存放、携带、邮寄、运输的行为人，应处1万元以上5万元以下的罚款；情节严重的，处5万元以上50万元以下的罚款；有违法所得的予以没收。

📗 实务点拨

《国家税务总局关于纳税人善意取得虚开增值税专用发票已抵扣税款加收滞纳金问题的批复》（国税函〔2007〕1240号）规定，纳税人善意取得（指购货方与销售方存在真实交易，购货方不知取得的增值税专用发票是以非法手段获得的）虚开的增值税专用发票，如能重新取得合法、有效的专用发票，准许其抵扣进项税款；如不能重新取得合法、有效的专用发票，不准其抵扣进项税款或追缴其已抵扣的进项税款。

💻 案例分析

故意使用虚假发票入账后果严重

重庆市税务机关在一次稽查行动中发现，重庆A公司以假发票入账等方式隐匿其收入，从而实现偷逃税款的目的。针对这一违法行为，重庆市税务机关依法对该公司做出如下处理：补缴所偷逃税款，加收滞纳金，并处一倍罚款，总计金额超过700万元。

原来，重庆市税务机关的稽查人员在查阅了A公司的账目后，发现A公司的管理费用存在异常，经过仔细分析，稽查人员锁定了2021年8月的一笔业务。据A公司8月份的7号凭证和22号凭证显示，A公司通过银行转账的方式分别向北京的B公司支付了400万元和390万元的咨询服务费。A公司为何要在短时间内向B公司支付这么高的咨询费？发现问题后，稽查人员立即要求重庆A公司提供相关原始附件。

经过查阅原始附件后，稽查人员发现，790万元服务费所附的发票为9张增值税普通发票，开票方为北京B公司，开票时间为2021年8月26日，而凭证所附的银行回单表明，A公司在8月31日向B公司账户转账790万元。

对于这项支出，A公司解释此费用是B公司为A公司提供项目策划服务的服务费，具体金额完全基于市场行情。稽查人员对此表示质疑，并继续展开调查。

经查，该费用涉及的9张增值税普通发票属于虚假发票，A公司故意采用虚假发票入账，虚构与B公司的咨询服务业务，以虚增成本，从而达到偷税的目的。

案例分析：很多出纳人员认为审核发票及费用报销凭证是领导和会计人员的工作，其他相关责任人已经审批签过字了，自己只需要简单核对一下金额就可以了，然而这种想法是不对的。在我国，发票与税收直接相关，国家对于发票的管控非常严格，故意将虚假发票入账以偷逃税款，会受到税务机关的处罚。即便是善意取得的虚假发票，也不能抵扣进项税额，因此，作为支付环节的最后把关人，出纳人员在审核发票时一定要抱着审慎和负责任的态度，对于可疑之处要进行进一步的追查，避免单位因发票问题遭受损失或惹上麻烦。

（四）粘贴发票

在进行费用报销前，需要将发票整齐、牢固、美观地粘贴到报销单据粘贴单上。具体来讲，粘贴发票的要求与方法有以下6点。

（1）发票应统一用胶水（棒）粘贴，不得用装订机装订。

（2）不同类别（如火车票、汽车票、餐饮票、住宿票）的发票要分类粘贴，并按照从右到左、先小后大的顺序进行粘贴。

（3）发票粘贴好后应保证能清晰地看到每张发票的内容和金额。

（4）面积较大的发票只需要固定发票的左上角，面积较小的发票可以每张错开1厘米左右的距离，按鱼鳞状进行均匀粘贴。

（5）如果发票面积太大，对于超出报销单据粘贴单范围的发票，应将其折叠，使其与报销单据粘贴单平齐。

（6）每张报销单据粘贴单可粘贴10～15张发票（餐饮费和车费发票可增加到15～20张）。

发票粘贴后的示意图如图8-13所示。

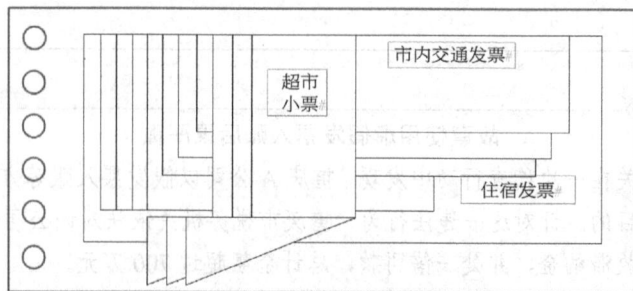

图8-13 发票粘贴后的示意图

三、任务实训——鉴别虚开发票

2021年8月15日，出纳人员王敏收到一张增值税专用发票，用以报销餐饮费2 120元。经过仔细鉴别后，王敏认为该发票的逻辑有问题，有虚开发票的嫌疑。王敏做出这样判断的理由如下。

首先，该发票报销的是餐饮费，但发票上的"货物或应税劳务名称"却为服务费，二者不一致，显得可疑。其次，开票方"东方商贸有限公司"不像是提供餐饮服务的公司，于是王敏通过查询开票方的资质发现，该公司的主营业务是经营日用产品，与餐饮服务无关，由此可初步断定该发票为虚开发票。

任务三 处理费用报销业务

一、任务引入

情景一：2021 年 8 月 20 日，星辉公司销售部张庆辉经公司安排，从 8 月 22 日起到北京出差 4 天，目的是与客户商谈签订一份广告制作合同。经批准，张庆辉可以申请借支 6 500 元差旅费。随后，张庆辉便将领导审批后的出差申请表（见图 8-14）和借款单（见图 8-15）交给出纳人员王敏。假设星辉公司规定，借款单由借款人部门负责人（销售部主管为范菲菲）和财务负责人（刘洋）签字后，才能交给总经理（李星辉）做最后审批。

出差申请表

申请日期：2021年8月20日

出差人	姓　名	张庆辉	出差时间	8.22—8.25
	部　门	销售部		
	职　务	销售员	出差地点	北京
	联系电话	1528836963		
出差事由	与客户商谈签订一份广告制作合同			
拟搭乘交通工具	□飞机　☑火车　□轮船　□汽车			
	□奉派前往自行开车　　　□因载运公物自行开车			
暂支费用	住宿费	1500.00	餐饮费	2500.00
	交通费	2500.00	其　他	
			金额合计：	6500.00
申请人：	张庆辉		部门经理：	范菲菲
财务负责人：刘洋			总经理： 李星辉	

图 8-14 出差申请表

借　款　单

借款单位	销售部	借款日期	2021年8月20日
借款用途	差旅费		
借款金额	人民币(大写) 陆仟伍佰元整	￥6500.00	
部门主管	同意 范菲菲	借款人签章	张庆辉
领导批示：	会计主管核准：	付款记录：	
同意　　李星辉	同意 刘洋		
2021.8.20	2021.8.20		

图 8-15 借款单

请问：王敏应该如何处理该笔费用报销业务？

情景二：2021年8月25日，张庆辉从北京出差归来，他将住宿费发票（见图8-16）、餐饮费发票（见图8-17）、火车票（见图8-18）粘贴到报销单据粘贴单上，然后根据发票金额计算出本次出差的实际费用=1 113+2 120+958+1 058=5 249（元）。在他填写了费用报销单（见图8-19）后，将其连同报销单据粘贴单一起交给王敏，并退回借款余额1 251元。假设星辉公司对于业务招待费之外的费用，其报销限额为10 000元，并规定差旅费先由报销人部门负责人和财务负责人审批签字，然后交由总经理审批。

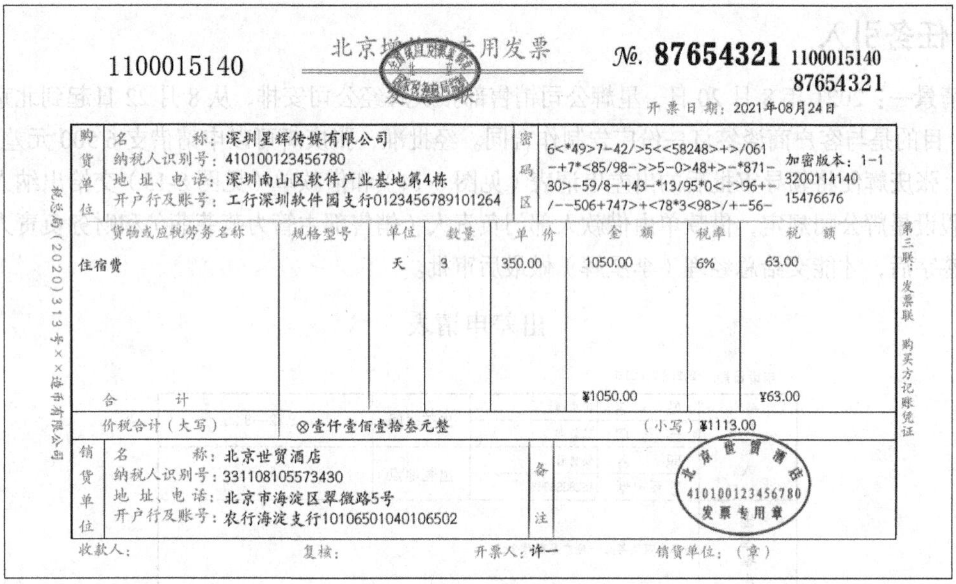

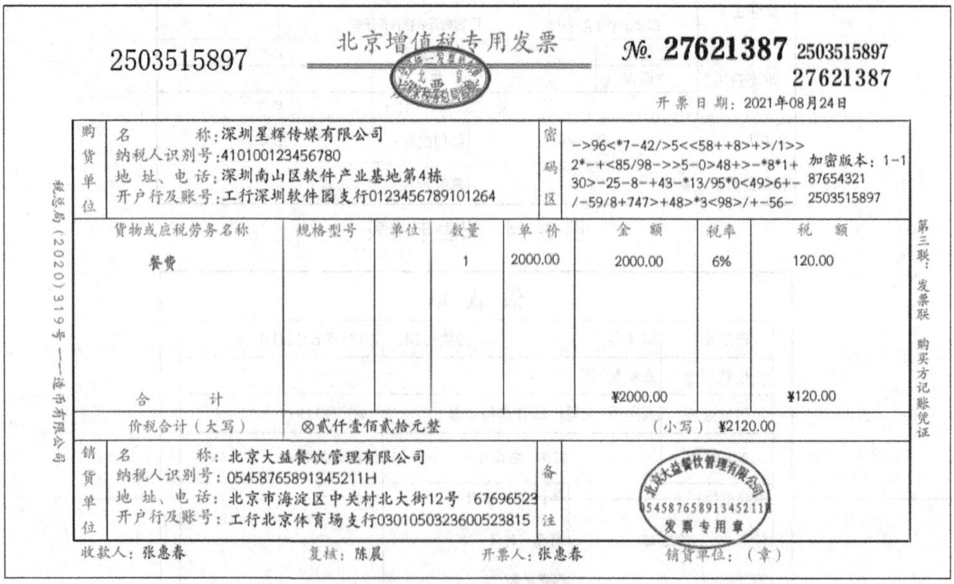

请问：王敏应该如何处理该笔费用报销业务？

图8-16　住宿费发票

图8-17　餐饮费发票

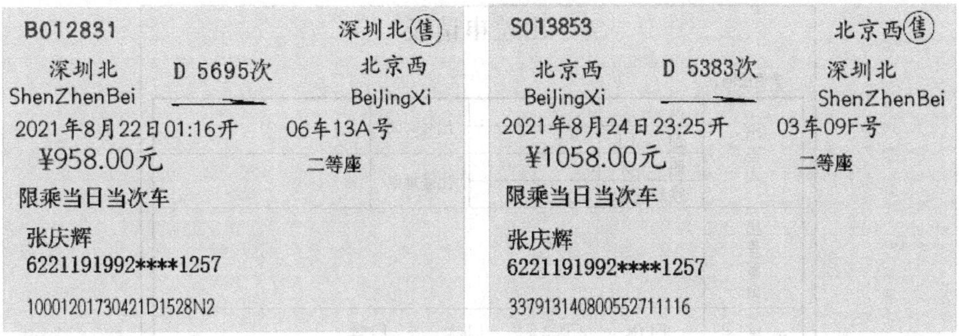

B012831　深圳北(售)
深圳北　D 5695次　北京西
ShenZhenBei　BeiJingXi
2021年8月22日01:16开　06车13A号
¥958.00元　二等座
限乘当日当次车
张庆辉
6221191992****1257
1000120173042lD1528N2

S013853　北京西(售)
北京西　D 5383次　深圳北
BeiJingXi　ShenZhenBei
2021年8月24日23:25开　03车09F号
¥1058.00元　二等座
限乘当日当次车
张庆辉
6221191992****1257
33791314080055271116

图 8-18　火车票

费用报销单

报销部门：销售部　　2021 年 8 月 25 日　　单据及附件共 4 页

用途	金额				
8.22—8.25差旅费	5249.00	备注			
		领导审批	同意　李星辉 2021.8.25		
合计	5249.00				
金额大写	人民币伍仟贰佰肆拾玖元整	原借款：6500.00 元		应退款：1251.00元	
财务主管：刘洋		复核：范菲菲	出纳：王敏	报销人：张庆辉	领款人：张庆辉

图 8-19　费用报销单

二、相关知识

在出纳人员的日常工作中，费用报销业务发生普遍又频繁，可以占到出纳人员总工作量的50%以上。由于所处行业或单位类型的不同，出纳人员所处理的费用报销业务也就各式各样。

在日常工作中，一些出纳人员由于欠缺财务知识，或者对单位费用报销流规定不熟悉，从而就造成报销单据审核不严格、费用报销业务办理效率低等情况。为了避免这些情况的出现，出纳人员有必要系统地学习如何处理费用报销业务。

（一）常见的费用报销凭证

在出纳实务中，不同单位所涉及的业务不同，因此，不同单位对相似业务的管理可能就存在区别，这就使得费用报销凭证种类繁多。就费用报销业务本身而言，主要是将发生的相关费用反映在报销凭证上，所以，虽然不同单位在使用的费用报销凭证格式有一定区别，但是其反映的内容是大同小异的。下面介绍几个在费用报销业务中常见的凭证。

1. 出差申请表

单位员工需要出差办理相关业务时，应首先填写出差申请表，该凭证主要用于证明出差的合理性，可以有效控制借用出差名义办私事行为的发生。出差申请表通常应包括出差人的相关信息、出差事由、交通工具、费用申请以及相关责任人签字等事项。出差申请表的一般格式如图 8-20 所示。

出差申请表				
申请日期：				
出差人	姓　名		出差时间	
	部　门			
	职　务		出差地点	
	联系电话			
出差事由				
拟搭乘交通工具	□飞机　□火车　□轮船　□汽车 □奉派前往自行开车　□因载运公物自行开车			
暂支费用	差旅费		餐饮费	
	报名费		其　他	
			金　额　合　计：	
申请人：			部门经理：	
财务负责人：			总经理：	

图 8-20　出差申请表的一般格式

2. 借款单

如果单位报销费用采取预先支付费用，然后根据资金实际使用情况进行多退少补的方式，那么在预支费用时就会涉及借款单的填写。在实际工作中，单位可以购买通用的借款单，也可以根据业务需要自行设计。一般情况下，借款单一式三联，第一联用于财务、出纳记账，第二联用于借款人留存，第三联用于备查。借款单主要包括借款单位、借款日期、借款用途、借款金额、相关责任人签字等事项。借款单的一般格式如图 8-21 所示。

借款单			
借款单位		借款日期	
借款用途			
借款金额	人民币（大写）	¥	
部门主管		借款人签章：	
领导批示：	会计主管核准：	付款记录：	

图 8-21　借款单的一般格式

3. 费用报销单

无论单位是采用先付款后报销还是先预支后报销的方式，报销人在实际办理费用报销业务时都需要填写费用报销单。费用报销单其实是一种汇总凭证，是将为了完成某一经济业务而发生的费用凭证进行汇总反映的一种单据，单位通过这一单据可以完成相关费用的统一报销。对于费用报销单而言，没有固定的格式，各单位可以根据需要自行设计，也可自行购买适合自身业务的同类单据。费用报销单主要包括报销部门名称、日期、用途、单据及附件张数、报销金额、备注以及相关责任人签字等事项。费用报销单的一般格式如图 8-22 所示。

费用报销单

报销部门：　　　　　　　　年　月　日　　　　　　单据及附件共　页

用途	金额	备注	
		领导审批	
合计			

金额大写		原借款： 元		应退款： 元	
财务主管：		复核：	出纳：	报销人：	领款人：

图 8-22　费用报销单的一般格式

4. 差旅费报销单

一般情况下，单位在办理费用报销业务时，直接填写费用报销单即可。但是考虑到一些单位员工出差比较频繁，涉及的票据较多，如果按其他类型的费用报销方法去处理，可能就无法反映出出差的花费情况，不便于对差旅费进行管理。因此，有些单位可能会专门设置差旅费报销单，将其用于差旅费报销。相较于一般的费用报销单而言，差旅费报销单对出差的时间与地点、出差的各项花费做了更为具体的反映。差旅费报销单的一般格式如图 8-23 所示。

差旅费报销单

部门：　　　　　　　　　　　　　　　　　年　月　日填

姓名		职别		出差事由	

出差起止日期　自　年　月　日起至　年　月　日止　共　天　附单据　张

日期		起讫地点		飞机车船费	住宿费	杂费	途中补助		住勤补助		小计
月	日	起	止				天数	金额	天数	金额	

总计金额（大写）	万　仟　佰　拾　元　角　分￥	预支＿＿＿ 应退（补）＿＿＿

负责人：　　　会计：　　　出纳：　　　部门经理：　　　报销人：

图 8-23　差旅费报销单的一般格式

08

（二）审核费用报销凭证

出纳办理费用报销业务时，大体上分为两大环节，第一个环节是对经办人员填写的费用报销凭证进行审核，第二个环节是根据费用报销凭证完成收付款。其中，第二个环节建立在第一个环节基础上。因此，出纳人员能否正确审核费用报销凭证是保证整个费用报销业务顺利进行的关键。

（1）费用报销凭证的填写要求。出纳人员若要正确审核费用报销业务，就要了解以下 5 点费用报销凭证的填写要求，只有这样，出纳人员才能审核报销凭证填写是否规范。

① 必须使用蓝、黑色钢笔或签字笔填写，不得使用圆珠笔。字迹应工整，不得涂改、刮擦、挖补，填写的大小写金额必须一致，相关内容需填写完整。

② 所有的报销发票必须是原件，不得用复印件代替。

③ 费用报销凭证中的各项目应完整填写，不得使用简称，品名或用途应填写明确，不能含糊不清。不涉及的项目可以留空，也可使用“—”填写。

④ 费用报销凭证的手续应完备。单位自制的原始凭证必须有经办单位相关负责人的签名或盖章，对外开出的原始凭证必须加盖本单位公章或者财务专用章。从外部取得的原始凭证上必须盖有填制单位的公章或财务专用章；从个人取得的原始凭证上必须有填制人员的签名或盖章。报销凭证上涉及相关责任人签名的，必须有本人的签字；若委托别人代签的，则应签代理人姓名。

⑤ 当一笔业务报销需要附上多张发票时，应将其统一粘贴到报销单据粘贴单中，一并报销。报销单据粘贴单的一般格式如图 8-24 所示。

报销单据粘贴单

年　月　日

部门		报销人		报销事由		批准人	

单据		张
合计金额		元
其中	车费票	
	火车费票	
	飞机票	
	旅住宿费	
	其他	
	补贴	

图 8-24　报销单据粘贴单的一般格式

（2）费用报销凭证的审核要点。出纳人员在审核费用报销凭证时，可重点关注以下 7 点内容。

① 日期。检查日期是否已正确填写，一张票据上有多个日期的，各日期之间的逻辑关系是否正确，如差旅费报销单中关于出发时间、到达时间、报销时间的关系等，如果三者相差久远，则要查询其原因。

② 金额。检查各项目的金额是否已填写，相关合计数是否正确，小写金额是否等于大写金额，数量乘单价是否等于金额，分项金额相加是否等于合计数。

③ 项目填写完整性。检查报销单上的各项目是否已完整填写，所填写的内容是否清楚，是否有涂改，是否能够反映真实的活动。

④ 签字或盖章。检查相关责任人是否已经签字，同一人在不同凭证上的签字是否一致等，需要加盖印章的位置是否已经加盖相关印章（公章、财务专用章、发票专用章、个人名章等）。同时，还需检查盖章是否符合规定，具体包括盖章是否模糊，是否乱盖其他印章等。

⑤ 审核支出的合理性。根据本单位的费用报销管理制度，严格审查招待费、差旅费、通讯费等各项费用是否合理和符合报销标准。同时，可以结合本单位的规模、经济活动的规律等因素，检查支出的合理性。例如，某单位为总经理配备一辆轿车，司机一般每月报销油费约为 2 500 元，但某月，该司机想凭发票报销油费 6 000 余元，这就属于异常情况，需要进一步查明原因。

⑥ 凭证之间的联合检查。由于一笔经济业务通常涉及多张凭证或单据，所以出纳人员在审核报销凭证时，不应孤立地仅审核某一张单据，而是应将同一笔业务中所牵涉的单据一起审核。例

如，有关借款的业务，可以将借款单与费用报销单联合审核，检查其借款金额的填写是否有误；又如，可以将出差审批单与差旅费报销单联合审核，检查各项费用的实际发生金额与预计金额是否存在较大偏差，从而发现差旅费报销中可能存在的问题。

⑦ 报销单据粘贴单的审核。出纳人员主要检查报销单据粘贴单中所列的各费用项目明细与费用报销单中所列项目是否一致，是否将全部票据的名称填写在报销单据粘贴单上，是否能够看清各发票的项目及金额，所粘贴的发票中是否存在夹带、粘贴不牢固或使用订书机装订的现象等。

> **实务点拨**
>
> 审核报销单据粘贴单时，还要检查粘贴单上粘贴的每张车票、飞机票等，检查其出发和到达地点、日期、金额是否与报销单上填写的相关内容相符。

（3）审核费用报销凭证的技巧。除了审核要点，出纳人员还可以掌握以下 6 点审核技巧。

① 触摸、透过光线查看，若原始凭证被刮擦过，则表面会有毛糙感。

② 观察纸张表面的光泽度、纸质情况，查看其是否有隐约可见的文字残留。

③ 观察书写的文字是否有不必要的重描或交叉笔画的情况。

④ 对比字迹，核实是否为本人签字。

⑤ 若原始凭证出现明显不规范、要素不全、关键要素模糊、时间与业务活动发生的时间差距较大等情况时，则应与当事人当面验证。

⑥ 核对相关凭证是否配套。例如，销售货物时只有销售发票而无发货单据、托运证明等其他相关证明，则有伪造凭证的可能，出纳人员应仔细核实该经济业务是否发生。

（4）审核结果的处理。费用报销凭证经过审核后，应根据不同的审核结果进行区别处理，主要包括以下 3 种情况。

> **思考与讨论：**
> 出纳人员拒绝费用报销凭证容易被报销人误解为故意刁难，此时，出纳人员应该如何沟通？

① 完全符合要求的费用报销凭证。对于此类凭证，出纳人员应及时按照单位的费用报销制度进行报销。

② 真实、合法、合理，但内容不够完整、填写有错误的费用报销凭证。对于此类凭证，出纳人员应将其退回有关业务单位或个人，并告知退回理由和填制规范，待其将相关凭证补充完整、更正错误或重开后再申请费用报销。

③ 不真实、不合法的费用报销凭证。对于此类凭证，出纳人员应坚决予以拒绝，并及时向单位管理层汇报。

> **实务点拨**
>
> 根据《中华人民共和国会计法》的规定，财务人员对于不真实、不合法的原始凭证，有权不予受理；对于弄虚作假、严重违法的原始凭证，财务人员在不予受理的同时，应予以扣留，并及时向单位领导报告，请求查明原因，追究当事人的责任；对于记载不准确、不完整的原始凭证，财务人员有权退回，并要求相关当事人重新补齐。

08

（三）费用报销的一般流程

一般而言，不同类型的费用，其报销流程是不同的，各单位可以根据自身的实际情况确定适合自己的费用报销流程。下面以典型的差旅费、办公费和业务招待费为例，介绍常规的费用报销流程。

（1）差旅费的报销流程。员工因公出差时，办理差旅费报销的一般流程如下。

① 在确定出差任务时，应先填写出差申请表，注明出差的人员、时间、地点、事由、交通工具及所需资金等，再经部门负责人、公司负责人审批签字。

② 出差员工凭签字后的出差申请表填写借款单，经部门负责人批准后，将其交由财务部负责人审核，由分管部门的副总经理审批后，方可将借款单交到出纳人员处，出纳人员审核通过后，将通过现金或网银转账等方式进行支付，并在借款单上加盖"现金付讫"章或"银行付讫"章，然后将借款单交给会计人员编制记账凭证，最后根据审核无误的记账凭证登记日记账。

③ 出差人员归来后，应尽快（如在 5 个工作日内）办理报销事宜，根据公司差旅费标准填写费用报销单，然后将其交到出纳人员处办理报销手续。同样，出纳人员审核后支付，需加盖付讫章，传递费用报销单及其附件，并登记日记账。

（2）办公费的报销流程。单位办公用品的采购一般由行政部统一负责，经办人员在采购办公用品前，首先填写办公用品请购单，然后凭办公用品请购单填写购买办公用品借款单，经相关负责人审批通过后，将其交到出纳人员处预支款项。完成采购后，尽快填写费用报销单，办理报销事宜。

（3）业务招待费的报销流程。首先，应填写业务招待申请单，详细填明招待时间、地点、对方人员、陪同人员等信息，并列明需预支的资金。然后，经相关负责人审批，填写借款单并交到出纳人员处预支款项。在业务招待过程中，应详细记录所花费用。最后，待招待业务结束后，应尽快填写费用报销单并交到出纳人员处进行报销。

通过以上 3 种费用的报销流程可以看出，办理费用报销业务时主要涉及两个流程，一个是借款的流程，另一个是办理费用报销的流程。将费用报销业务分为以上两个流程的依据是"业务经办人员首先预支一定资金，然后根据支出情况进行费用报销处理"，这也是出纳实务中大多数单位所采取的方式。

借款的一般流程与办理费用报销的一般流程分别如图 8-25 和图 8-26 所示。

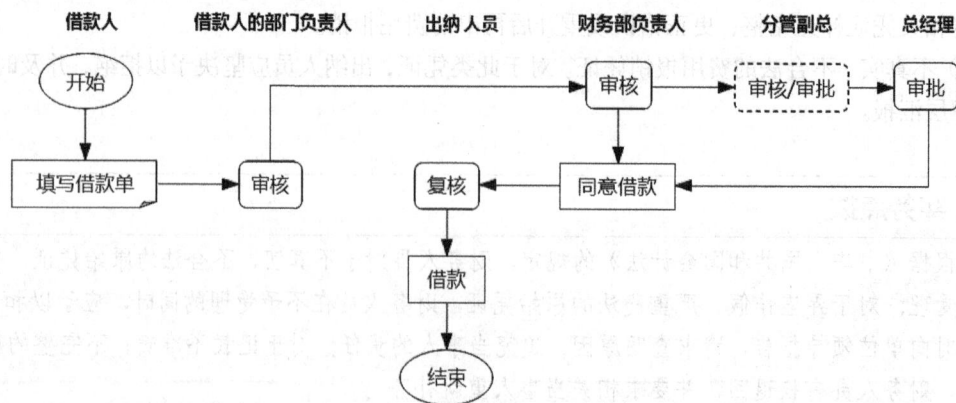

图 8-25　借款的一般流程

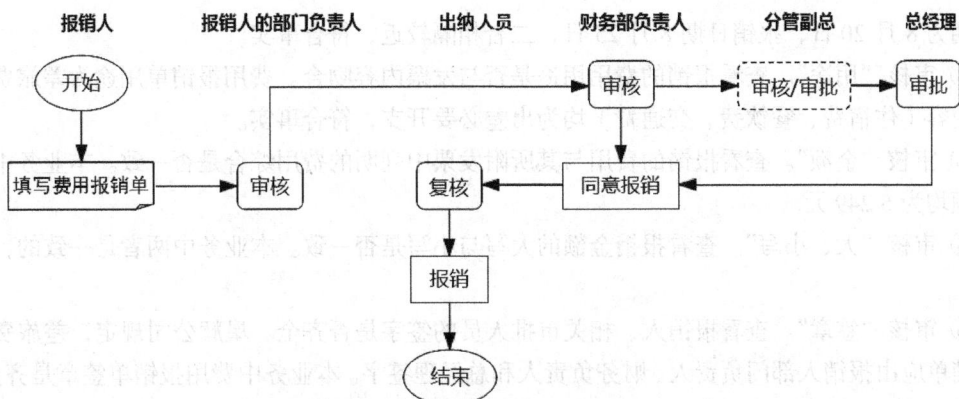

图 8-26 办理费用报销的一般流程

实务点拨

上述所归纳的费用报销一般流程只是一个办理费用报销业务的大框架,不同的单位可以根据自身的情况在不同环节进行有针对性的设计,并按照具体的业务进行细化处理。

三、任务实训

(一)处理借款业务

2021 年 8 月 20 日,张庆辉申请借支 6 500 元差旅费,用于 8 月 22 日至 25 日到北京出差的一行中。张庆辉填写了借款单,并将其交给出纳人员王敏。王敏收到借款单后应按照以下步骤进行处理。

(1)对借款单进行审核,审核时应特别注意以下 4 个问题。

① 审核借款单中各项目的填写是否规范、完整。

② 审核相关责任人是否已经签字。

③ 审核借款单中的金额、时间、借款人等信息与出差申请表中的相关信息是否一致。

④ 审核借款单金额的大写与小写是否一致。

经审核,张庆辉填写的借款单无误。

(2)直接向张庆辉支付现金 6 500 元(也可以通过银行转账),并在借款单中加盖"现金付讫"章,并将借款单交给会计人员编制记账凭证,然后根据审核无误的记账凭证登记现金日记账。

(二)处理差旅费报销业务

2021 年 8 月 25 日,张庆辉从北京出差归来,报销差旅费 5 249 元,退回借款余额 1 251 元,并递交了费用报销单及相关发票。出纳人员王敏应按照以下步骤进行处理。

(1)对差旅费的费用报销凭证进行审核,审核时应注意以下 7 个问题。

① 审核"内容"。查看张庆辉报销的金额是否符合公司财务制度以及费用的开支标准。星辉公司对于业务招待费之外的费用报销规定限额为 10 000 元,因此本业务中张庆辉报销的 5 249 元没有超过其限额。

② 审核"填制日期"。查看报销日期与借支日期是否相隔较近。在本业务中,张庆辉借支款

项日期为 8 月 20 日，报销日期 8 月 25 日，二者相隔较近，符合事实。

③ 审核“用途”。查看报销的费用用途是否与发票内容吻合。费用报销单用途为差旅费，发票的内容（住宿费、餐饮费、交通费）均为出差必要开支，符合事实。

④ 审核“金额”。查看报销的费用与其所附发票中列明的费用综合是否一致。本业务中的报销金额均为 5 249 元。

⑤ 审核“大、小写”。查看报销金额的大写与小写是否一致。本业务中两者是一致的，符合要求。

⑥ 审核“签章”。查看报销人、相关审批人员的签字是否齐全。星辉公司规定，差旅费的费用报销单应由报销人部门负责人、财务负责人和总经理签字。本业务中费用报销单签章是齐全的。

⑦ 审核“外观”。查看费用报销单与所附凭证是否发生涂改、挖补、刮擦等现象。本业务中的费用报销单无此现象。

经审核，张庆辉填写的费用报销凭证无误。

（2）审核发票，审核时应特别注意以下 3 个问题。

① 检查发票是否为虚开发票。根据本业务的发生情况，首先应审查餐饮费发票和住宿费发票的时间、地点、票面新旧程度等是否符合逻辑，其次检查开票方的身份资质是否与发票提供的产品或服务相符。

② 检查收取的发票字迹是否清楚，有无涂改，项目填写是否齐全、准确，是否加盖开票单位发票专用章。

③ 登录国家税务总局全国增值税发票查验平台查验发票的真伪。

经审核，张庆辉提交的发票是合规的真发票，不是虚开或虚假的发票。

（3）费用报销凭证和发票审核无误后，收取张庆辉退回的 1 251 元，并为其开具收据，如图 8-27 所示。

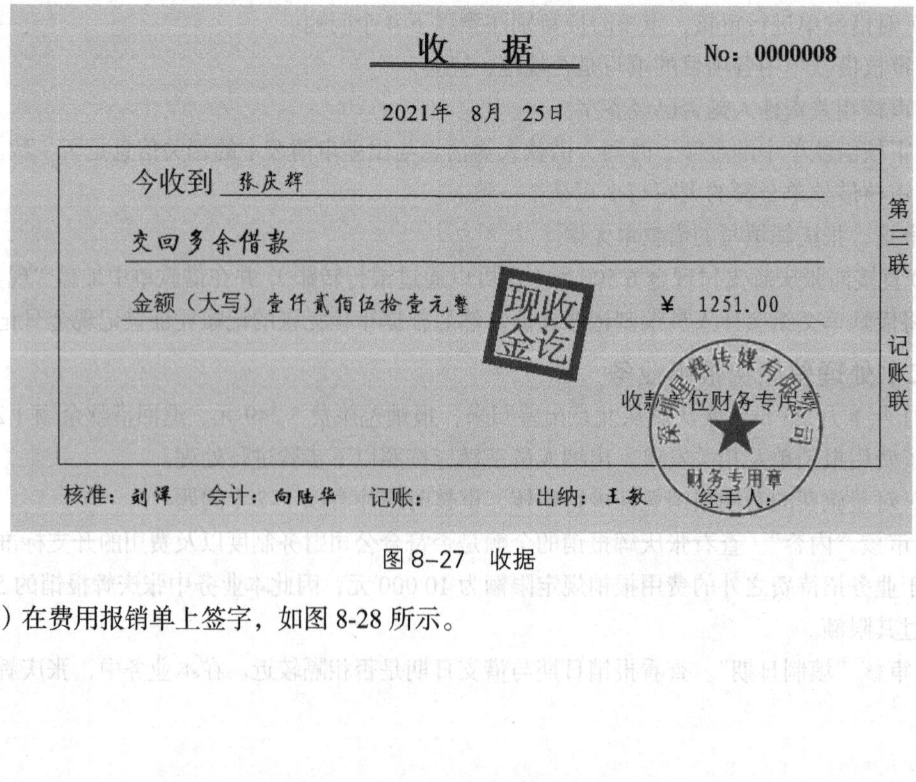
收据　No：0000008

2021年　8月　25日

今收到　张庆辉

交回多余借款

金额（大写）壹仟贰佰伍拾壹元整　　¥ 1251.00

现收金讫

收款单位财务专用章　深圳星辉传媒有限公司　财务专用章

第三联　记账联

核准：刘洋　会计：向陆华　记账：　出纳：王敏　经手人：

图 8-27　收据

（4）在费用报销单上签字，如图 8-28 所示。

08

费用报销单				
报销部门：销售部	2021 年 8 月 25 日			单据及附件共 4 页
用途	金额	备注		
8.22—8.25差旅费	5249.00			
		领导审批	同意 李星辉 2021.8.25	
合计	5249.00			
金额大写 人民币伍仟贰佰肆拾玖元整	原借款：6500.00 元			应退款：1251.00元
财务主管：刘洋	复核：范菲菲	出纳：王敏	报销人：张庆辉	领款人：张庆辉

图 8-28 费用报销单

（5）将费用报销单交给会计人员编制记账凭证，然后根据审核无误的记账凭证登记现金日记账。

拓展阅读——某单位的费用报销制度

本单位的费用报销制度由总则、费用报销基本制度、费用报销单据填写与粘贴要求、费用报销时间要求、费用报销标准、费用审批管理等内容构成。

1. 总则

为加强公司内部管理、规范财务报销行为、合理控制费用开支、有效节约成本，本单位特别制定了本制度。本制度旨在规范单位办公费、招待费、管理费、培训费等费用的报销与管理方法。

2. 费用报销基本制度

费用报销基本制度是对本单位办理费用报销业务的基本要求，相关人员必须严格遵守以下规定。

（1）报销人办理报销业务时必须取得合法有效的报销单据（或发票），收款数据不能作为原始凭证用于报销。由于特殊原因不能提供相应发票的，在向主管人员说明原因后，可使用其他发票（如通信发票、超市购物发票、交通发票等）代替。

（2）报销人所提供的报销发票必须为国家统一发票，经营性收款收据一律不得报销入账。

（3）发票上的抬头必须与报销单一致，否则不能报销。

（4）超过现金结算限额（1 000 元）的费用，应通过银行结算。若因特殊情况要使用现金的，使用人必须提出申请，待相关负责人同意后，出纳人员方可支付。

（5）财务部门必须对各种报销单据进行审核，对不符合报销规定的单据，应要求更换；无法更换的，可以拒绝报销。

（6）当年的费用必须当年报销。

3. 费用报销单据填写与粘贴要求

相关人员在填写与粘贴费用报销单据时应严格按照以下要求进行。

（1）填写的报销单应整洁美观、不得随意涂改，数字填写应符合财务制度规范。

（2）报销单据一律使用黑色钢笔或签字笔填写，报销单各项目应填写完整、大小写金额应一致，并经部门领导签字。

08

（3）各报销票据大小相同的，需要有层次地按序粘贴，应将类型相同的（如车票）报销单据尽量粘贴在一起，并按金额大小排列。

（4）对于粘贴好的报销票据，应确保审核人能够清楚地看到所有项目，并能进行完整的审阅。

4. 费用报销时间要求

每周周一、周三、周五办理费用报销。一般性的费用报销，原则上应在业务发生后 1 个月内办理。出差人员应在返回公司的 5 个工作日内办理差旅费报销手续。

5. 费用报销标准

对于业务招待费之外的费用，其报销限额为 10 000 元。对于业务招待费的报销限额，一般销售人员为 3 000 元/月，销售主管为 5 000 元/月。如有特殊情况需要超出限额的，则应事前经总经理批准。

6. 费用审批管理

费用审批管理主要规定了公司内部不同级别的管理人员在费用报销业务中的管理职权以及相关的货币资金支付审批权限。费用审批管理的具体参考内容如下。

（1）公司负责人在董事会授权下行使审批权。

（2）公司内部的货币资金支付审批权限由公司负责人或其委托人决定。

（3）公司内部 5 000 元（含）以内的开支由部门负责人审批，10 000 元（含）以内的开支由分管财务的副总审批，10 000 元以上的开支由总经理审批。

（4）审批人应当严格按照货币资金授权批准权限的规定，严格在授权范围内进行审批。

（5）若报销人在报销时存在资料不全、凭证填写存在疑问、项目不真实、金额弄虚作假等问题，其报销不予审批。

巩固练习

一、单选题

1. 出纳人员在办理收款或付款业务后，应在（　　）上加盖"收讫"或"付讫"的戳记，以避免重收重付。

    A. 记账凭证　　　　B. 收款凭证　　　　C. 付款凭证　　　　D. 费用报销凭证

2. 增值税专用发票的基本联次包括发票联、抵扣联和记账联。其中，（　　）是销售方作为核算销售收入和增值税销项税额的原始凭证。

    A. 记账联　　　　B. 抵扣联　　　　C. 发票联　　　　D. 存根联

3. 下列关于发票的说法不正确的是（　　）。

    A. 真发票上方正中央的发票监制章内圆线采用微缩技术印制，通过高倍放大镜观察，可以清晰地看到内圆线由多组"GSHWZJJZH"组成

    B. 真发票上的号码由进口机器和油墨喷制而成，颜色黑且清晰，通过放大镜观察，可以看到其号码由很多分离小黑点组成

    C. 真发票采用特殊防伪纸张制成，具有光滑、有韧性、边缘整齐等特点

    D. 真发票采用黑白水印防伪专用纸印制，用手触摸水印处，能明显感受到油润的凹凸质感

4. 下列关于费用报销凭证审核处理的说法不正确的是（   ）。

    A. 对于完全符合要求的费用报销凭证，出纳人员应及时按照单位的费用报销制度进行报销

    B. 对于真实、合法、合理，但内容不够完整、填写有错误的费用报销凭证，出纳人员应将其退回有关业务单位或个人，并告知退回理由和填制规范，待其将相关凭证补充完整、更正错误或重开后再申请费用报销

    C. 对于不真实、不合法的费用报销凭证，出纳人员应坚决予以拒绝，并及时向单位管理层汇报

    D. 对于弄虚作假、严重违法的费用报销凭证，出纳人员应立即报警

5. 下列关于电子发票的说法不正确的是（   ）。

    A. 电子发票与纸质发票具有同等法律效力

    B. 单位以电子会计凭证纸质打印件作为报销入账归档依据的，可以不必保存打印该纸质件的电子会计凭证

    C. 自 2020 年 12 月 21 日起，在天津、河北、上海、江苏、浙江、安徽、广东、重庆、四川、宁波和深圳等 11 个地区的新办纳税人中实行专票电子化

    D. 增值税电子普通发票采用税务局统一规定的形式，发票号码采用全国统一编码和统一防伪技术，并附有电子税局的签名机制

6. 根据规定，二手车经销企业、经纪机构和拍卖企业，在销售、中介和拍卖二手车收取款项时，必须开具（   ）。

    A. 二手车销售统一发票   B. 机动车销售统一发票

    C. 增值税专用发票   D. 增值税普通发票

7. 某行政部专员报销单位 6 月份的办公费 1 500 元，按照惯例，单位每月的办公费报销标准为 500 元左右，出纳人员审核相应费用报销凭证时，应做出的处理是（   ）。

    A. 进一步追问费用异常的原因   B. 直接拒绝办理费用报销

    C. 将费用报销凭证交给财务负责人审查   D. 要求该行政专员修改报销金额

二、多选题

1. 单位日常费用包括（   ）。

    A. 差旅费   B. 办公费   C. 招待费   D. 培训费

2. 办理费用报销业务时，应满足的基本要求包括（   ）。

    A. 按照审核权限批准   B. 及时处理

    C. 金额无误   D. 明确责任

3. 当出现（   ）的情况时，出纳人员应关注其是否存在虚假业务。

    A. 相同单位或不同单位出现发票号码连号

    B. 不同单位出具的发票明显为一人填写

    C. 多次出现开票日期在前的发票号码大于开票日期在后的发票号码

    D. 多张餐饮及差旅发票的间隔时间较长，并属于不同的地域，票据的新旧程度也不同，但是却在同一次出差活动中进行报销

4. 出纳人员可以通过观察发票的（   ）来鉴别虚假发票。

    A. 纸质差异   B. 字体印刷   C. 发票监制章   D. 发票水印

5. 下列关于费用报销凭证填写要求的说法正确的有（　　　）。

A. 必须使用蓝、黑色钢笔或签字笔填写

B. 所有的报销发票可以用复印件

C. 费用报销凭证中的各项目应完整填写，不得使用简称

D. 填写错误可以涂改

6. 出纳人员处理费用报销业务时，主要涉及的情况有（　　　）。

A. 先预支业务经办人员一定资金，然后根据支出情况进行费用报销处理

B. 由出纳人员陪同经办人员一同采购

C. 不预支业务经办人员资金，由经办人员自己垫支或赊购，然后再根据垫支或赊购情况进行费用报销处理

D. 不预支业务经办人员一定资金，由经办人员携带单位银行卡直接刷卡

7. 出纳人员收到行政部刘梅填写的费用报销单（见图 8-29），审核时应发现的问题有（　　　）。

费用报销单

报销部门：行政部　　　　　　　2021 年 6 月 31 日　　　　　　　单据及附件共 3 页

用途	金额	备注	
购买车票	352.00		
		领导审批	
合计	352.00		
金额大写	人民币叁佰伍拾元整	原借款：　　元	应退款：　　元
财务主管：刘洋	复核：陈明	出纳：	报销人：刘　　领款人：刘

图 8-29　刘梅填写的费用报销单

A. 用途填写不明确 　　　　　　　　　　B. 金额填写错误

C. 相关责任人签章不完整 　　　　　　　D. 未填写原借款金额

三、判断题

1. 对于真实、合法、合理，但内容不够完善、填写有错误的费用报销凭证，出纳人员可不予以接受。　　　　　　　　　　　　　　　　　　　　　　　　　　　　　　（　　　）

2. 发票，是指在经营活动中开具、收取的收付款凭证。　　　　　　　　　　　　（　　　）

3. 不合格发票主要包括虚开发票和虚假发票。　　　　　　　　　　　　　　　　（　　　）

4. 将发票粘贴到报销单据粘贴单中时，应按照从右到左、先大后小的顺序粘贴。（　　　）

5. 增值税普通发票（折叠票）的第一联为发票联，是销售方记账凭证；第二联为记账联，是购买方记账凭证。　　　　　　　　　　　　　　　　　　　　　　　　　　　（　　　）

6. 增值税电子普通发票的发票号码采用全国统一编码和统一防伪技术，并附有电子税务局的签名机制。　　　　　　　　　　　　　　　　　　　　　　　　　　　　　　　（　　　）

7. 增值税电子普通发票的法律效力与税务机关监制的增值税普通发票的法律效力相同。　　　　　　　　　　　　　　　　　　　　　　　　　　　　　　　　　　　　　（　　　）

8. 机动车销售统一发票适用于从事机动车零售业务（包括销售旧机动车）的纳税人。（　　　）

9. 发票可以用装订机装订。   (   )

10. 通用定额发票适用于定期定额征收的个体工商户。   (   )

11. 费用报销单应当采用财政部统一规定的格式。   (   )

四、实操题

1. 2021 年 12 月 1 日，行者旅游公司总经办陈松报销购买总经办、财务部、人事部 3 个部门所需的办公用品费用 1 500 元。

根据上述资料，为陈松填写费用报销单。

2. 2021 年 8 月 17 日，行者旅游公司的业务人员拿着去年 11 月份的 3 张发票交给出纳人员报销。面对这种情况，出纳人员犹豫了，他认为已经过了结账年度，票据已经过期，所以该发票不能报销。当他把想法告诉业务人员时，业务人员却反驳说：之前也有过这种情况，但前出纳就给报了，为什么这次就不行呢？

针对上述跨年报销的行为，谈谈你的看法。

3. 行政部周明义填写了一张借款单（见图 8-30），请指出其中的不合规之处。

借 款 单				
借款单位	行政部	借款日期	2021年8月	
借款用途				
借款金额	人民币(大写) 贰佰伍拾捌元整		¥250.00	
部门主管	李立阳		借款人签章	周明义
领导批示：	会计主管核准：杨民		付款记录：	

图 8-30 借款单

项目九

办理涉税业务

知识目标 ↓

- 熟悉税务登记的相关知识。
- 掌握纳税申报的内容、方式和期限。

能力目标 ↓

- 能够正确填写增值税纳税申报表。
- 能够办理税务登记业务。

素质目标 ↓

- 严格按照国家税收的相关法律法规进行税务登记，避免单位被主管税务机关处罚。
- 如实办理纳税申报，遵纪守法，不偷税漏税。

任务一　办理税务登记

一、任务引入

星辉公司由于战略调整，计划由深圳市迁往广州市，即改变注册登记地。公司管理层做出该决定后，随即安排出纳人员王敏办理相关税务与工商手续。

请问，在这种情况下，王敏应办理什么类型的税务登记？办理该税务登记时需要提交哪些资料？

二、相关知识

税务登记是税务机关依据税法的规定，对纳税人的生产、经营活动进行登记管理的一项法定制度，即税务机关对纳税单位的开业、变更、停业、复业、注销、外出经营报验等事项进行的登记管理。在很多单位中，税务登记的工作主要由出纳人员负责。

（一）设立税务登记

设立税务登记也称开业税务登记，是指新注册成立的企业、企业新设立分支机构或从事生产、经营的场所，应向税务机关办理税务登记。自 2014 年起，我国的企业注册制度就发生了巨大的变化，注册企业不再分别办理工商登记、税务登记、组织机构代码证等，而是实行"多证合一"制度，其中，多证包括工商营业执照、组织机构代码证、税务登记证和社会保险登记证等。

设立税务登记是注册企业的重要工作之一，推行"多证合一"制度后，企业的设立税务登记工作在企业成功注册后自动实现了，企业注册登记的程序如下。

（1）在工商部门网报系统中填写申办企业登记，即在工商部门的网报系统中填写"'多证合一'公司登记（备案）申请表"。

（2）办证人员携带审核通过并打印出来的"'多证合一'公司登记（备案）申请表"，以及其他纸质资料，前往大厅"多证合一"窗口办理业务。

（3）业务窗口核对信息、资料无误后，将信息导入工商准入系统，生成工商注册号，并在"多证合一"打证平台生成各部门号码、补录等相关信息。同时，窗口工作人员将企业提交的材料扫描入库，与"工商企业注册登记联办流转申请表"一起传递至质监、税务、社保、统计等各部门，然后由各部门分别完成后台信息录入工作。

（4）完成上述工作后，窗口办事人员将会打印出载有一个证号的营业执照，取得该营业执照即表明企业完成了开业税务登记。需要注意的是，由于各地税务登记的具体程序存在一定的差异，有些地方在办理好营业执照后还需要到税务机关"报道"，以核实企业涉及的税种，相关具体流程可咨询当地税务机关。

（二）变更税务登记

变更税务登记是指单位税务登记的内容发生重要变化时，单位向税务机关申报办理的一种税务登记手续。单位需要办理变更税务登记的情形：改变单位名称、改变法定代表人、改变住所和经营地点（不涉及主管税务机关变动的）、扩大或缩小生产经营范围等。

1. 时限要求

根据规定，单位已在工商行政管理机关办理变更登记的，应当自办理工商变更登记之日起 30 日内向原税务机关申报办理变更税务登记。单位按照规定不需要在工商行政管理机关办理变更登记，或其变更登记内容与工商登记内容无关的，应当自实际变更发生之日起 30 日内，或自有关机关批准或宣布变更之日起 30 日内，向原税务机关申报办理变更税务登记。

2. 登记程序

出纳人员为单位办理变更税务登记时，通常会涉及以下 3 个环节。

（1）办理工商登记变更。如果单位变更的内容涉及工商登记内容变更，则出纳人员应首先向工商行政管理机关申请办理工商变更登记。如果不涉及工商登记内容变更，则可跳过该环节。

（2）提交税务变更资料。出纳人员应将"变更登记表""税务登记变更登记表"、工商登记变更表及营业执照、单位变更登记内容的相关证明资料或文件、主管税务机关要求提交的其他相关资料或证件等，一并提交至主管税务机关进行审核。

（3）税务机关审查资料。税务机关审查单位出纳人员提交的资料，确认无误且符合相关规定后，为其办理变更税务登记手续。

（三）停业、复业税务登记

停业、复业税务登记是指实行定期定额征收方式的个体工商户需要停业的，应当在停业前向税务机关申报办理停业登记。一般而言，停业期限不得超过一年。

09

1. 停业登记

单位如果遇到特殊情况，确实需要暂时停业一个月以上的，出纳人员通常应在停业前一个星期办理停业登记。在办理停业登记时，应提交书面申请，并如实填写停业的理由、时间、停业前的纳税情况，以及发票的使用情况等。提交的资料经主管税务机关审核通过后，主管税务机关会责成申请停业的企业结清税款、收回发票，然后为其办理停业税务登记。

2. 复业登记

单位如果停业期满需要复业的，则应该在恢复生产经营之前，向主管税务机关办理复业登记，如实填写"停业、复业报告书"，并领回停业时上交的发票领购簿及相关资料。

单位如果在停业期满后不能及时恢复经营的，同样应在停业期满前向主管税务机关提出延长停业登记申请。

（四）注销税务登记

注销税务登记是指单位因出现解散、破产、撤销以及其他情形，要依法终止纳税义务时，应在向工商行政管理机关或者其他机关办理注销登记前，持有关证件向原税务登记机关申报办理注销税务登记的活动。

1. 时限要求

对于单位办理注销税务登记的时限要求，主要有以下几种情况。

（1）按规定不需要在工商行政管理机关或者其他机关办理注册登记的，应当自有关机关批准或宣告终止之日起15日内，持有关证件和资料向原税务机关申报办理注销税务登记。

（2）单位被工商行政管理机关吊销营业执照或者被其他机关予以撤销登记的，应当自营业执照被吊销或者被撤销登记之日起15日内，持有关证件和资料向原税务机关申报办理注销税务登记。

（3）单位因住所、经营地点变动而涉及改变税务登记机关的，应当在向工商行政管理机关或者其他机关申请办理变更、注销登记前，或者在住所、经营地变动前，持有关证件和资料向原税务机关申请办理注销税务登记。

（4）境外企业在中国境内承包建筑、安装、装配、勘探工程和提供劳务的，应当在项目完工、离开前15日内，持有关证件和资料向原税务机关办理注销税务登记。

2. 登记程序

出纳人员为单位办理注销税务登记手续时，通常应按照以下3个程序进行。

（1）将"注销税务登记申请""注销税务登记表"，税务登记证件和个人身份证（实名办税的纳税人可免予提供），注销登记的有关决议原件及复印件，市场监督管理部门发放的吊销决定原件及复印件（属于营业执照被吊销的），当期申报表资料，结清税款、缴销发票的相关凭证，以及主管税务机关要求提供的其他相关资料或证件等，一并交由税务机关进行审查。

（2）税务机关审查资料。税务机关收到单位提交的资料并审查无误后，将相关资料送交至下一环节，然后督促单位清算未办结的涉税事项。

（3）注销税务登记。税务机关通过上述审查后，核准单位的注销税务登记申请。

（五）外出经营报验税务登记

外出经营报验税务登记是指企业到外县（市）临时从事生产经营活动时，应当在外出生产经营之前，向主管税务机关申请开具"外出经营活动税收管理证明"（简称"外管证"）。"外管证"

的有效期限一般为 30 日，最长不得超过 180 日。

外出经营活动结束后，企业应向经营地税务机关填报"外出经营活动情况申请表"，并结清税款、缴销发票。同时，企业需要在"外管证"有效期满后 10 日内，持"外管证"回原税务登记机关办理"外管证"缴销手续。

三、任务实训——办理税务登记

星辉公司由于战略调整需要改变注册经营地，由深圳市迁往广州市，其税务管辖范围发生了变化，所以出纳人员王敏应首先在深圳市办理注销税务登记，然后在注销税务登记之日起 30 日内，向广州市税务机关申报办理税务登记。王敏在办理注销税务登记时，应当提交的资料包括"注销税务登记申请""注销税务登记表"，注销登记的有关决议原件及复印件，当期申报表资料，结清税款、缴销发票的相关凭证等。

任务二　办理纳税申报

一、任务引入

星辉公司为增值税一般纳税人，主营业务为销售 A、B 两款相机、租赁机器设备以及提供技术咨询服务，纳税申报由出纳人员王敏负责。2021 年 10 月，星辉公司的经济业务如下。

（1）向上海百盛公司提供技术咨询服务，开具增值税专用发票，发票上注明价款为 40 000 元，税额为 5 200 元。

（2）向南京长舟公司出租一台机器设备，开具增值税专用发票，发票上注明价款为 8 000 元，税额为 1 040 元。

（3）向上海百盛公司销售 A 产品，开具增值税专用发票，发票上注明价款为 90 000 元，税额为 11 700 元。

（4）购进一批生产 A 相机所需材料，取得增值税专用发票，发票注明价款为 5 000 元，税额为 650 元。

（5）购进一批生产 B 相机所需材料，取得增值税专用发票，发票注明价款为 8 000 元，税额为 1 040 元。

（6）购进一台设备，取得增值税专用发票，发票注明价款为 20 000 元，税额为 2 600 元。

假设星辉公司 10 月份取得的所有需认证的发票均于当月认证且申报抵扣。截至 2021 年 9 月 30 日，星辉公司尚未抵扣的进项税额为 3 000 元，星辉公司适用的城市维护建设税税率为 7%，教育费附加税率为 3%，地方教育费附加税率为 2%。

请问，出纳人员王敏应该如何填写增值税纳税申报表？

二、相关知识

纳税申报是指纳税人、扣缴义务人为了正确履行纳税义务，按照税法规定向税务机关提出书面申报的一种法定手续。纳税申报是纳税人依法纳税的一种手段，也是税务机关办理税款征收事项、审定应纳税额、开具纳税凭证、分析税源变化的主要依据。我国相关法律规定，纳税申报是

09

纳税人和扣缴义务人必须履行的义务。

（一）纳税申报的内容

纳税申报的内容主要包括两个方面，一是纳税申报表，二是与纳税申报有关的资料或证件。

1. 纳税申报表

纳税申报表是由税务机关统一负责印制的、由纳税人进行纳税申报的一种书面报告，其内容因纳税依据、计税环节、计算方法的不同而有所区别。纳税人在填写申报纳税申报表时，应逐项填写税种、税目、应纳税项目，适用税率或单位税额，计税依据，扣除项目及标准，应纳税额，税款所属期限等内容，做到填写清楚、完整。

2. 与纳税申报有关的资料或证件

纳税人在办理纳税申报时，除了要报送纳税申报表，还需要提交财务报表和其他纳税资料。

（1）财务报表。财务报表是指根据会计账簿记录及其他有关反映生产、经营情况的资料，按照规定的指标体系、格式和序列编制的，用来反映企业、事业单位或其他经济组织在一定时期内经营活动情况或预算执行情况结果的报告文件。

（2）其他纳税资料。其他纳税资料包括与纳税有关的经济合同、协议书，固定工商业户外出经营税收管理证明，境内外公证机关出具的有关证件，个人工资及收入证明等。

> **实务点拨**
>
> 单位除了作为纳税人填报纳税申报表、财务报表等，还有可能作为扣缴义务人代扣、代收税款，此时，单位还需要报送代扣代缴、代收代缴税款报告表，以及代扣代缴、代收代缴税款的合法凭证，与代扣代缴、代收代缴税款有关的合同、协议书、公司章程等其他纳税资料。

（二）纳税申报的方式

对于纳税人或是扣缴义务人而言，他们可以采取不同的方式进行纳税申报。纳税申报的方式主要有大厅申报、网上申报和邮寄申报 3 种。在实际操作过程中，大厅申报和网上申报较为常用。

1. 大厅申报

大厅申报即上门申报，是指纳税人或扣缴义务人在规定的申报期内，到主管税务机关现场（办税大厅）进行纳税申报的一种申报方式。

采取大厅申报方式进行纳税申报时，需要填写纸质的纳税申报表（一式两份），然后将其交由办税大厅工作人员进行纳税申报。办税大厅工作人员收到纳税申报表，并在纳税申报表上加盖"已申报"的印章后，将其中一份留在税务机关存档，另外一份退还纳税人或扣缴义务人留底。完成上述操作后，则表明纳税人已完成当期的纳税申报。

2. 网上申报

网上申报属于数据电文申报方式的一种，即利用网上申报系统，将相关数据录入并保存后，即可完成纳税申报。采取网上申报方式进行纳税申报时，需要事先计算出纳税申报表中涉及的相关数据，然后在纳税申报系统的对应表格中进行填写。

若采用网上申报方式申报纳税，则需完成以下准备工作：①向税务机关提出申请；②与加入银联的商业银行办理缴税账户事宜，即与单位开户银行签订"委托扣款协议"，同意开户银行根据税务机关指令从其指定的缴税账户中扣缴税款；③将盖有银行印章的"委托扣款协议"交予税务机关，并与税务机关签订"网上报税委托划款协议书"，税务专管员在申报系统内对纳税人进行授权后，纳税人即可取得网上申报账号（通常为单位的纳税识别号）和密码。

3. 邮寄申报

邮寄申报采用邮寄方式进行纳税申报，企业在进行纳税申报时，应使用统一的纳税申报专用信封，并以邮政部门的收据作为申报凭据，申报的日期以邮戳日期为准。

（三）纳税申报的期限

不同的税种适用不同的申报期限，如果纳税申报期限最后一日遇公休或节假日，则可以顺延至下一个工作日。具体而言，主要税种的纳税申报期限如表 9-1 所示。

表 9-1　　　　　　　　　主要税种的纳税申报期限

税种	纳税申报期限规定
增值税	① 以 1 个月或者 1 个季度为 1 个纳税期的，应自期满之日起 15 日内申报纳税； ② 以 1 日、3 日、5 日、10 日或 15 日为 1 个纳税期的，应自期满之日起 5 日内预缴税款，于次月 1 日起 15 日内申报纳税并结清上月应纳税款； ③ 进口货物，应当自海关填发进口增值税专用缴款书之日起 15 日内缴纳税款
消费税	① 以 1 个月或者 1 个季度为 1 个纳税期的，应自期满之日起 15 日内申报纳税； ② 以 1 日、3 日、5 日、10 日或 15 日为 1 个纳税期的，应自期满之日起 5 日内预缴税款，于次月 1 日起 15 日内申报纳税并结清上月应纳税款； ③ 进口应税消费品，应当自海关填发海关进口消费税专用缴款书之日起 15 日内缴纳税款
企业所得税	① 企业所得税按年计征，分月或者分季预缴，年终汇算清缴，多退少补； ② 纳税年度自公历 1 月 1 日起至 12 月 31 日止； ③ 企业应当自年度终了之日起 5 个月内，向税务机关报送年度企业所得税纳税申报表，并汇算清缴，结清应缴应退税款
个人所得税	① 扣缴义务人每月扣缴的税款，应当在次月 15 日内缴入国库； ② 纳税人自行申报纳税的，应自取得应纳税所得的次月 15 日内向主管税务机关申报所得，并缴纳税款

单位如果无法在规定期限内完成纳税申报，则可以向主管税务机关提交书面延期申报申请，填写"延期申报申请核准表"并提交相关资料，经税务机关审核通过后，可在核准的延期范围内进行纳税申报。通过延期申报方式所延长的期限通常不超过 3 个月。

（四）纳税申报表

对于单位来说，需要经常填写的纳税申报表包括"增值税及附加税费申报表"和"企业所得税纳税申报表"。

1. 增值税及附加税费申报表

根据《国家税务总局关于增值税、消费税与附加税费申报表整合有关事项的公告（国家税务总局公告 2021 年第 20 号）》的要求，自 2021 年 8 月 1 日起，增值税、消费税分别与城市维护建设税、教育费附加、地方教育附加申报表整合。需要注意的是，一般纳税人和小规模纳税人所适用的增值税纳税申报表不同。

（1）一般纳税人适用的增值税及附加税费申报表。一般纳税人需要填写的纳税申报表包括"增值税及附加税费申报表（一般纳税人适用）"（见图 9-1）、"增值税及附加税费申报表附列资料（一）（本期销售情况明细）""增值税及附加税费申报表附列资料（二）（本期进项税额明细）""增值税及附加税费申报表附列资料（三）（服务、不动产和无形资产扣除项目明细）”“增值税及附加税费申报表附列资料（四）（税额抵减情况表）”“增值税及附加税费申报表附列资料（五）（附加税费情况表）”和“增值税减免税申报明细表”。

增 值 税 及 附 加 税 费 申 报 表

（一般纳税人适用）

根据国家税收法律法规及增值税相关规定制定本表。纳税人不论有无销售额，均应按税务机关核定的纳税期限填写本表，并向当地税务机关申报。

税款所属时间：自 年 月 日至 年 月 日　　　　填表日期：年 月 日　　　　　　　　　　　　　　　金额单位：元（列至角分）

纳税人识别号（统一社会信用代码）：□□□□□□□□□□□□□□□□□□　　　　　　所属行业：

纳税人名称：		法定代表人姓名：		注册地址		生产经营地址	
开户银行及账号：			登记注册类型			电话号码	

	项 目	栏次	一般项目		即征即退项目	
			本月数	本年累计	本月数	本年累计
销售额	（一）按适用税率计税销售额	1				
	其中：应税货物销售额	2				
	应税劳务销售额	3				
	纳税检查调整的销售额	4				
	（二）按简易办法计税销售额	5				
	其中：纳税检查调整的销售额	6				
	（三）免、抵、退办法出口销售额	7			--	--
	（四）免税销售额	8			--	--
	其中：免税货物销售额	9			--	--
	免税劳务销售额	10			--	--
税款计算	销项税额	11				
	进项税额	12				
	上期留抵税额	13				
	进项税额转出	14				
	免、抵、退应退税额	15				
	按适用税率计算的纳税检查应补缴税额	16			--	--
	应抵扣税额合计	17=12+13-14-15+1	--		--	
	实际抵扣税额	18（如17<11，则为17，否则为11）				
	应纳税额	19=11-18				
	期末留抵税额	20=17-18				
	简易计税办法计算的应纳税额	21				
	按简易计税办法计算的纳税检查应补缴税额	22				
	应纳税额减征额	23				
	应纳税额合计	24=19+21+21-23				
税款缴纳	期初未缴税额（多缴为负数）	25				
	实收出口开具专用缴款书退税额	26			--	--
	本期已缴税额	27=28+29+30+31				
	①分次预缴税额	28		--		--
	②出口开具专用缴款书预缴税额	29		--		--
	③本期缴纳上期应纳税额	30				
	④本期缴纳欠缴税额	31				
	期末未缴税额（多缴为负数）	32=24+25+26-27				
	其中：欠缴税额（≥0）	33=25+26-27		--		--
	本期应补（退）税额	34=24-28-29				
	即征即退实际退税额	35				
	期初应查补税额	36			--	--
	本期入库查补税额	37			--	--
	期末未缴查补税额	38=16+22+36-37			--	--
附加税费	城市维护建设税本期应补（退）税额	39			--	--
	教育费附加本期应补（退）费额	40			--	--
	地方教育附加本期应补（退）费额	41			--	--

声明： 此表是根据国家税收法律法规及相关规定填写的，本人（单位）对填报内容（及附带资料）的真实性、可靠性、完整性负责。

纳税人（签章）：　　　　　　年 月 日

经办人： 经办人身份证号： 代理机构签章： 代理机构统一社会信用代码：	受理人： 受理税务机关（章）：　　　　受理日期：年 月 日

图 9-1　增值税及附加税费申报表（一般纳税人适用）

一般纳税人在填写增值税及附加税费申报表时，可以先填写增值税及附加税费申报表附列资料中关于销售情况、进项税额和税额抵减情况的相关内容，完成之后再综合填写主表“增值税及附加税费申报表（一般纳税人适用）”。

实务点拨

"增值税及附加税费申报表附列资料（四）（税额抵减情况表）"反映纳税人发生增值税税控系统专用设备费用及技术维护费抵减应纳税额，建筑服务、销售不动产、出租不动产企业预缴增值税抵减应纳税额时填写。"增值税减免税申报明细表"由享受增值税减免税优惠政策的纳税人填写。

（2）小规模纳税人适用的增值税及附加税费申报表。小规模纳税人需要填写的纳税申报表主要包括"增值税及附加税费申报表（小规模纳税人适用）""增值税及附加税费申报表（小规模纳税人适用）附列资料（一）（服务、不动产和无形资产扣除项目明细）"和"增值税及附加税费申报表（小规模纳税人适用）附列资料（二）（附加税费情况表）"。

2. 企业所得税纳税申报表

企业所得税纳税申报表分为两种：一种是企业所得税月（季）度预缴纳税申报表；另一种是企业所得税年度纳税申报表。

（1）企业所得税月（季）度预缴纳税申报表。企业所得税月（季）度预缴纳税申报表分为A、B两类，分别适用于实行查账征收企业所得税的居民企业纳税人和实行核定征收企业所得税的居民企业纳税人。

（2）企业所得税年度纳税申报表。根据规定，凡在纳税年度内从事生产、经营或在纳税年度中间终止经营活动的纳税人，无论是否在减免税期间，无论盈利或亏损，均应进行企业所得税汇算清缴。居民企业办理企业所得税年度汇算清缴时，涉及的年度纳税申报表分为A、B两类，分别适用于实行查账征收企业所得税的居民企业纳税人和实行核定征收企业所得税的居民企业纳税人。

三、任务实训——填写增值税及附加税费申报表

根据"任务引入"可知，星辉公司出纳人员王敏在填写增值税及附加税费申报表时，所涉及的申报表包括"增值税及附加税费申报表（一般纳税人适用）""增值税及附加税费申报表附列资料（一）（本期销售情况明细）""增值税及附加税费申报表附列资料（二）（本期进项税额明细）""增值税及附加税费申报表附列资料（三）（服务、不动产和无形资产扣除项目明细）"和"增值税及附加税费申报表附列资料（五）（附加税费情况表）"。因此，王敏在填写增值税及附加税费申报表时，应按照以下步骤进行。

（1）根据10月份销售情况及开票情况，分别计算出各项目所涉及的销售额和销项税额。

① 应税服务销售额=40 000+8 000=48 000（元）。

② 应税服务销项税额=2 400+1 040=3 440（元）。

③ 应税货物销售额为90 000元。

④ 应税货物销项税额为11 700元。

（2）根据10月份购进业务与进项发票的认证情况，确定进项发票金额和进项税额。

① 进项发票金额=5 000+8 000+20 000=33 000（元）。

② 进项税额=650+1 040+2 600=4 290（元）。

09

根据税法规定，购进设备取得的进项税额 2 600 元可以一次性税前扣除，所以，王敏还应填写“增值税纳税申报表附列资料（三）（服务、不动产和无形资产扣除项目明细）”。

（3）根据增值税计算公式，计算当期应纳增值税及附加税费税额。

① 当期应纳增值税税额=当期销项税额-已认证的进项税额-上期留抵税额=3 440+11 700-4 290-3 000=7 850（元）。

② 当期应纳城市维护建设税金额=当期应纳增值税税额×7%=7 850×7%=549.5（元）。

③ 当期应纳教育费附加金额=当期应纳增值税税额×3%=7 850×3%=235.5（元）。

④ 当期应纳地方教育附加金额=当期应纳增值税税额×2%=7 850×2%=157（元）。

（4）根据业务描述与上述计算结果，将数据填入“增值税纳税申报表附列资料（一）（本期销售情况明细）”表中。

第 1 栏“13%税率的货物及加工修理修配劳务”所在行：在“开具增值税专用发票”列下的“销售额”项目中填入“90 000”、“销项（应纳）税额”项目中填入“11 700”。

第 2 栏“13%税率的服务、不动产和无形资产”所在行：在“开具增值税专用发票”列下的“销售额”项目中填入“8 000”、“销项（应纳）税额”项目中填入“1 040”。

第 5 栏“6%税率”所在行：在“开具增值税专用发票”列下的“销售额”项目中填入“40 000”、“销项（应纳）税额”项目中填入“2 400”。

系统将自动填写相关的合计栏金额，填写后的“增值税纳税申报表附列资料（一）（本期销售情况明细）”（部分）如图 9-2 所示。

增值税纳税申报表附列资料（一）

（本期销售情况明细）

税款所属时间： 2021 年 10 月 1日至 2021年10月 31日

纳税人名称：（公章） 深圳星辉传媒有限公司　　　　金额单位：元至角分

项目及栏次				开具增值税专用发票		开具其他发票		未开具发票		纳税检查调整		合计			服务、不动产和无形资产扣除项目本期实际扣除金额	扣除后	
				销售额	销项(应纳)税额	销售额	销项(应纳)税额	销售额	销项(应纳)税额	销售额	销项(应纳)税额	销售额	销项(应纳)税额	价税合计		含税(免税)销售额	销项(应纳)税额
				1	2	3	4	5	6	7	8	9=1+3+5+7	10=2+4+6+8	11=9+10	12	13=11-12	14=13÷（100%+税率或征收率）×税率或征收率
一、一般计税方法计税	全部征税项目	13%税率的货物及加工修理修配劳务	1	90000	11700							90000	11700	——	——	——	——
		13%税率的服务、不动产和无形资产	2	8000	1040							8000	1040				
		9%税率的货物及加工修理修配劳务	3											——	——	——	——
		9%税率的服务、不动产和无形资产	4														
		6%税率	5	40000	2400							40000	2400				
	其中：即征即退项目	即征即退货物及加工修理修配劳务	6	——	——	——	——	——	——	——	——			——	——	——	——
		即征即退服务、不动产和无形资产	7	——	——	——	——	——	——	——	——						

图 9-2 “增值税纳税申报表附列资料（一）（本期销售情况明细）”（部分）

（5）根据业务描述与上述计算结果，将数据填入“增值税纳税申报表附列资料（三）（服务、不动产和无形资产扣除项目明细）”中。

第 1 栏“13%税率的项目”所在行：在“本期服务、不动产和无形资产价税合计额（免税销售额）”列中填入“22 600”，在“本期发生额”“本期实际扣除金额”列中分别填入“2 600”。

系统将自动填写相关的合计栏金额，填写后的“增值税纳税申报表附列资料（三）（服务、不动产和无形资产扣除项目明细）”（部分）如图 9-3 所示。

（6）根据业务描述与上述计算结果，将数据填入“增值税纳税申报表附列资料（二）（本期进项税额明细）”（部分）中，如图 9-4 所示。

09

增值税纳税申报表附列资料（三）

（服务、不动产和无形资产扣除项目明细）

税款所属时间： 2021 年 10 月 1 日至 2021 年 10 月 31 日

纳税人名称：(公章)深圳星辉传媒有限公司　　　　　　　　　　　　　　　　金额单位：元至角分

项目及栏次		本期服务、不动产和无形资产价税合计额（免税销售额）	服务、不动产和无形资产扣除项目				
			期初余额	本期发生额	本期应扣除金额	本期实际扣除金额	期末余额
		1	2	3	4=2+3	5(5≤1且5≤4)	6=4-5
13%税率的项目	1	22600		2600	2600	2600	
9%税率的项目	2						

图 9-3 "增值税纳税申报表附列资料（三）（服务、不动产和无形资产扣除项目明细）"（部分）

增值税及附加税费申报表附列资料（二）

（本期进项税额明细）

税款所属时间： 2021 年 10 月 1 日至 2021 年 10 月 31 日

纳税人名称：（公章） 深圳星辉传媒有限公司　　　　　　　　　　　　　　金额单位：元（列至角分）

一、申报抵扣的进项税额				
项目	栏次	份数	金额	税额
（一）认证相符的增值税专用发票	1=2+3	3	33000	4290
其中：本期认证相符且本期申报抵扣	2	3	33000	4290
前期认证相符且本期申报抵扣	3			
（二）其他扣税凭证	4=5+6+7+8a+8b			
其中：海关进口增值税专用缴款书	5			
农产品收购发票或者销售发票	6			
代扣代缴税收缴款凭证	7		——	——
加计扣除农产品进项税额	8a	——	——	

图 9-4 "增值税纳税申报表附列资料（二）（本期进项税额明细）"（部分）

（7）根据业务描述与上述计算结果，将数据填入"增值税及附加税费申报表附列资料（五）（附加税费情况表）"（部分）中，如图9-5所示。

增值税及附加税费申报表附列资料（五）

（附加税费情况表）

税（费）款所属时间： 2021 年 10 月 1 日至 2021年10月31日

纳税人名称：(公章)深圳星辉传媒有限公司　　　　　　　　　　　　　　金额单位：元（列至角分）

税（费）种		计税（费）依据			税（费）率(%)	本期应纳税（费）额	本期减免税（费）额		试点建设培育产教融合型企业		本期已缴税（费）额	本期应补（退）税（费）额
		增值税税额	增值税免抵税额	留抵退税本期扣除额			减免性质代码	减免税（费）额	减免性质代码	本期抵免金额		
		1	2	3	4	5=(1+2-3)×4	6	7	8	9	10	11=5-7-9-10
城市维护建设税	1	10850		3000	7	549.5		——	——			549.5
教育费附加	2	10850		3000	3	235.5						235.5
地方教育附加	3	10850		3000	2	157						157
合计	4	——	——	——	——				——	——		942
本期是否适用试点建设培育产教融合型企业抵免政策		□是 □否			当期新增投资额			5				
					上期留抵可抵免金额			6				
					结转下期可抵免金额			7				
可用于扣除的增值税留抵退税额使用情况					当期新增可用于扣除的留抵退税额			8				
					上期结存有可用于扣除的留抵退税额			9				
					结转下期可用于扣除的留抵退税额			10				

图 9-5 "增值税及附加税费申报表附列资料（五）（附加税费情况表）"（部分）

（8）根据业务描述与上述计算结果，将数据填入"增值税及附加税费申报表（一般纳税人适用）"表中，如图9-6所示。

项　目	栏次	一般项目 本月数	一般项目 本年累计	即征即退项目 本月数	即征即退项目 本年累计
销售额 （一）按适用税率计税销售额	1	13800			
其中：应税货物销售额	2	90000			
应税劳务销售额	3	48000			
纳税检查调整的销售额	4				
（二）按简易办法计税销售额	5				
其中：纳税检查调整的销售额	6				
（三）免、抵、退办法出口销售额	7			—	—
（四）免税销售额	8				
其中：免税货物销售额	9				
免税劳务销售额	10				
税款计算 销项税额	11	15140			
进项税额	12	4290			
上期留抵税额	13	3000			
进项税额转出	14				
免、抵、退应退税额	15				
按适用税率计算的纳税检查应补缴税额	16				
应抵扣税额合计	17=12+13+14-15+…	7290	—		
实际抵扣税额	18（如17<11，则为17，否则为11）	7290			
应纳税额	19=11-18	7850			
期末留抵税额	20=17-18				
简易计税办法计算的应纳税额	21				
按简易计税办法计算的纳税检查应补缴税额	22				
应纳税额减征额	23				
应纳税额合计	24=19+21-23	7850			
税款缴纳 期初未缴税额（多缴为负数）	25				
实收出口开具专用缴款书退税额	26				
本期已缴税额	27=28+29+30+31				
①分次预缴税额	28		—		
②出口开具专用缴款书预缴税额	29		—		
③本期缴纳上期应纳税额	30				
④本期缴纳欠缴税额	31				
期末未缴税额（多缴为负数）	32=24+25+26-27	7850			
其中：欠缴税额（≥0）	33=25+26-27		—		
本期应补(退)税额	34=24-28-29	7850	—		
即征即退实际退税额	35		—		
期初未缴查补税额	36		—		
本期入库查补税额	37		—		
期末未缴查补税额	38=16+22-36-37		—		
附加税费 城市维护建设税本期应补（退）税额	39	549.5			
教育费附加本期应补（退）费额	40	235.5			
地方教育附加本期应补（退）费额	41	157			

图 9-6　"增值税及附加税费申报表（一般纳税人适用）"

拓展阅读——网上申报纳税的操作流程

网上申报纳税操作简单、便捷，足不出户便可完成纳税申报，极大地节省了时间。对于一般纳税人而言，网上申报纳税的一般操作流程如下。

（1）确认开票数据。在征期内，一般纳税人进行增值税纳税申报时，需要登录开票软件确认开票数据。

（2）纳税申报。确认开票数据后，一般纳税人还需要登录网上申报软件进行网上申报。在网上申报成功后，系统会通过税银联网实时扣缴税款。

（3）清零解锁。上述环节完成后，即表明一般纳税人完成了本期的纳税申报，此后，一般纳税人还需要返回开票系统对税控设备进行清零解锁。

一般纳税人网上申报的一般操作流程如图 9-7 所示。

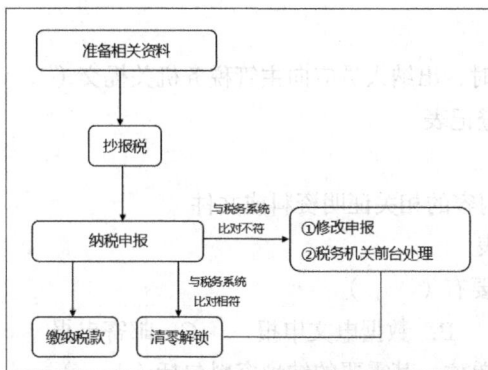

图 9-7　一般纳税人网上申报的一般操作流程

巩固练习

一、单选题

1. 下列符合税务管理规定的时限有（　　）。

   A. 单位已在工商行政管理机关办理变更登记的，应当自办理工商变更登记之日起 30 日
      内向原税务机关申报办理变更税务登记

   B. 单位已在工商行政管理机关办理变更登记的，应当自办理工商变更登记之日起 15 日
      内向原税务机关申报办理变更税务登记

   C. 单位已在工商行政管理机关办理变更登记的，应当自办理工商变更登记之日起 45 日
      内向原税务机关申报办理变更税务登记

   D. 单位已在工商行政管理机关办理变更登记的，应当自办理工商变更登记之日起 60 日
      内向原税务机关申报办理变更税务登记

2. 下列关于税务登记的说法不正确的是（　　）。

   A. 一般而言，停业期限不得超过一年

   B. 单位如果遇到特殊情况，确实需要暂时停业一个月以上的，出纳人员通常应在停业前
      两个星期办理停业登记

   C. 单位如果停业期满需要复业的，则应该在恢复生产经营之前，向主管税务机关办理
      复业登记，如实填写"停业、复业报告书"，并领回停业时上交的发票领购簿及相关
      资料

   D. 单位如果在停业期满后不能及时恢复经营，同样应在停业期满前向主管税务机关提
      出延长停业登记申请

3. 按规定不需要在工商行政管理机关或者其他机关办理注册登记的，应自有关机关批准或宣
告终止之日起（　　）日内，持有关证件和资料向原税务机关申报办理注销税务登记。

   A. 10　　　　　　　　B. 15　　　　　　　　C. 30　　　　　　　　D. 60

4. 企业应当自年度终了之日起（　　）个月内，向税务机关报送年度企业所得税纳税申报表，
并汇算清缴，结清应缴应退税款。

   A. 3　　　　　　　　B. 5　　　　　　　　C. 6　　　　　　　　D. 12

09

二、多选题

1. 办理变更税务登记时，出纳人员应向主管税务机关提交（   ）。
   A. 税务登记变更登记表
   B. 营业执照
   C. 单位变更登记内容的相关证明资料或文件
   D. 工商登记变更表

2. 纳税申报的方式主要有（   ）。
   A. 大厅申报　　　　B. 数据电文申报　　　C. 邮寄申报　　　　D. 电话申报

3. 作为扣缴义务人的单位，其需要的纳税资料包括（   ）。
   A. 代扣代缴、代收代缴税款报告表　　　B. 代扣代缴、代收代缴税款的合法凭证
   C. 有关的合同、协议书、公司章程　　　D. 财务报表

4. 下列关于增值税纳税申报期限的说法正确的有（   ）。
   A. 以1个月或者1个季度为1个纳税期的，应自期满之日起30日内申报纳税
   B. 以1日、3日、5日、10日或15日为1个纳税期的，应自期满之日起5日内预缴税款，于次月1日起15日内申报纳税并结清上月应纳税款
   C. 进口货物，应当自海关填发进口增值税专用缴款书之日起15日内缴纳税款
   D. 如果纳税申报期限最后一日遇公休或节假日，则可以顺延至下一个工作日

5. 一般纳税人进行增值税纳税申报时，需要填写的纳税申报表包括（   ）。
   A. "增值税及附加税费申报表（一般纳税人适用）"
   B. "增值税及附加税费申报表附列资料（一）（本期销售情况明细）"
   C. "增值税及附加税费申报表附列资料（三）（服务、不动产和无形资产扣除项目明细）"
   D. "增值税及附加税费申报表附列资料（二）（税额抵减情况表）"

6. 企业所得税月（季）度预缴纳税申报表可分为两类，分别是（   ）。
   A. 适用于实行查账征收企业所得税的居民企业纳税人的A类申报表
   B. 适用于实行核定征收企业所得税的居民企业纳税人的B类申报表
   C. 适用于实行核定征收企业所得税的居民企业纳税人的A类申报表
   D. 适用于实行查账征收企业所得税的居民企业纳税人的B类申报表

三、判断题

1. 企业所得税按年计征，分月或者分季预缴，年终汇算清缴。（   ）
2. 采取大厅申报方式进行纳税申报时，需要填写纸质的纳税申报表（一式三份），然后将其交由办税大厅工作人员进行纳税申报。（   ）
3. 单位因住所、经营地点变动而涉及改变税务登记机关的，应当在向工商行政管理机关或者其他机关申请办理变更、注销登记后，或者在住所、经营地变动后，持有关证件和资料向新住所或经营地所在地的税务机关申请办理注销税务登记。（   ）
4. 单位如果停业期满需要复业的，则应该在恢复生产经营之后，向主管税务机关办理复业登记，如实填写"停业、复业报告书"，并领回停业时上交的发票领购簿及相关资料。（   ）
5. 外出经营报验税务登记是指企业到外县（市）临时从事生产经营活动时，应当在外出生产经营之前，向主管税务机关申请开具"外出经营活动税收许可证"。（   ）